地名本体理论方法与应用

The Theoretical Method and Application of Toponym Ontology

李宏伟　梁汝鹏　陈　健　李淑霞 编著

测绘出版社

·北京·

内容简介

本书系统讲述了地名及其相关概念、地理本体和地名本体的基本理论,阐述了国内外研究进展;重点讨论了地名本体概念设计、地名本体建模、地名本体形式化表达等关键问题,建立了地名本体实例库;开展了基于中间件的地名本体服务、面向地名本体服务的空间信息检索、地名本体的地名学应用研究,并对地名本体工程方法进行了归纳总结,展示了地名本体在地理信息科学领域中的研究潜力和应用价值。

本书适合地理学、地理信息科学、地名学等专业研究生开展科研和教学使用,也可供相关领域专家、学者、科研人员参考。

图书在版编目(CIP)数据

地名本体理论方法与应用/李宏伟等编著. —北京:测绘出版社,2020.1
ISBN 978-7-5030-4273-7

Ⅰ.①地…　Ⅱ.①李…　Ⅲ.①地名—研究　Ⅳ.①K916

中国版本图书馆 CIP 数据核字(2020)第 008057 号

责任编辑	李　莹	**封面设计**	李　伟	**责任校对**	石书贤	**责任印制**	吴　芸

出版发行	测绘出版社	**电　　话**	010—83543965(发行部)
地　　址	北京市西城区三里河路 50 号		010—68531609(门市部)
邮政编码	100045		010—68531363(编辑部)
电子邮箱	smp@sinomaps.com	**网　　址**	www.chinasmp.com
印　　刷	北京建筑工业印刷厂	**经　　销**	新华书店
成品规格	184mm×260mm		
印　　张	11.75	**字　　数**	281 千字
版　　次	2020 年 1 月第 1 版	**印　　次**	2020 年 1 月第 1 次印刷
印　　数	001—600	**定　　价**	49.00 元

书　　号　ISBN 978-7-5030-4273-7

本书如有印装质量问题,请与我社门市部联系调换。

前　言

本体理论、方法与技术来源于哲学中的本体论思想。人工智能领域首先将其引入，并定义为“共享概念模型的明确的形式化规范说明”。目前国内外对本体的研究方兴未艾，尤其是语义网的提出，更进一步推进了本体的研究和应用。首先，本书详细讨论了基于地理空间语义网的地理空间认知、基于特征的地理信息组织问题，以地名本体的研究作为切入点，研究了地理空间信息的组织和应用问题，解决了地名本体的形式化表达、地名本体的表示与检验、地理实体的地理范围表达等关键技术问题，建立了一个基于地名本体的地理空间信息检索与地名学基本应用原型系统，在理论研究方面进行了常识性地理认知基本理论的归纳和总结。其次，在技术方面，本书结合本体思想及地理空间信息语义网技术，建立了基于地名本体的地理信息组织机制，突破了基于语义的地理信息检索系统实现的关键技术难点问题，并在此基础上，对地名本体工程方法进行了归纳总结。最后，本书对地名本体今后的研究方向进行了展望，初步展示了地名本体在地理信息科学领域中的研究潜力和应用价值。

本书以实现基于地名的网络地理信息语义检索为目标，围绕地名本体相关理论和技术及其应用问题进行了系统的研究。研究重点是地名本体的概念设计、地名本体的形式化表达以及地名本体在基于语义网的地理空间信息检索与信息组织中的应用研究，主要内容包括以下三点：

1. 地理本体与地名本体理论基础研究

本体是总结人类思维规律的产物。地理本体研究人类地理思维的规律，并被用于指导地理信息系统(geography information system，GIS)实践。具体地说，就是研究人类地理认知的规律，并把这种规律应用于 GIS 的信息组织机制中，使 GIS 更加符合人类地理认知的特点，从而提供智能化、人性化的地理信息服务。因此，地理空间认知(人脑的知识组织)与地理信息组织(计算机的知识组织)构成了地理本体的基本理论框架。本书在理论研究方面进行常识性地理认知基本理论的归纳和总结，结合人工智能领域的新兴技术本体及其在地理信息科学领域的应用，建立基于地名本体的地理信息组织机制，对基于语义的地理信息检索系统实现的关键技术寻求理论依据与支持，主要包含常识性地理认知理论研究、基于地名本体的地理空间信息组织理论研究等。

2. 地名本体设计及关键技术、方法实现

(1)人工智能领域开发了很多构建本体的方法，大致可以分为自底向上方法、自顶向下方法和复用本体的方法三种。本书通过复用地名词典和地理主题词表的方法建立地名本体。具体方法是在现有地名词典的基础上进行扩展。一方面将地理实体之间的语义关系通过主题词表的结构进行表达；另一方面将地理实体之间的空间关系用空间谓词(包含、包含于、重叠和相邻等)进行定性表达，建立地名本体的概念框架。

(2)基于网络本体语言(web ontology language，OWL)的地名本体形式化表达。在地名本体概念模型设计的基础上，探讨了实现地名本体形式化表达的方法、语言和工具。本书基于 OWL 利用 Protégé 本体编辑工具实现了地名本体的形式化定义。

(3)支持空间信息检索的地名本体实例库构建。通过数据转换及综合地名词典的语义信息,生成地理要素基础数据,并建立地名本体模型,依据该模型构建数据库模式,从而将本体实例数据存储于对象关系数据库中,完成地名本体实例库的构建,为空间语义检索提供数据基础。

3. 基于地名本体的应用实践

(1)基于中间件的地名本体服务框架设计。重点探讨了地名本体服务框架与功能实现,设计了基于中间件的地名本体服务总体框架,并利用.NET技术实现基于SOAP地名本体服务的发布,定义了地名本体服务接口的相关文档,方便服务的调用。

(2)空间语义检索引擎设计。重点研究了面向地名本体服务的空间信息检索总体框架体系的构建与原型系统实现。在空间信息检索原型系统中,实现了传统的关键词搜索技术与地名本体数据的结合,将空间语义检索技术引入传统搜索,实现了空间信息检索机制的优化。

(3)基于地名本体的地名学应用。从地名组配查询、异地同名查询与分析,以及地名时空演变分析三个方面讨论了地名本体的应用。地名组配查询以地名语义类型为查询条件,综合运用"单"类型、"交"类型及"并"类型约束条件进行查询,为地名查询领域提供了一种新的方式;异地同名查询与分析从隶属区划、坐标、方位及其他详细信息等方面进行了同名地名的区分,在一定程度上消除了异地同名现象的语义二义性;地名时空演变分析从时间及空间位置变化两方面展现了地名的历史发展变化过程,方便了地名管理工作及用户对地名发展过程的了解与掌握。

本书充分体现了本体论思想与地理信息科学的高度融合,对从事地理信息科学基础理论研究、地名学研究、地理信息工程实践的科学工作者和工程技术人员,以及从事本体论研究的研究生均有重要的参考价值,有助于他们对地理本体论的理解和应用,并对其工作产生有益的帮助。

本书是国家自然科学基金资助项目"基于地名本体的地理空间信息组织与应用研究"(编号40871183)的研究成果之一,也是作者长期持续研究的积累和总结,特别感谢中国工程院院士王家耀教授在成书过程中给予的意见和帮助。

目　录

第Ⅰ部分　理论基础篇

第Ⅱ部分　技术方法篇

第Ⅲ部分 应用实践篇

第Ⅰ部分　理论基础篇

第1章　地名概述

1.1　地名及其特性

地名是人类社会发展到一定阶段的产物。早期人类为了生存、生活以及相互之间的交往，需要对某一地理实体取个代号，以便识别，于是就有了地名。早期的地名可能只是口头传诵的，以后有可能用一种符号代替。有了文字后，才以地名的形式出现。随着社会的发展，文明的进步，地名愈来愈复杂，愈来愈多样化。地名与不同时代自然、社会、人文各种现象，有十分密切的关系(华林甫，2002)。按照《中国大百科全书(地理卷)》的定义，地名(toponym, place name)是人们赋予某一特定空间位置上自然或人文地理实体的专有名称(中国大百科全书编辑委员会，2009)。

地名是历史和社会的产物，或者说，地名是实用性很强的文化形态。地名是遵循一定语言规律而形成的语言词汇，所以地名学被认为是语言学的一部分。然而，地名又是地理学的语言，表示具体的区域，反映地理规律和概念，因而地名学也属于地理学。地名同时也是历史的见证，不同的地名反映出不同的历史特征，因此地名的研究也属于历史学的研究范畴。目前关于地名概念主要有两种不同的解释：其一，地名是“个体地理要素”的指称，地理要素包括自然地理要素(如平原、山地、河流)和人文地理要素(如城市、工厂、铁路)；其二，地名是“个体地域”的指称。褚亚平认为只强调“地理要素”而不包含“地域”的概念，不足以准确地表现地名的指位性，因此，他认为“地名是个体地域的指称”(褚亚平 等，2009)。

地名的基本含义，首先是它所指代的地域位置、范围和命名意义(命名的因由或理据)。当然，地域的某些自然或人文的特点，也可以作为地名的附加含义。此外，根据地名应用的实际需求，还可以增加地名的其他属性。例如，在做人口普查工作时，需要增加用于统计的地名人口数据，以及地名用于检索时往往需要描述其空间关系信息，通过地名的间接指位功能，增强基于地名约束的信息检索能力。

地名可以用于实现地理要素标记，被认为是描述地理空间中位置和对象的更为直观和“自然”的方式，除了相对较少的制图者、地理学家、规划师及其他的地理科学工作者使用坐标位置外，大多数普通人都使用地名描述空间位置，地理坐标过于技术化。实际上，使用地理坐标实现地理要素标记时，只有与地图结合使用才是有意义的，而确定某一信息对象的准确坐标位置，在某些情况下并不容易实现。使用经纬度坐标表示的位置自身并未传递有关它所指的空间对象的任何信息，如果使用 GIS 软件漫游至该位置，可能会发现它指向一个城市，甚至在更为精确的地图中指向某个城市的建筑，以及坐标所指代的地理要素类型、地理要素的粒度信息等。而地名直接指向了某一地理要素,包含更为直观的语义信息。通常相对于一组坐标表示的地理信息,使用有意义的地名更为直观,地名在地理信息标记及检索中可以发挥更为重要的作用。

地名是人们赋予某一特定区域范围的地理实体的一种语言文字代号,同时也是用以区别另一特定地理实体的一种语言文字标志。一般地名由专名和通名(如省、市、县)两部分组成。随着科学技术的发展、人类活动领域的扩大,地名命名的对象已不限于传统的地球表面,而扩大到海底和其他星球。地名是一种社会文化现象,作为表示地点的文化符号,地名之中积淀了丰富的历史文化内容,它从一个特定的侧面记录了人们的社会实践活动。地名是活跃的文化细胞,组成了一道道文化脉络。地名命名打上了出生地之自然文化的胎记,体现了自然与人文的交融,地名是一种文化遗产。从人文地理学上来说,民族文化变迁的内容以语言的形式在地名上残留,为其打上了深深的历史烙印。地名作为世世代代流传下来的特殊信息系统,留存着人们对特定自然和人文环境的独到认识,是人类宝贵的文化财富。重视地名,是人类激活历史文化记忆的一种努力。先人们用心地记载了大量的地名,从地名的音形义、历史沿革、命名规律诸多角度,也就是从语言学、历史学、地理学、文化学、民俗学和民族学等层面做了很多的工作,留下了宝贵的资料文献。

地名或地理名称,是对地理对象的自然语言标识,对于地理环境的"理解、识别、分辨和交流"起着至关重要的作用。地名不仅仅是地理空间对象和地点的简单标识,还是历史和社会的产物。因此,地名除了定位的功能元素以外,还包含认知、感情,以及意识形态等元素。

《地名学概论》将地名的本质属性概括为以下两个方面(王际桐,1993):

(1)指位性。地名之所以称为地理实体的专有名词,其主要原因是它所代表的这个地理实体在地球表面上具有一定的方位和范围,即具有一定的空间位置。

(2)社会性。地名是社会的产物,它的命名、更名、发展、演变始终受社会各方面的制约,因此它具有广泛的社会性。

显然,地名至少包含三个方面的含义:

(1)地名是人们赋予的,而不是自身存在的或天然的。从历史发展看,地名经历了从当地少数人使用到逐渐为众人所知直至被社会大众广泛接受的过程,从赋予语言表示到文字表示再到数字代码表示,从约定俗成到标准化、法定化。

(2)空间上,既包括陆地,也包括海洋和海底,随着人类对宇宙探测的进展,地名命名的空间范围逐步从地球向宇宙中的其他天体扩展。

(3)特定性,包括特定的范围和特定的时间。

总之,作为表达地物的词汇存在,首先地名包括音、形、义等语言学特征;其次地名具有空间指位性,表达个体地域的位置、范围、类型、特点、性质等内容;此外,地名还具有时间特性,表明个体地理要素或地域的历史发展与演变。包含了这些信息的地名信息才是完整的地名信息,包含了这些信息的地名信息组织才是完整的地名信息组织。根据实际应用的需要,人们可以扩充地名的其他属性,如扩充某地名与其他地名的空间关系,有助于增强基于地名约束的空间信息检索能力。

地名兼具语言学、地理学、历史学等学科范畴的某些特征。概括起来,至少包括字形要素、语音要素、语义要素、语用要素及时间要素五个基本要素。前三个要素属于语言学范畴,语用要素属于地理学范畴,时间要素属于历史学范畴。

(1)字形,即组成地名的字和词,地名字形要素是关键字查询及关键词组合查询的基础。

(2)语音,即组成地名的字和词的发音,不同国家有不同的语言,不同的语言针对同一地名的发音也是不一样的。

(3)语义,即地名所蕴含的深层次的含义,地名语义要素是智能互联网——语义网的信息源头。

(4)语用,即地名的应用,全球80%以上的信息是地理信息,且现在正呈现上升趋势,而绝大多数的地理信息都与地名直接或间接地相关。由此可见,地名的应用是相当广泛的,并且应用规模呈现扩大趋势。

(5)时间要素,即地名的生存周期。哲学告诉人们,世界上绝对的事物只有运动。任何事物都逃脱不了从产生到消亡的生存周期,地名也不例外。从古到今,朝代的更迭、殖民战争,以及现代的行政区划改革等都在不断地改变着地名。地名的时间要素反映了历史的沿革,对地名管理工作具有重要的作用。

1.2　相关概念解析

在地名研究过程中,出现了许多与地名相关的组合概念和近似概念,这些概念对丰富地名应用,了解地名发展历史,有着重要作用。

1. 地名层

地名层是按不同标准所划分的地名层次。传统上对地名的研究多涉及地名命名、特征和区域地名文化等层面,对地名层的研究相对较少。目前,针对地名层的研究多集中在“语种”和“历史时期”两个层面。在语种方面,多涉及少数民族语言或古语分析,如蒙古语、维语和藏语地名语源及其结构规律的研究,以及广东古越语、壮语和汉语地名层的研究;在历史时期方面,台湾历史时期地名层研究走在全国前列。而在地名层的文化内涵方面,学术界普遍认同“从文化层次参证地名结构”和“地名历史层次可以跟文化的历史层次相印证”的论断。褚亚平等更是直接将地名层定义为“在一定地域内,可以将地名按出现的历史时期、所指代的地域范围、从属关系或语种,划分为不同的地面层次”。如岭南地名文化可分为两个层次,即古越语地名层和汉语地名层。这两个层次的地名如地层古生物一样,层层积压,组成岭南地名体系。地名层次也反映在同一地名中,在广西、广东等地,地名常常呈现为音译的壮语、侗语在前、汉语在后的命名方式,一个地名中有两个层次,如那岔岭(临高)、打雅田(琼中)、报南村(通什)等。

地名层的形成和发展,与人类经济活动、商品交易、交通制度和设施乃至历代军事活动等密切相关,是社会发展的产物。

在现代的城市,街路命名也具有显著的层次特征。如街路通名以街路走向确定,一般情况下,南北走向为街,东西走向为路。还有许多城市明确了街路命名的数量标准,如:大街、大路为宽度20 m及以上,且长度为2 000 m及以上的道路;街、路为宽度在6～20 m,或长度为500 m及以上的道路。环路则是以市中心区为中心,绕中心城区一圈的大路。最靠近中心区的为一环,从里往外依次是一环、二环、三环。为方便环路两侧企、事业单位和工商业户门牌编码,每条环路又分为东、南、西、北四个路段。充分体现了现代城市发展对地名命名的迫切需要。

2. 地名群

地名群是某一区域内所有地名的集合。在我国农村，许多村庄的名称中含有“屯”“庵”等字，如白鹿屯、许家屯、王官屯，戚家庵、北山庵、六木匠庵等。这样，以“屯”和“庵”为名就形成两个地名群。这些地名群的形成和分布具有明显的地域特性。例如山东地区，含有“屯”字的地名群，多集中分布在丘陵和平原等耕地多的地区。其分布的范围虽然很大，但密度却很小。就其名称构成而言，大多数名称含有姓氏，或名范家屯、陈家屯，或名刘官屯、吴官屯，或名屯钟家、侯家屯。这类地名群的产生，有着深厚的历史渊源，与元、明两代的屯田制度密切相关。含有“庵”字的地名群，大多数是散居的小居民点，分布在山区和丘陵地带，平原地区则少见。这个地名群的分布，具有范围大、局部相对集中的特点，常有小范围内三四个、四五个，甚至五六个以上集中的现象。其名称组成与“屯”字地名群相似，多数名称含有姓氏，如冯家庵、阎家庵、邓家庵等，还有的以方位和位置为名，如东南庵、北山庵、西庵等。以“庵”字作为村庄名称用字，也有其来历，并非源于寺院庙宇。历史地名学者的研究表明，这类含有“庵”字的地名群源于看护山林草场的看山户，他们零散居住，当地老百姓称这些零散户为山庵。

3. 地名景观

地名景观是某一地域内地名指代的自然景观和文化景观的统称。自然景观反映区域自然环境的特点，如山地、丘陵、河流等。文化景观又分为物质文化景观和非物质文化景观。前者是在大自然提供的物质基础上，人类创造出来的那些看得见、摸得着的文化凝聚物，与人类的生产、生活密切相关，如道路、城市、乡村、建筑物等；后者是在客观物质环境的作用下，人类文化行为创造出来的那些看不见却可以感知的文化创造物，如语言、宗教、某些艺术、音乐等，构成独特的文化氛围。

地名景观呈现出丰富多彩的特征，根据不同的标准可划分出不同种类的景观系列。反映相对地理位置的地名，我国古有“山北为阴、山南为阳”“水南为阴、水北为阳”的记述，这些特征反映在地名上，就有了华阴、衡阳、淮阳、洛阳等地名；以地理实体为中心、取东西南北方位命名地名，如河北、河南、山东、山西、湖南、湖北、鸡西、肥东等；表示相邻位置关系的地名，如以河流的不同河段为参考系，河之源段有凌源、漫源等地名，河之中段有扬中、辽中等地名，河之口段有丹江口、汉口、裕溪口等地名，河之岸有临汾、临淮关等地名；与地形相关的地名，有鞍山、巫山、平顶山等地名；与水体有关的地名，有黑龙江、漠河、兰溪、酒泉等地名；反映商业集贸活动的地名，如茶店、马市等；反映交通的地名，如驻马店、江津、三十里铺等；反映矿产资源的地名，如铁岭、金沙江等；反映少数民族文化的地名，如壮族称“田”为“那”，傣族“勐”代表村，以及呼和浩特（青色的城）、拉萨（圣城）、塔里木（脱缰之马）等；反映祥瑞或祈福意愿的地名，如长安、安康等。

地名景观都与特定的地域相联系，地名就是该地域自然或人文地理实体的专有名称或符号，用于地名的语言已经失去了其在语库中原有的含义。地名刻有历史发展的烙印，即使是同一个地方在不同的历史时期也可能会有不同的命名。地名在空间上也体现出特有的变异性，存在不同地域相同名称的现象。

4. 地址

找到某人或某机关或与其通信的指定地点，实际上是从空间范围较大地名到范围较小地名的组合或叠加。地址可以视为一种特殊的地名，具有多层次、多地名组合特征，可以细至门牌号，地名与地址的不同见表 1.1。

表 1.1　地名与地址的不同

属性	地名	地址
语义构成	基本单元	地名的复合或延伸
存在的先后顺序	先	后
空间形态	面	点
指代空间范围的确定性	较模糊	较具体
时间形态	历史,现状,规划	现状
文化内涵	有	无

地址在地理信息系统的信息查询与分析中起着十分重要的作用。地址具有唯一性,通过地址查询,可以实现地理实体的准确定位服务。

5. 地名标准化

地名标准化(geographical name standardization)是按照一定要求将地名的称谓、书写进行统一和规范,并明确其使用条件和范围,将其固定下来。由于各国语言、文字等情况不同,各国都有地名标准化的具体规定。一般来说,用本国官方或通用文字统一地名的书写形式,称为地名国家标准化(the national standardization of geographical names)。在国家标准化的基础上,通过国际协议规定国际通用的地名书写形式,称为地名国际标准化(the international standardization of geographical names)。

地名标准化意义重大,有利于维护国家领土主权和民族尊严,有利于国际交往和睦邻友好,有利于民族团结,有利于社会治安和国防建设,有利于经济建设,有利于旅游事业和人民日常生活。举例来说,在一些特定情况下,地名往往体现一个国家的领土主权。在处理领土纠纷过程中,各国为了维护主权和领土完整,都把自己对边界地理实体的命名作为拥有主权的有力证据来使用。

地名标准化也为地名信息化工作的开展奠定了基础。

1.3　地名分类

根据不同的分类标准,地名可以分为多种类型。

按照地名表示的对象,地名可分为行政区划地名、水系名、居民地名、陆地地名、海底地名、交通路线地名、跨国地名、历史地名、区域地名、山岳地名、少数民族地名、天体地名、月球地名等(测绘学叙词表编辑委员会,2003)。

按照地名反映的地理因素,地名分为自然地理因素地名和人文地理因素地名两大部分。自然地理因素地名包括因山为名、因水为名、地形地名、数字地名、植物地名、动物地名、天文地名、气候地名、颜色地名、土壤地名、物产地名、矿物地名。人文地理因素地名包括人物地名、姓氏地名、史迹地名、形象化地名、方位地名、对称地名、词义地名、故国地名、神话传说地名、少数民族地名、美愿地名、移民地名、语讹地名、避讳地名、年号地名、复合地名、简化地名以及宗教地名等(华林甫,2002)。

按照地名的语言学特征,地名分为通名(generic term of geographical names)和专名(specific term of geographical names)。通名是地名中表示地名所指代的地理实体类别的部分,在同类地名中具有相同的意义。专名是地名中用来区分各个地理实体的部分。

如果按照地名的使用时间划分，地名分为现今地名和历史地名（即消失地名）两大类，这对于地名的历史研究有重要作用。

按地名所指的地形形状，地名分为三类，即线状地名、点状地名、面状地名，这样的分类便于地名信息系统对地名的组织和管理。

目前我国的地名都是根据国家有关法规经标准化处理，并由有关政府机构按法定的程序和权限批准予以公布使用的地名，统称为标准地名（standard geographical name）。

1.4 地名的功能和作用

地名，就是地方的名称，包括自然地理实体名称，行政区划名称，居民地名称，各专业部门使用的具有地名意义的台、站、港、场名称等，有着不可忽视的功能和作用。褚亚平等学者认为，地名的功能是指地名所具备的社会效能和历史效能。笔者十分赞同这种认识，地名的功能和作用如下。

1. 地名具有行政管理功能

行政区划是国家对行政区域的划分，划分行政区域的目的就是设置对应的地方政权来管辖这个地区，从而巩固国家政权，维护国家的集中统一。区划不但以地名为前提，而且以地名为载体。区划的图示、区划的说明、地方政府的成立、地方政府的挂牌、地方官员的任命，都离不开地名。区划没有地名就寸步难行。区划是里，地名是表。区划名称是地名的一部分，是区划工作的重要内容之一，具有区划的管理属性。

2. 地名具有大众化服务功能

地名从诞生的那一刻起，就开始提供服务。首先，是为人们的工作和生产生活提供服务。如交通运输、邮电传递、贸易往来、导游指路、治安侦破、消防救护，以及办理身份证、报户口、登记结婚、探亲访友等，都离不开地名。近年来，由国务院批准实施的包括地名规范、地名标志、地名规划、数字地名等内容的地名公共服务工程，使地名的服务功能得到了更充分的发挥。

3. 地名具有区别空间对象功能

世界上类似的河流、类似的湖泊、类似的山脉、类似的高地、类似的城镇、类似的村庄、类似的道路、类似的桥梁、类似的小区、类似的街道很多，如果都没有名字，就会相互混淆。如井冈山、宝塔山、太行山、泰山、黄山、嵩山如果都没有名字，黄河、辽河、淮河、长江、嫩江、钱塘江如果都没有名字，北京、上海、天津、广州、沈阳如果都没有名字，就很难区分。为了更容易地区别它们，必须给它们起个名字。

4. 地名具有记忆功能

远古时期，世界上任何一个地域都没有地名。后来，人类为了生存，需要记住那些有果实、有水源、有洞穴、有火种的地方，以便重到那里寻找食物、饮水、住宿、温暖，以延续生命。为了记住这些地方，人们就给这些地方留下标识，并渐渐演变成了地名。有了地名之后，人们对某一地域就容易记忆了。不论哪个地区、哪个城市、哪座山峰、哪条河流，要想清楚牢固地记住它，就必须有地名，记忆功能仍然是地名的基本功能之一。

5. 地名具有宣示主权功能

宣示主权功能主要指沿边沿海的岛屿和山脉的地名所特有的功能。如海岛地名就体现着国家主权和领土完整。一个海防线的小岛，一座边防线的小山，如果有了我们国家命名的名字，并且有了用我们国家的文化文字树立的标志，就增强了主权的鲜明性，就可能减少与邻国领土主权的纠纷。中国有8个海上邻国，有16个陆上邻国，沿边沿海有成千上万的岛和山，其中有很多没有名字，更别说在岛上山上竖立具有我国文化的地名标志。加强对这些边海防线的岛和山的名字管理，尽快建立我国地名标志，是显示我国主权的重要任务。

6. 地名具有记载军事事件功能

有些地名，当初命名的时候，当局主要考虑的是它的军事地位、军事作用和震慑力，所起的名字带有强烈的军事色彩；有些地名，虽非因军事事件而得名，却因军事事件而更加著名。这些地名和军事行动紧紧联系在一起，人们一听到这些地名，就想起一个个军事事件。任何军事计划、军事研究、军事地图，以及战斗任务的部署、执行、总结和报告，都离不开地名，如官渡之战、赤壁之战、朱仙镇之战、诺曼底登陆、马其诺防线、南昌起义、黄洋界保卫战、平型关大战以及辽沈、平津、淮海三大战役等。

7. 地名具有历史文化传承功能

地名体现历史文化的传承。地名是人类祖先在长期的生产生活中探索、比较、思考、总结的结果，是人类大脑、思想、语言、文化综合演进的结果。反过来，它又通过多种形式，促进了社会的文明进步。地名不但要好记，而且要传承文化内涵。人们的生产生活的改善，文化科技的发展，爱情、婚姻和家庭的悲欢离合，社会风俗习惯的变异和传承，战争的得失成败，朝代的兴盛衰落，各种各样人物的出现和消失，社会的一时曲折倒退等，都会通过种种形式融入地名，使地名成为记载历史文化的百科全书。

地名的功能十分丰富，远不止于此，尚有待于人们深入挖掘。

1.5　地名信息技术

随着信息技术的发展，尤其是网络技术的发展，传统的地名管理方式也在发生着深刻的变化，地名信息的数字化管理是国家行政管理、经济建设、国内外交往不可或缺的重要环节。国内外纷纷基于信息技术建立了各种地名服务工程，为社会、为人类提供地名服务。在众多地名服务工程中，数据库技术、信息系统技术、本体论技术、云技术等发挥了重要的作用。下面就地名信息化、地名数据库及地名数据库管理系统、地名信息系统、地名公共服务工程、地名云技术、地名本体技术做一个简单介绍。

1. 地名信息化

信息化是把杂乱无章的数据组织成可以方便分类检索的信息。地名信息化是把政区、村、街道、小区、山河湖岛等各种地名和与地名相关的数据，全部分门别类地输入计算机，并建立一定的联系，通过多种途径为社会和大众提供服务。

传统地名工作的手工、纸介质的管理形式已经完全不适应现代化地名管理的要求，十分有必要将地名管理纳入信息化的轨道，真正实现地名工作的规范化和标准化。应通过地名信息化工作将纸质资料按照规范化、标准化要求，进行海量处理入库，实现地名信息的动态管理，保持信息的现势性，为大众提供全能、快捷、海量、多样化的查询服务。

地名数据信息化之后，这些数据汇集在一起就成为一种宝贵的资源，既提升了地名管理的科学化、规范化水平，又极大地方便了人民群众的日常生活和经济社会活动交往，还能通过合理利用地名信息资源，开展各种地名信息化服务，将这种资源转变成巨大的社会效益和经济效益。

2. 地名数据库及地名数据库管理系统

地名数据库是指按照一定的地名分类编码规则，利用计算机技术描述、存储、组织和管理的各种地名信息数据的集合。地名数据库管理系统则是指地名数据管理软件的集合。

目前我国已经完成1∶5万全国地名数据库建设，这是国家基础测绘项目之一，是“数字中国”地理空间框架的重要组成部分。1∶5万全国地名数据库建设共更新地名137万多条，占我国全部地名26.4%。面向国家地名数据库建设的需求，依据国家标准GB/T 2260—2007《中华人民共和国行政区划代码》、GB/T 10114—2003《县级以下行政区划代码编制规则》的编码规则，《民政统计代码编制规则》和GB/T 18521—2001《地名分类与类别代码编制规则》制定了国家地名数据库代码编制规则，建立了国家地名数据库管理系统，实现了对已有地名信息以及相关多媒体文件的管理、查询、浏览。国家地名数据库管理系统2.0版本还增加了重名查询、标牌查询、标牌内容查询和规划地名查询等专项查询功能；实现了地名区划管理系统功能，包括行政区划概况、行政区划统计、行政区划沿革、行政区划变更、综合文档查询，并能生成行政区划简册；实现了边界管理、数据库系统建设以及系统维护、数据处理、属性库建设、图形维护和图形库建设等功能。

截至2009年9月底，全国有24个省级、307个地级、2 061个县级行政区建立了本级地名数据库，20个省级、272个地级、1 872个县级地名数据库完成属性数据录入，7个省级、24个地级、229个县级地名数据库完成图形库建库工作，全国共采集地名数据约1 000万条开展了电子地图、声讯问路、地名网站、地名触摸屏等形式多样的地名信息化服务，大大方便了人民群众的出行交往和经济社会活动。

3. 地名信息系统

地名信息系统是以计算机、网络、数据库等信息化技术为基础，基于地理信息系统(GIS)技术，实现对地名的有效组织、存储和管理，满足地名的快速查询，动态管理，图表联动和地名信息可视化、数字化及对地名信息的网络高速、安全传输。

地名信息系统将属性数据和空间数据进行一体化存储，应用商业化空间数据库和GIS平台，实现真正的地名档案、图片、图形、多媒体的数字化、可视化管理。地名信息系统由地名数据库、地名管理系统、地名服务系统三部分组成。

地名数据库是地名信息系统的核心，是地名信息系统的“血液”。地名管理系统的主要功能通常有：①地名业务处理，完成地名登记、变更、注销；②地名统计，统计随机曲线内某一类地名数量，任意时间段内新增、注销、变更地名的数量，地名实体的区域面积或线性长度；③地名注记，使用手动添加或批量添加的方式，为电子地图添加标注；④能够进行数据校验和空间校验；⑤能够进行图形编辑，可以在电子地图上绘制点、线、多边形等各种图形；⑥能够进行数据输出，根据需要打印报表、地图和卡片；⑦进行地名标志管理；⑧系统数据维护，具有数据备份和恢复的功能。地名服务系统的主要功能包括：①地名查询，可以选择全名、拼音、首字、电话、模糊等多种方式查询地名，还可以查询历史地名；②分层阅读电子地图；③扩展功能，能够以该系统为平台开发其他系统；④网上受理地名申报，发布地名公告；⑤网上浏览；⑥网上查询各类公益性、服务性机构和网点。

总之，地名信息系统作为面向社会大众的应用系统，其主要功能包括地名命名和更名业务办理、地名调整业务办理、地名注销业务办理、地名地址数据标准及数据库建设、地名图形发布浏览服务建设、门牌业务办理及相关数据库建设等。地名信息系统通过调用GIS平台服务引擎，提供图形编辑、绘图等复杂应用，实现空间信息发布、图形浏览、查询等服务。

4. 地名公共服务工程

地名公共服务工程是一项系统工程，主要包括地名规范专项、地名标志专项、地名规划专项、数字地名专项四方面内容。

(1)地名规范专项事务，主要是制定完善地名管理法规、规章及相关技术标准、规范。通过完善地名管理法规，理顺地名管理体制，健全工作机制，规范管理，为实施地名公共服务工程营造良好的制度环境。同时，在保持地名相对稳定的前提下，对含有生僻字、异体字、自造字的地名，一地多名、一名多写、重名重音的地名，以及含有俗字俗音等的不规范地名进行标准化处理，以净化地名环境，推进地名的标准化，为社会提供规范的地名信息。

(2)地名标志专项事务，主要是设置比较完善的城乡系列地名标志，为人们出行提供看得见、摸得着的向导。先完成城市地名设标工作，及时启动县、乡、镇地名设标工作，做到全国城乡都有符合标准、数量足够、便于公众使用的地名标志。

(3)地名规划专项事务，主要是结合城市建设现状和发展规划，着眼城市的长远发展和现实需要，依据国家地名管理法规和有关规范，对城市未来需要的新地名进行前瞻性规划论证，编制地名命名更名规划，从源头上把好地名命名更名关。城市地名规划的重点主要是各级建制市及县人民政府驻地，有条件的地区可推广到乡、镇人民政府驻地。地名规划的具体对象主要是行政区划名称以外的人文地理实体名称，包括居民区、街(路)巷、桥梁、标志性建筑物、自然景观等。

(4)数字地名专项事务，主要是建立地名信息全、符合标准化要求、现势性强、处理系统先进的国家、省、市、县四级地名数据库，依托地名数据库，借助电信、网络等媒介，开展以地名网站、地名热线(问路电话)、地名光盘(电子地图)、地名触摸屏等为主要内容的地名信息化服务，使社会公众能够快速、便捷、及时地获取准确的地名信息，充分发挥地名服务社会的功能。

5. 地名云技术

云计算(cloud computing)是网格技术、公用计算技术等技术的进一步发展。

网格是利用互联网把分散在不同地理位置的计算机组织成一个“虚拟的超级计算机”，其中每一台参与计算的计算机就是一个“节点”，而整个计算是由成千上万个“节点”组成的“一张网”，所以这种计算方式叫网格计算。这样组织起来的“虚拟的超级计算机”有两个优势：一是充分利用网上的处理资源实现分布式复杂计算；二是把整个网络整合成一台巨大的超级计算机，实现计算资源、存储资源、数据资源、信息资源、知识资源、专家资源的全面共享。

云计算则是通过网络把多个成本相对较低的计算实体整合成一个具有强大计算能力的系统，并借助SaaS、PaaS、IaaS、MSP等先进的商业模式把这些强大的计算能力分布到终端用户手中。云计算的一个核心理念就是通过不断提高“云”的处理能力，减少用户终端的处理负担，最终使用户终端简化成一个单纯的输入输出设备，并能按需享受“云”的强大计算处理能力。

2001年谷歌公司在搜索引擎大会上首次提出云计算概念，2006年谷歌公司推出了“Google 101计划”，并正式提出“云”的概念和理论。随后亚马逊、微软、惠普、雅虎、英特尔、IBM等公司都宣布了自己的“云计划”，云计算已经成为各大厂商在IT领域竞争的必争之地。

云计算技术能使网络服务提供者在数秒之内，达成处理数以千万计甚至数以亿计的信息。例如搜索引擎、网络信箱等，使用者只要输入简单指令即能得到大量的信息。

在现今信息爆炸的时代,海量信息呈指数增长,其中绝大多数的信息都与地名相关,如果将云技术与地名处理技术相结合,即地名云技术,将极大地提高地名信息处理的效率,更好地为广大用户提供有效的信息支持。

云计算技术与地名信息系统、地名公共服务工程建设的结合是地名信息化工作前沿领域和技术,必将把地名信息化工作推向一个新的阶段和高度。

6. 地名本体技术

万维网(WWW)的创始人 Berners-Lee 于 2001 年正式提出语义网(semantic web)概念(Lee,1998;Lee et al,2001),认为语义网是当前网络的扩展,其中信息被赋予明确定义的概念说明,有助于机器之间以及机器与人之间的协同工作。语义网的主要目的就是扩展当前的万维网(WWW),使得网络信息包含计算机可以理解的语义信息,满足智能软件代理(agent)有效访问和检索异构、分布式网络信息的需求(史忠植,2000)。同时 Berners-Lee 提出了基于 XML 和 RDF/RDFS 的语义网的 7 层体系结构,其中本体(ontology)处于核心地位。

本体通过对概念的严格定义和概念之间关系的清晰描述来确定概念的精确含义,表示共同认可的、可共享的知识,方便各类用户高效获取信息和知识,为其提供优质的服务。地名本体(toponym ontology)则是本体理论和技术在地名学领域应用的具体体现,是关于地理位置的本体,属于地理空间领域本体范畴。地名本体设计需要解决几个关键问题。第一,需要对地名进行编码,地名可以有多种详细程度,可以有广义和狭义之别。这里需要解决的难点问题是地名的模糊性以及一地多名、异地同名等问题。第二,地名本体能够区分不同的地点分类以及地点与社会、行政和拓扑等多种因素相关的类型。第三,地名在表达空间属性及定性空间关系时,需要解决地理对象空间范围的不确定性问题,以提高查询精度和效率。

从地名本体的定义和设计需求可以看出,地名本体除了能够对地名指代的地理实体进行描述(如编码、细节层次)外,还能够明确地反映地理实体之间的语义关系和空间关系,而这对于地名信息的组织、管理、共享和高效利用,对于地名信息系统的建设,对于提高基于地名信息的检索查全率、查准率等具有十分明显的优势。

语义网技术和地名本体技术的结合与应用,对于地名信息化建设提供了新的途径和可能,是一项值得高度关注的新技术。

第 2 章　本体理论基础

2.1　本体概念

本体概念源自哲学，用于描述客观现实的抽象本质。后来，本体分别被人工智能和信息科学引入并赋予了新的内容。

关于本体的定义有很多。在人工智能领域，最早对本体加以定义的是 Neches 等著名学者，他们 1991 年提出本体是“给出构成相关领域词汇的基本术语和关系，以及这些术语和关系构成的规定这些词汇外延的规则的定义”(Neches et al，1991)。Gruber 在 1993 年给出了一个简单明了的本体定义，即“对某种概念化体系的规范说明”(Cruber，1993)，包含了两层含义：一是先要对某个领域进行抽象、归纳，即领域概念化；二是对这一概念化的结果用一种人、计算机、代理等都能理解的通用规范表达出来，即形式化。Borst 在 1997 年在 Gruber 定义的基础上，给出了本体的另一个定义，即“本体是共享概念模型的形式化的规范说明”(Brost，1997)。Studer 在 1998 年深入分析和总结了 Gruber 和 Borst 的定义，提出“本体是共享概念模型的明确的形式化的规范说明”这一著名的定义(Studer et al，1998)。该定义包含四层含义：概念模型、明确、形式化和共享。

(1)概念模型(conceptualization)：本体是客观世界的抽象模型，表示的含义独立于具体的环境状态。

(2)明确(explicit)：指概念及概念间关系都有明确的定义。

(3)形式化(formal)：指本体是可以被计算机理解和处理的。

(4)共享(share)：指本体中体现的是共同认可的知识，反映的是相关领域中公认的概念集，而不是个体的观点。

Fonseca 认为本体是“以某一观点用详细明确的词汇表描述实体、概念、特性和相关功能的理论”(Fonseca et al，2002)。Uschold 和 Gruninger 认为“本体是一个(或部分)概念模型的明确化说明或表达”(Uschold et al，1996)。他们推荐了一个来自 SRKB(shared re-usable knowledge bases)电子邮件列表的定义：“本体是关于共享的概念模型的协议。共享的概念模型包括进行领域知识建模的概念框架、互操作代理之间进行交流的内容明确协议以及表达特定领域理论的协定。在知识共享的上下文语境中，本体特指表达性词汇表的定义的形式。一个非常简单的例子就是分类的层次结构，指明了类和它们之间的包含关系。关系数据库模式的作用也和本体一样，它指定了某些共享数据库之间可以存在的关系以及必须保持的完整性约束。”

Guarino 把概念化为一个三元组：C=<D，W，R>(Guarino，1998)。其中 D 是一个领域，W 是该领域中相关的事务状态(state of affairs)的集合，R 是领域空间<D，W>上概念关系(conceptual relation)的集合，本体是采用某种语言对概念化的描述。

Owlseek. com 网站对本体的解释是，我们永远无法了解现实的纯粹形式，我们只能通过我们的感觉和经验解释它。因此，每个人都有自己对现实的观点。本体是一种观点的形式化规范。如果两个人使用同一个本体进行交流，那么他们的交流就不会产生二义性。因此，对语义进行了编码的本体就是为了利用一个知识体进行表达和推理。

Mark 和 Smith 生动地对本体做了描述，他们指出：我们每天以各种不同的方式同世界打交道，我们使用地图、专门语言和科学仪器，我们参加宗教仪式和讲故事，我们使用信息系统、数据库、ATM 和其他软件驱动的各种设备(Smith et al，1998，2001)。所有的方式中都包含了一种概念化的过程，即包含了一个概念及其分类的系统，它们把所研究的问题域划分为各种不同方式的对象、过程和关系。因此，在宗教仪式上，我们使用的概念可能包括上帝、拯救和罪过；在科学会议上，我们使用的概念可能包括原子、力和氧化物；在讲故事的场合，我们用到魔力、地牢和巫婆等概念。这些概念通常都是隐含的，也就是说，它们常常是我们的认知器官无法明确感知到的，它们不是任何一种系统方法详细说明的，但是可以开发一些工具把它们明确地表达出来，这就是本体方法。

综合学者的研究，可以看出，本体涉及术语(词汇)、关系、概念化、明确的规范说明、领域知识、语义、共享、推理等概念。尽管定义方式众多，但其内涵基本是一致的，都把本体作为领域内部不同主体(人、计算机、软件等)之间进行交流(对话、互操作、共享等)的一种语义基础。它本质上表达的是概念及概念之间的关系(这些基本关系概括见表 2.1)，形式上则表现为一个词汇表，目标是提供相关领域知识的明确化表达，提供对该领域知识的共同理解，确定该领域内共同认可的词汇，并从不同层次的形式化模式上给出词汇(术语)和词汇之间相互关系的明确定义，从而为该领域提供语义和知识层次上描述信息系统的概念模型，实现人机之间的交流。

表 2.1 本体概念之间的基本关系

关系名	关系描述
part-of	表达概念之间部分与整体的关系
kind-of	表达概念之间的继承关系，类似于面向对象中的父类与子类之间的关系
instance-of	表达概念的实例与概念之间的关系，类似于面向对象中的对象和类之间的关系
attribute-of	表达某个概念是另一概念的属性，如“价格”是桌子的一个属性

2.2 本体分类

根据本体不同方面的特性，有不同的分类方式。几种典型的分类方式如下：

(1)根据形式化程度，可将本体分为高度非形式化的(highly informal)、半非形式化的(semi-informal)、半形式化的(semi-formal)和严格形式化的(rigorously formal)本体。①高度非形式化本体，用自然语言来描述本体，本身存在很大的二义性；②半非形式化本体，用自然语言的结构化形式来描述本体，减少了描述上的二义性；③半形式化本体，用智能语言来描述本体；④严格形式化本体，用形式化的描述语言来描述本体。

(2)根据推理的能力，可将本体分为轻量级本体、中量级本体和重量级本体。①轻量级本体不具备逻辑推理功能，例如叙词表和 WordNet；②中量级本体具有简单的逻辑推理功能，系统可以识别一阶谓词逻辑的表达式；③重量级本体具有复杂的逻辑推理功能，系统可以识别复杂的二阶谓词逻辑的表达式，并为更加复杂的推理功能的实现预留了接口，如 Cyc 本体系统。

(3)根据研究层次,可将本体分为四种类型(图 2.1):①顶层本体,描述的是最普通的概念及概念之间的关系,与具体的应用无关,其他种类的本体都是该类本体的特例;②领域本体,描述的是特定领域(土地利用类型、地名、交通等)中的概念及概念之间的关系;③任务本体,描述的是特定任务或行为中的概念及概念之间的关系;④应用本体,描述的是依赖于特定领域和任务的概念及概念之间的关系。

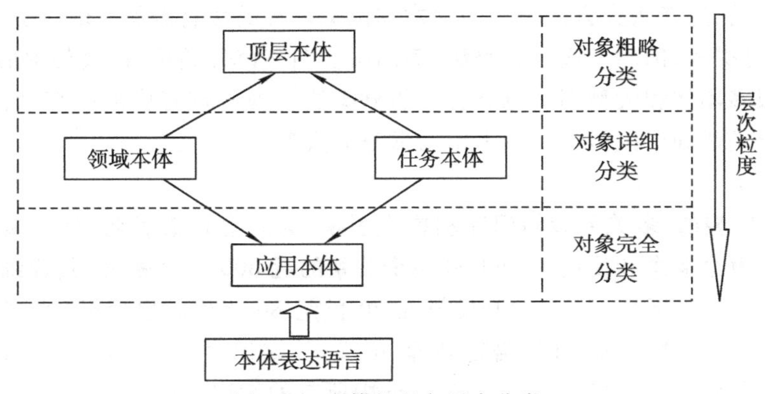

图 2.1　本体的研究层次分类

(4)按严格程度分类,Gruninger 等按照信息本体定义的严格程度提出了一种分类方法(Gruninger et al, 1995)。他将信息本体分为四大类(图 2.2):第一类是普通术语表(glossaries)和数据字典(data dictionaries);第二类是包含同义词和反义词的词典(thesauri)以及分类词汇表(Taxonomies);第三类包括元数据(metadata)、XML 模式(XML Schemas)和数据模型(data models);第四类是形式化本体(formal ontologies)和推理逻辑(inference)。Gruninger 分类方法符合信息本体的实际,对信息本体的研究有一定意义。

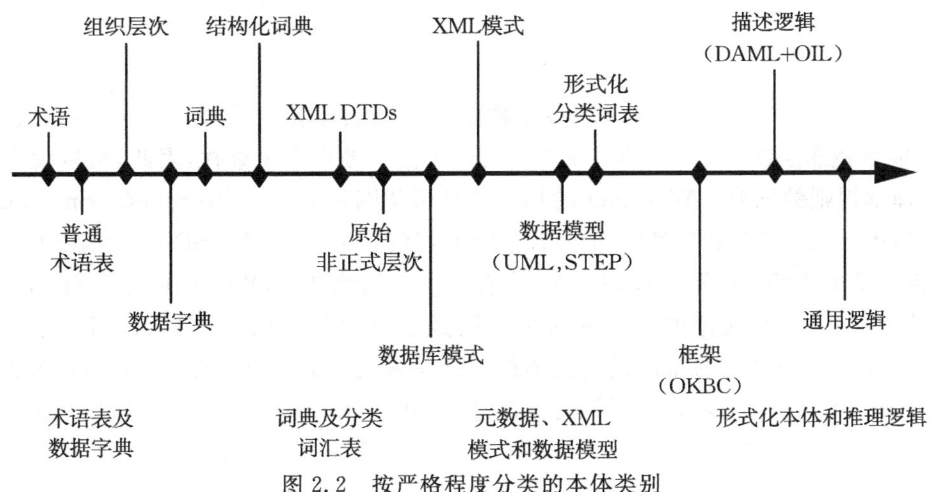

图 2.2　按严格程度分类的本体类别

2.3　典型本体

自从本体的思想被引入计算机科学领域,人们已开发出难以计数的本体。这些本体在规模和复杂程度上都有很大的差异。有的本体针对特定的领域,有的则希望建立通用的大规模常识知识库。这里将介绍一些典型本体,它们均不局限于特定的具体领域,具有一定的通用性,并在本体的发展和应用中起着重要作用。

1. **分类法**

分类法是一种分类组织信息的方式,这种分类具有层次性。分类法在传统图书馆中是组织馆藏和检索文献的重要工具。网络资源也可以采用分类法组织,如著名的雅虎搜索引擎便是这样组织资源的,这能大大方便信息的检索和浏览。分类法有着悠久的历史,著名的分类法有:杜威十进制分类法、国际十进制分类法、美国国会图书馆分类法,以及英国伯利斯书目分类法等。此外。很多团体和大型网站也有各自的分类法。国内较有影响的综合性分类法有:中国图书馆图书分类法和中国科学院图书馆图书分类法等。

2. Cyc

Cyc是一个巨型的、多关系型知识库和推理引擎,同时也是最著名、最完整的常识知识库之一,包括30多万个概念和使用了26 000余个关系的近300万个断言,其详细介绍可以访问http://www.cyc.com网站。Cyc的开发早在20世纪80年代就已经开始,其应用领域涵盖了分布式人工智能、智能检索、自然语言处理、语义网、知识表示,以及语义知识集成等方面。Cyc是大型的符号型人工智能的一次尝试,Cyc中所有的知识都以逻辑声明的形式表示,它包含了400 000多个关键声明,包括对事实的简单陈述、关于满足特定事实陈述时得出何种结论的规则,以及关于通过一定类型的事实和规则如何进行推理的标准。构建Cyc的核心成员不相信在通往智能化或创造智能主体的途中存在什么捷径,他们强调需要有大型的具有内容的知识主体,而知识中的联系只能通过手工组织和比较信息来获得。OpenCyc是Cyc的一个开源版本(http://www.cyc.com/cyc/opencyc/overview),它是世界上公开的最大和最全面的通用知识库和常识推理引擎。OpenCyc的1.0版本包括了6 000个概念:这是一个人类世界的上层本体。此外,它还包含关于这6 000个概念的60 000个断言。OpenCyc提供了推理引擎、浏览知识库的方式,以及支持应用开发的API。

3. WordNet

WordNet是由普林斯顿大学的一些心理学家和语言学家开发的一个大型在线知识库。WordNet能在概念层次上查找词汇,而不仅仅是依据字母顺序来查找,因此,可以说WordNet是基于心理学规则的词典。WordNet的相关信息可从网站http://wordnet.princeton.edu获得。最新的版本是2005年3月发布的2.1版本,截至2010年,WordNet约有203 145个词义,其中包含了152 059个单词和115 424个合成词。除此之外,WordNet还含有77 739个同义词集。WordNet与普通标准词典的最大不同是它将词分为四类:名词、动词、形容词和副词。WordNet一个最显著的特征是它试图根据意义来组织分类词汇信息,而不是根据词的形式。WordNet用同义词集来表达词汇的概念意义,如{board,plank}表示木板的概念,{board,committee}表示会议桌的概念。WordNet采用语义关系来组织词汇。语义关系是指两个意义之间的关系,由于意义用同义词集来表示,所以语义关系就是两个同义词集之间的关系。WordNet中的关系有同义词关系、反义词关系、上下位关系、部分整体关系和词形态上的关系。WordNet已被应用到诸多领域,包括知识表示、知识工程、自然语言处理、文本翻译、信息检索和语义网等。

4. SUMO

SUMO是建议上层共用本体的简称,由电气与电子工程师学会(IEEE)标准上层知识本体工作小组所建立，其目的是发展标准的上层知识本体，这将促进信息的互操作、信息搜索和查询、自动推理和自然语言处理等应用。SUMO希望通过建立公认的最高层次的知识本体，鼓励其他特定领域的知识本体以它作为标准和基础，衍生出更多的其他特殊领域的知识本体，并为一般多用途的术语提供定义。另外，SUMO是形式化的，目前，它已经全部和WordNet建立了映射。SUMO具有深层多种语言的模板，并能通过工具支持对它的浏览和编辑。在各种领域本体的组合下，SUMO的规模变得越来越庞大，目前，它包含有20 000个词汇和60 000个公理。

5. 基因本体

现代的生物学家浪费了太多的时间和精力在搜寻生物信息上。这种情况是由于生物学上定义混乱造成的，不仅计算机难以精确检索到这些随时间、人为等多重因素而随机改变的定义，即使是完全由人手动处理也无法完成。基因本体项目的目标正是为了使各种数据库中基因产物功能描述能够一致，该项目最初是从1988年对三种不同模式的生物数据库进行整合集成开始，即果蝇数据库Drosophila、酵母基因组数据库SGD和小鼠基因组数据库MGD。从那时开始，基因本体不断发展扩大，现在已经是包含数十种动物、植物和微生物的庞大数据库。基因本体的一些相关信息可以从网站http://www.geneontology.org得到。基因本体发展了具有三级结构的本体，分别描述基因产物的相关分子功能、生物学途径和细胞学组件，这些定义是通用的，不考虑具体的物种。截至2004年5月10日，基因本体中分别含有上述三种本体的7 340、8 645和1 409个术语。目前，基因本体的基本工作可分为三个部分：第一，提供和维护定义；第二，将位于不同数据库中的本体语言、基因和基因产物进行联系，形成网络；第三，开发相关的工具，使本体标准语言的生成和维护更为健康。

2.4　本体构建原则及方法

尽管本体的构造包含多方面的困难，同时目前也没有公认的构造原则，但是许多研究者根据研究实践提出了一些本体设计的原则。其中，最有影响的是Gruber于1995年提出的五条准则(Gruber，1995)：

(1)明确性和客观性。本体必须有效地说明所定义术语的含义，当本体定义用于逻辑公理表达时，应该是形式化的。所有定义应当用自然语言加以说明。

(2)完全性。本体定义应该尽可能完整，能够完全表达所描述术语的含义。在构建本体过程中可以使用多种知识表达方法。

(3)一致性。本体应该是一致的，也就是说，它应该支持与其定义一致的逻辑推理。本体所定义的公理与自然语言进行说明的文档都应该具有一致性。

(4)最大单调可扩展性。本体应该为目标任务提供概念基础，并支持在已有概念的扩展，从而满足特殊的需求，无须修改已有的概念定义。

(5)最小承诺。只要能够满足特定的知识共享需求即可，也就是说，对建模对象给出尽可能少的约束，让共享者按照需求扩展本体。

目前已有很多关于本体方法论和本体开发等方面的研究成果，但是还没有一个统一的工程方法来建立本体。下面介绍几个著名的本体工程及其建模过程中涉及的理论及方法。

1. 骨架法

英国爱丁堡大学 Uschold 和 King 的“骨架法”建立在企业本体的基础上，是相关商业企业间术语和定义的集合，该方法只提供开发本体的指导方针(Uschold et al,1998)。“骨架法”流程如图 2.3 所示。

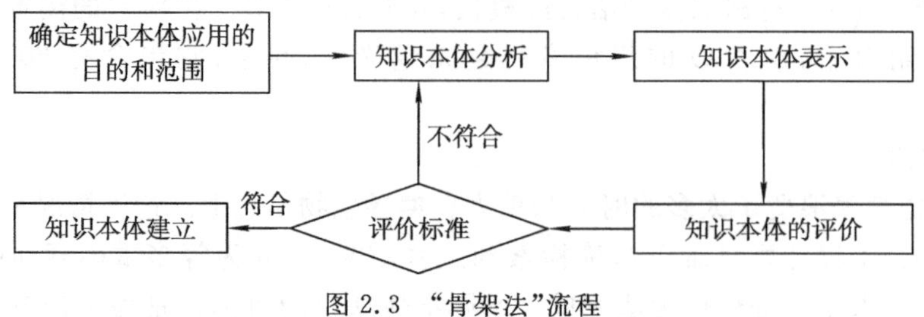

图 2.3 “骨架法”流程

“骨架法”的主要内容包括：

(1)确定本体应用的目的和范围。根据研究的领域任务建立相应的领域本体，需要根据应用的需求，限制研究的范围。

(2)知识本体分析。定义本体所有术语的概念描述及概念之间的关系，该步骤需要领域专家的参与。

(3)知识本体表示。一般用语义模型表示本体。

(4)知识本体评价。本体建立的评价标准是清晰性、一致性、完善性和可扩展性。

(5)知识本体的建立。对所有本体按照以上的标准检验，符合要求的以文件形式存放，否则转步骤(2)。

2. TOVE 方法(Gruninger & Fox 方法)

TOVE 方法由多伦多大学企业集成实验室的 Gruninger 和 Fox 等研制，使用一阶逻辑实现本体术语集成(Gruninger et al,1995)。TOVE 本体包括企业设计本体、工程本体、计划本体和服务本体，TOVE 方法流程如图 2.4 所示。

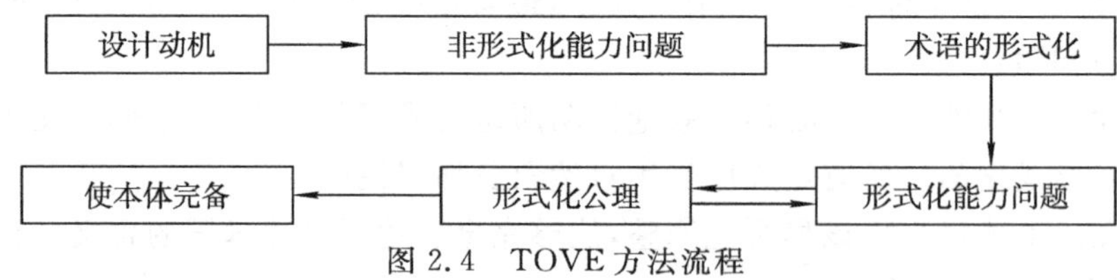

图 2.4 TOVE 方法流程

TOVE 方法的主要内容包括：

(1)直接定义可能的应用需求及其解决方案，提供潜在的非形式化的对象和关系的语义描述。

(2)将能力问题作为约束条件，包括解决什么问题和如何解决，这里的问题用术语表示，答案用公理和形式化定义回答。

(3)术语的形式化。从形式化能力问题中提取非形式化的术语，然后用本体形式化语言实现概念的定义。

(4)形式化能力问题。一旦能力问题脱离了非形式化，领域本体相关术语已定义，则能力问题自然形式化。

(5)形式化公理。术语定义所遵循的公理用一阶谓词表示，包括定义的语义或解释。

(6)说明问题解决方案必须是完备的。

3. 七步法

斯坦福大学医学院开发的七步法，主要用于领域本体的构建(Gruber，1995)。七个步骤分别是：

(1)确定本体的专业领域与范畴。明确应用本体的目的，从而更好地挖掘本领域的深层信息，确定本体的用户和系统所能提供的功能。

(2)考查复用现有本体的可能性。如果应用系统需要与其他的平台进行互操作，那么复用现有的本体就是最行之有效的方法。

(3)列出本体中的重要术语。应该列出一份所有术语的清单。

(4)定义类和类的等级体系，并建立概念间的关联关系。

(5)定义类的属性。根据对象属性的不同可以分为内在属性、外在属性及与其他个体之间的关系。

(6)定义属性的侧面(facet)。一个属性可能由多个“侧面”组成，“侧面”即属性取值的类型、容许的取值、取值个数和有关属性取值的其他特征。

(7)创建实例。确定目标类，创建类的实例并添加相应的属性。

2.5　本体描述语言

本体是应用本体论的方法和原理对具体应用领域的描述。计算机科学对本体的研究可以归纳为四个方向，即本体理论、本体描述语言、本体开发方法和本体应用，这四个维度有着一定程度的先后和/或因果关系。尽管本体在本质上是应该独立于任何一种具体的表示语言的，可以采用多种形式来描述，但一般都包含了一个领域的词汇表和词汇意义的相关说明。在较为简单的情况下，本体可以只描述由父子关系关联起来的概念层次，而不包括其他关系和实例等。近几年来，为了利用本体实现异构环境中的异构数据交换，许多研究者已经开发出多种本体描述语言。本体可以用自然语言来描述，也可以用框架、语义网络或逻辑语言来描述。当前，本体的表示语言有十几种，综合一下，可分为传统的本体表示语言和用于网络环境下的本体标记语言两大类。

1. 传统的本体表示语言

传统的表示语言是指在XML标准出现以前，由各个研究小组根据具体本体工程实践开发出来的知识表示语言。传统的表示语言有很多，例如一阶谓词逻辑语言KIF，基于框架的Ontolingua、OKBC、OCML等，基于框架和一阶谓词的FLogic、CycL等，以及基于描述逻辑的LOOM等。这里选KIF和CycL进行简要介绍。

KIF(knowledge interchange format)是斯坦福大学知识系统实验室(Knowledge System Laboratory，KSL)的专家在研究本体时提出的一种基于谓词演算的形式化语言，重点研究语言的表达能力，主要功能包括定义对象、函数和关系，允许元级知识和非单调推理规则的表示，并基于一阶谓词逻辑，具有描述性语义，为采用不同知识表示方式的计算机程序之间的通信搭建了桥梁。

CycL是Cyc系统的描述语言，它是一种体系庞大而且非常灵活的知识描述语言。该语言在一阶谓词演算的基础上，扩充了等价推理、缺省推理等功能，而且具备一些二阶谓词演算的能力。在该语言的环境中配有功能很强的可进行逻辑推理的推理机。

2. 网络环境下的本体标记语言

本体标记语言是基于XML标准开发的语言，目前语义网(semantic web)上的本体表示语言主要有XML、RDF、RDF Schema、OIL、DAML、DAML与OIL结合而产生的DAML+OIL以及OWL等。图2.5是W3C提出的本体标记语言栈。

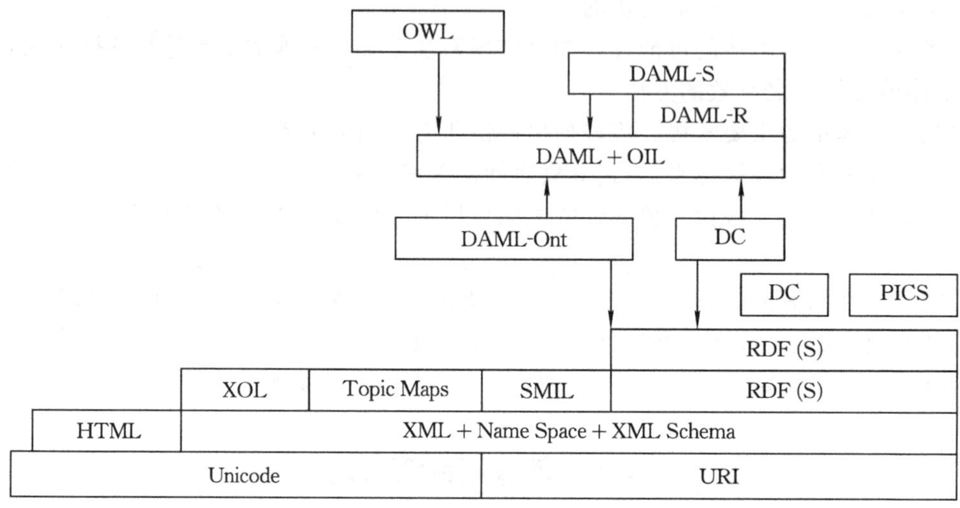

图2.5 本体标记语言栈

(1)可扩展标记语言(extensible markup language，XML)是一种机器可读文档的规范。可扩展性(extensible)是XML的主要特征。实际上，XML是一种元语言(meta language)，它使用了标准化的方法来定义其他语言。XML只是为结构文档提供了一个数据格式，而没有深入该数据本身定义它的词汇列表。

(2)XML Schema是一种描述信息结构的模型，用来定义XML文件的文本结构、数据类型等规则，并为一类文档建立一个共同的模式，即规范文档中的标签(tag)和文本(text)可能的组合形式。XML Schema定义语言是一种说明性的表示语言，其思想来自知识表示模型(如语义网络、框架和谓词逻辑等)、数据库模式(database schema)定义语言和图模型(graph data model)等。XML Schema没有指明数据的语义和用途。

(3)作为W3C标准的资源描述框架(resource description framework，RDF)为基于元数据的语义表示提供了基础。RDF为网络上的应用系统之间进行机器可理解的信息交换提供了互操作能力。RDF定义了一个基本的数据模型来描述机器可处理数据的语义。这个数据模型可用XML语法表示，包含三种对象类型：资源(resource)、属性(property)和声明(statement，或称为陈述)。

RDF的基本结构可以看作对象—属性—值的三元组语法形式，三者都是资源，而一个三元组构成一个声明，即RDF陈述(statement)，也称为RDF图(RDF graph)，如图2.6所示。

(4)RDF Schema(RDFS)是基于RDF定义的一种模式定义语言，是基于XML对RDF的一种实现。RDF Schema中描述了XML文本的语法，同时也提出了一种对象类的定义方法，并且基于这种定义方法描述XML文本中的语义信息。RDF Schema是RDF的类型系统，解决了 RDF 表达能力差的问题。

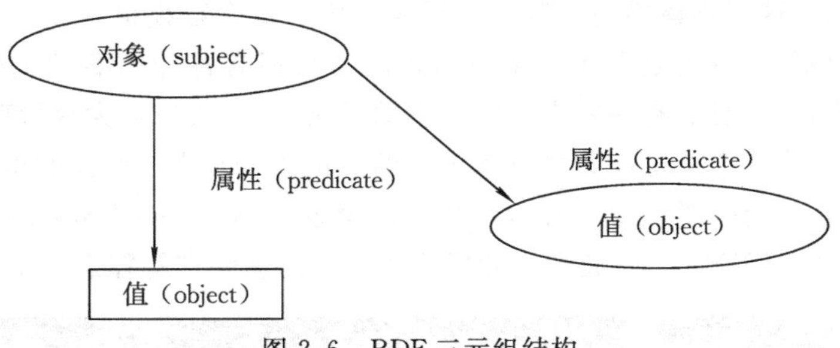

图 2.6　RDF 三元组结构

(5)网络本体语言(web ontology language,OWL)是 W3C 推荐的一种本体描述语言,其本身设计用于网络环境,按照 XML 语言格式实现。它是源于 DAML+OIL 的,并保持了 DAML+OIL 的框架和大多数语法、语义特征。根据表达能力和可计算性能力,OWL 可以分为三种子语言:OWL Full、OWL DL 和 OWL Lite。这三种子语言表达能力依次下降,但可计算性依次增强。表 2.2 为几种本体标记语言的比较。

表 2.2　几种本体标记语言的比较

名称	特点
XML	结构化文档的表层语法,对文档没有任何语义约束
XML Schema	用来确定 XML 文档的结构,而不能用来确定元素的具体含义以及元素之间的语义联系。能用一种层次的方式组织元素,不过这种层次并不包含语义信息,而仅仅是提供了一种语法来复用一些简单的结构以构造更复杂的结构。因此通过 XML Schema 描述的数据缺乏语义信息
RDF	表达对象(或者资源)以及它们之间关系的数据模型,为数据模型提供了简单的语义,这些数据模型能够用 XML 语法进行表达。RDF 可以看作元数据层,RDF 的数据模型提供了一个抽象的概念框架来描述元数据
RDF Schema	在 RDF 的基础上提供了更多建模原语,例如,提供类(class)的定义,也提供定义特性之间关系的机制。RDF Schema 就是作为 RDF 的数据定义模型而出现的,在 RDF Schema 中所有的类和特性本身也被定义为资源,使其能够更加有效地利用资源
OWL	在 RDF 和 RDFS 基础上,通过增加更多建模原语来描述特性、类以及它们之间的关系,并针对特性提供了更加丰富的类型定义和属性描述。OWL 采用面向对象的方式来描述领域知识,即通过类和属性来描述对象,并通过公理来描述这些类和属性的特征和关系

这些本体描述语言(KIF、OWL 等)是信息领域定义的结构良好的语言形式,有较强的逻辑描述能力,非常利于机器的理解和处理。在实际应用中,除了这些形式化语言,还有其他的信息组织方式和方法,也可以归为本体描述语言。图 2.7 所示为 Daconti 归纳的本体谱,比较了各本体结构描述语义的能力,从弱至强,有词表(word list)、同义词对(synonym ring)、分类表(taxonomy)、叙词表(thesaurus)、概念模型(conceptual model)等(Bitters,2005)。

从图 2.7 的本体谱可以看出,本体描述语言的描述能力是有差别的,Daconti 是按照语义能力的强弱来构建图谱的。但必须要指出的是,本体语言的语义描述能力增强是有代价的,因为不同的语言形式潜在包含不同的先验知识。要使用模式(schema)语言首先就得理解关系模型(relational model),所以运用模式语言的代价就是使用者要认同并会用关系模型分析事物信息。当前本体研究以形式化强为重要方向,希望利用信息本体研究中形式化结构好、逻辑严密、语义描述强的语言(如 OWL、WSRL 等)完成地理知识的建模。但语言的应用需要具体问题具体分析,例如,这些本体描述语言是一般或通用的概念建模语言或工具,应用于不同领域时语义描述能力不够,特别是空间语义的描述能力与现有各种 GIS 数据模型相差太远;再如这些本体描述语言中,虽然有一些有自然语言的风格,但仍难以为大众所理解。而本体作为一种语言规范,应当成为人机之间共享概念模型的理论依据和人机交互的桥梁。实际上,自然语言是语义描述能力最强的语言,因为 OWL 的解释需基于 RDFS,RDFS 的解释需基于 RDF,RDF 的解释基于 XML……最终各种形式的语言的理解和解释都归于自然语言。

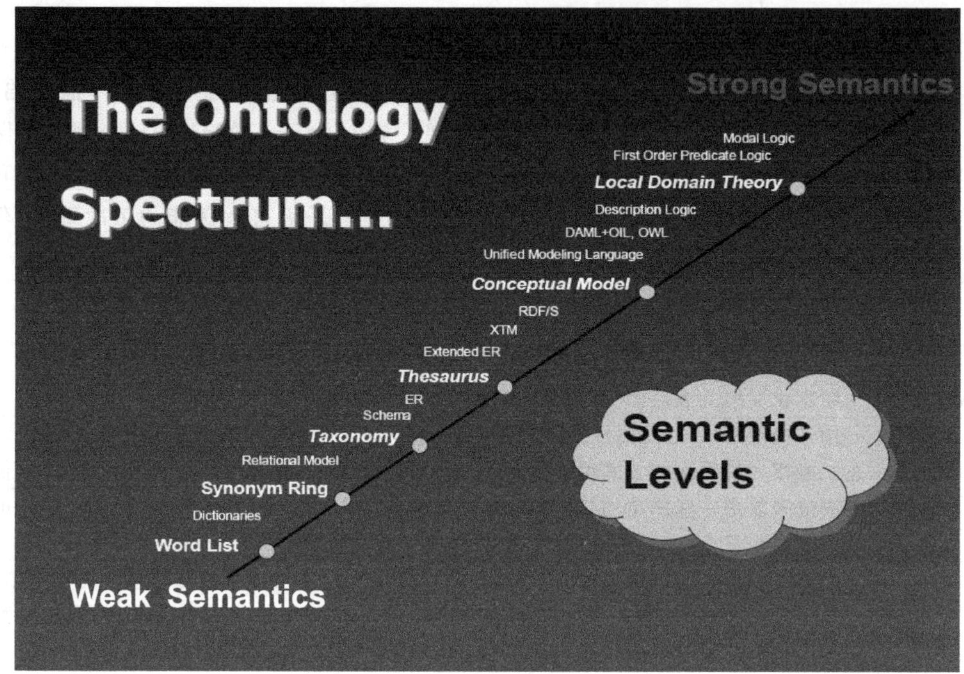

图 2.7　本体谱

2.6　本体与语义网

1. 语义网的概念和特征

万维网(WWW)的创始人 Berners-Lee 于 2001 年正式提出语义网(semantic web)概念(Lee,1998;Lee et al,2001),认为语义网是当前网络的扩展,其中信息被赋予明确定义的概念说明,有助于机器之间以及机器与人之间的协同工作,语义网的主要目的就是扩展当前的万维网(WWW),使得网络信息包含计算机可以理解的语义信息,满足智能软件代理(agent)有效访问和检索异构、分布式网络信息的需求(史忠植,2000)。同时他提出了基于 XML 和 RDF/RDFS 的语义网的 7 层体系结构,其中本体(ontology)处于核心地位。

语义网期望网络上的数据通过另一种不同于现在的方式进行描述和链接,使这些数据不仅能以各种灵活的方式展现出来,也能被不同的应用程序所自动处理、综合、重用。在语义网中,网页中所蕴含的语义信息能使计算机完成大部分的自动化处理工作,其定义和链接的数据能被各种不同的应用以更为有效的方式查询、重用和集成。

Berners-Lee 提出了基于 XML 和 RDF/RDFS 的语义网的体系结构(图 2.8),并在此之上构建了本体和逻辑推理规则,通过基于语义的知识表达和推理功能,实现领域知识为计算机所理解和处理。在语义网中,知识表示、本体论、智能主体等都是重要的研究内容,同时它们具有不可分割的联系。在这个 7 层语义网框架中,各层的具体特征描述如表 2.3 所示。

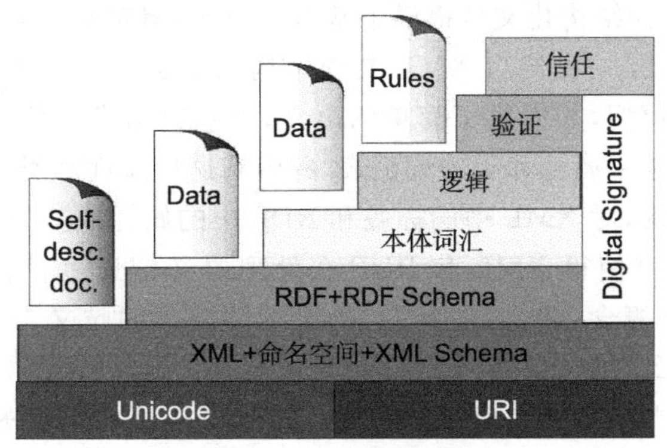

图 2.8 语义网框架

表 2.3 语义网各层特征描述

层数	名称	描述
第 1 层	Unicode 和 URI	Unicode(统一编码)处理资源的编码,URI(统一资源标识码)负责标识资源,这一层是整个语义网的基础
第 2 层	XML+命名空间+XML Schema	用于表示数据的内容和结构,是数据表示的语法层,允许用户自定义标签
第 3 层	RDF+RDF Schema	用于描述网络上资源及其类型,相当于元数据层,RDF 提供了一个抽象的概念框架来描述元数据,具有初步的语义信息
第 4 层	本体词汇	用于描述各种资源之间的联系,在元数据基础上构造领域知识,本体能够在人们和应用系统之间达成对术语含义的共享和共同理解
第 5 层	逻辑	在第 4 层的基础上进行的逻辑推理操作
第 6 层	验证	根据逻辑陈述进行验证以得出结论
第 7 层	信任	在用户之间建立信任关系

在这个 7 层构架中,第 2、3、4 层是关键层,用于实现网络信息的语义描述,也是当前语义网研究的热点。XML 和 RDF 只能实现简单的语义信息的表达,更完善的语义信息必须依赖本体描述,尤其是 RDF 无法表达的语义信息,必须借助于本体描述。因此,本体在语义网框架中处于十分重要的地位,是解决语义层次网络信息共享和转换的关键部件。语义网的显著特征可以概括如下:

(1)文档对象与现实世界对象。语义网不仅是一个存储文档对象集合的网络,更是一个描述现实世界对象资源关系的网络。

(2)人可读与机器可读。和当代万维网相比较,语义网的另一个显著特征就是其包含了更多机器可阅读和理解的语义信息。

(3)HTML 和语义网的关系。万维网作为世界上最大的信息储藏所,其中蕴含的信息量超过世界上任何一个图书馆,在这一点上,HTML 功不可没,正是通过 HTML 中的超链接,才得以将世界上的各种信息资源链接在一起。但丰富多彩的现实世界中还存在着各种复杂的关联关系,这就要求语义网不仅能反映资源之间的超链接关系,还应能描述资源对象之间的丰富而又复杂的关联关系，对这种复杂关联关系的描述正是语义网的优势所在。

2. 本体与语义网的关系

语义网的体系结构表明，语义网利用了 XML 可以自定义标签模式的能力和 RDF 可以灵活表示数据的能力。W3C 提出了一些与语义网有关的协议，包括 XML、XML Schema、RDF、RDF Schema 等。XML 为结构化文档提供了基本的语法，但对文档的含义并未施加任何语义上的限制；XML Schema 是一种约束 XML 文档结构的语言；RDF 是一个关于对象（或资源）和它们之间关系的数据模型，并提供了简单的语义，这些数据模型使用 XML 语法表示；RDF Schema 是描述 RDF 资源中属性和类的词汇表，并带有这些属性和类的泛化层次的语义，这些协议构成了一个堆栈结构，对 XML 中的标签和 RDF 中的属性及其集合都没有任何限制。这种对于属性集合的无约束使得 XML 和 RDF 在处理语义信息上存在同一概念有多种词汇表示、同一个词汇有多种概念（含义）的问题，造成了理解上的歧义。例如在某大学网站页面上，都有<Doctor>，那么它是代表博士还是代表医生呢？显然存在语义上的不一致性。

本体通过对概念的严格定义和概念之间关系的清晰描述来确定概念的精确含义，表示共同认可的、可共享的知识，从而解决上述问题。因此在语义网中，本体具有非常重要的作用，是解决语义层次上网络信息共享和交换的基础（郭黎 等，2008）。

同时，语义网还是一种信息组织技术，有利于进行基于语义的信息检索和查询。剖析语义网的体系结构可以发现，语义网是一种基于语义的网络信息检索环境，语义网技术的实质是以语义技术为核心的信息组织技术。其中 XML/RDF/Ontology 三层为该信息组织结构的核心，分别解决分布式异构环境中语义信息检索和查询面临的语法异构、结构异构和语义异构问题（Visser et al，2002）。图 2.9 很好地反映了语义网在计算机符号世界中对于解决信息系统互操作、信息共享、知识管理等问题中的作用。

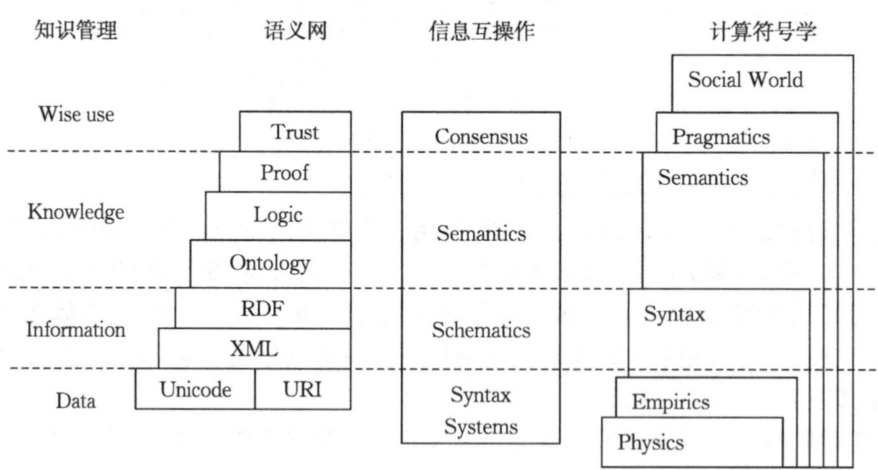

图 2.9 语义网对知识管理、信息互操作和计算符号学的意义（Nagel，2005）

第3章　地理本体理论

3.1　地理本体概念及功能

空间特征是地理信息所独有的，指地物的位置、形状和大小等几何特征以及地理要素间的空间关系（龚健雅，2001）。同样，地理本体也需要描述地理信息的空间特征。地理本体与一般的信息本体的差别很大，例如有复杂的位置关系、拓扑关系、度量关系以及部分-整体关系，而一般本体主要是子类、父类等继承关系，这种差别主要体现在地理本体除了要表达属性信息外，还要表达重要的空间特征，这也是地理本体区别于一般的信息本体的本质所在。

Smith 等在 1998 年在对本体和地理类别进行研究时，就已经提出了地理对象不仅仅是计算机操作的实体，其本质上是与空间位置关联的，空间边界是地理对象的最显著特征（Smith et al，1998），具体表现在以下几个方面：

（1）地理空间中，“什么”和“哪里”是互相纠缠在一起的，而不是相互独立的。

（2）地理种类常常是与大小或尺度相关的（如塘、湖、海、洋的概念）。

（3）地理实体的边界本身同时是我们划分类别的主要特征依据。

（4）边界可能很清晰，可能很模糊，也可能是渐变的；边界可能是真实的，也可能是人为规定的。

Mark 等随后进行了地理类别实验研究，得出的结论是，在人工对象和自然对象概念化中起重要作用的功能、用途及有机体的行为等在地理本体设计中所起作用不够大，起作用的主要是拓扑、几何、位置和方位（Mark et al，1999）。

那么什么是地理本体呢？应该如何定义它？国内外学者进行了许多探讨。Mark 等认为，地理本体研究是一个高度跨学科的交叉研究，与地理信息的认知、表达、互操作、尺度和不确定性密切相关，最重要的一点是研究空间信息的语义理论，或者更一般的解释为研究人类思维、信息系统与地理现实世界之间的关系。孙敏等将本体定义为研究地理信息科学领域内不同层次和不同应用方向上的地理空间信息概念的详细内涵和层次关系，并给出概念的语义标识。地理本体及其理论的研究对于解决地理信息建模、语义互操作、空间数据重用和共享、数据挖掘等问题以及地理信息系统的智能化、网络化、大众化具有革命性的意义。

崔巍博士认为，一个地理本体系统是空间信息科学中具体应用领域里共享的一个概念化的知识系统的形式化和显式的说明规范（崔巍，2004）。地理本体的概念构成层次结构，该层次结构来源于地理领域已有的概念分类体系，本体的概念由属性集描述。属性集组成一个多维的特征向量空间。

黄茂军于 2005 年提出了一个基本的地理本体定义：地理本体涵盖哲学本体、信息本体以及空间本体三个层面的含义（黄茂军，2005）。其中，哲学本体突出表现于对地理领域本质特性的关注，涉及对地理概念、类别、关系、过程以及地理现象的研究，时空本体、不确定性本体等都是哲学本体的重要体现；而信息本体通过共享地理概念的明确的形式化定义体现，应用于地理信息的共享和互操作、基于语义的地理信息集成以及地理信息服务等领域；空间本体是地理本体区别于一般本体的最大特征，地理本体不仅具有属性特征，而且具有空间特征，空间本体表现为与地理信息空间特征相关的概念定义，具体来说就是与空间位置、形状和大小等几何特征以及地理要素空间关系等相关的本体。

王敬贵提出，地理本体是指特定地理空间信息领域概念化模型或学科感知世界的明确的形式化规范说明（王敬贵 等，2004）。他认为，与一般信息系统所研究的“封闭”世界不同，地理世界是一个开放世界，地理事实存在模糊性和不确定性、动态性等复杂特征，因而人类对地理事实的认知即地理实体和现象也存在模糊性、时态特征以及身份识别等复杂问题，这为地理本体的构建提出了一些困难而且是根本性的问题。因此，地理本体并不能被简单地看作有别于其他领域的一般本体。相反，地理本体具有区别于一般本体的重要特征——空间特征和时态特征。因此地理本体必须发展合适的方法表达这些一般本体中不具备的特征，而地理本体理论研究也应该成为一般本体理论研究的一个重要分支，而不是一般本体理论在地理领域的简单应用。

上述定义从不同的侧面阐述了对地理本体的基本认知，考虑其在地理信息科学中的应用，将地理本体（Geo-Ontology）定义为研究地理信息科学领域内不同层次和不同应用方向上的地理空间信息概念的详细内涵和层次关系，并给出概念的语义标识（黄茂军 等，2004）。地理本体（论）是把有关地理科学领域的知识、信息和数据抽象成由一个个具有共识的对象（或实体），按照一定的关系而组成体系，并进行概念化处理和明确定义，最后以形式化表达的理论和方法。简言之，地理本体就是对地理领域被共享的概念化的形式说明。

Geo-Ontology 是一种领域本体，它获取地理领域内一致的知识，不为某个个体私有，而是可以为一个群体所接受和共享。建立 Geo-Ontology 的目的是为需要共享地理领域信息的研究者定义一个公共的词汇集，它包括地理领域概念的定义和概念之间的关系，在人之间或者软件代理之间能够共享对结构化地理信息的共同理解，支持地理领域知识的复用，支持对地理领域知识的分析等。

第一，Geo-Ontology 使人之间或者软件代理之间能够共享对结构化地理信息的共同理解，这是我们在地理信息科学领域研究本体的共同目标之一（刘继岳，1996）。例如，假设几个不同的网络站点包含了地理空间信息或者提供了地理导航和服务信息，如果这些站点共享和发布它们所使用的所有术语的相同的基础本体，那么计算机代理就能够从不同的站点抽取和集成信息。这些代理能够使用这些被集成的信息来回答用户的请求或者将这些信息作为其他应用的输入数据。

第二，Geo-Ontology 支持地理领域知识的重用。地理信息具有社会化的特征，占地球信息的 80%左右。地理信息的广泛使用是当今涌现在 Geo-Ontology 研究背后的驱动力。例如，很多不同的领域模型需要表达地理空间的概念，如果研究者开发了一个包括位置信息、方向信息、坐标参考信息等概念的 Geo-Ontology，其他人能够在他们的领域中重用它，那么就能够将 Geo-Ontology 与其他现存的本体进行集成来描述更广泛的领域应用的各个部分。另外，Geo-Ontology 也支持对人们知识的重用，并将它进行扩展以描述人们感兴趣的领域。

第三，建立 Geo-Ontology 使得地理领域的假设显式化，这是 Geo-Ontology 实施的基础。如果地理领域的知识发生变化，那么 Geo-Ontology 将有可能更容易地适应这些变化，从而改变这些假定的表达。通常，在对现实世界认知的编程语言级别（level）上，对假定的硬代码的表达不仅使得这些假定的代码难以理解，也使得这些假定难以更改，尤其是对那些没有编程经验的人来说，做这些代码级别的改变更加困难。而且，地理领域知识显示的规格说明对那些必须了解地理领域术语含义的新的使用者来说是有用的。

第四,Geo-Ontology 能够将领域知识从可操作的知识中分离出来,这是本体的另一种共同的使用。我们能够根据一个 GIS 开发的需求规格说明描述这个 GIS 产品组件的配置任务,并使用一个无关于产品和它的组件本身的程序来做这个配置。

第五,Geo-Ontology 能够帮助我们分析地理信息领域的知识。一旦一个术语显式的规格说明可以利用,那么分析地理领域的领域知识就是可能的。术语集合的形式化分析在需要重用现存的本体并扩展它们的时候是极有价值的(McGuinness et al,1994)。

Geo-Ontology 可以用一个 5 元组来表示:

$$GO=(GCD,GRD,GFD,GID,GAD)$$

其中,GO 表示 Geo-Ontology, GCD 是一系列地理概念或类的定义,GRD 是一系列地理关系的定义,GFD 是一系列地理函数的定义,GID 是一系列地理概念实例的定义,GAD 是一系列地理公理的定义。

地理概念或类含义广泛,可指地理世界中的任何事物,是具有相同属性的地理实体或地理现象的集合,包括地理实体及实体属性两大类。地理空间中的山、河、海、丘陵、平原、沙漠、沼泽、森林、农作物,以及风、雨、雪、霜等都是地理实体概念的具体例子,而海拔、含沙量、流量、海温、面积、森林蓄积量、作物产量、风速、雨量等则是地理实体属性概念的具体实例。

地理关系表示地理概念之间的相互作用,形式上定义为 n 维笛卡尔乘积的子集,包括两大类基本关系,即空间关系和非空间关系。地理概念之间存在 3 种基本的空间关系,即拓扑关系、顺序关系和度量关系。非空间关系包括 4 种基本类型,即 part-of、kind-of、instance-of 和 attribute-of。拓扑空间关系表示地理实体之间的相邻、包含和相交等空间关系;顺序空间关系指地理实体之间在空间上的排列次序,如实体之间的前后、左右,以及东、南、西、北等方位关系;度量空间关系主要指地理实体之间的距离关系。part-of 表示地理概念之间部分与整体的关系,如台湾省是中国的一个部分;kind-of 表示地理概念之间的继承关系,类似于面向对象中的父类和子类之间的关系,如常年河、时令河都是河流的子类;instance-of 表示地理概念的实例与地理概念之间的关系,类似于面向对象中的对象和类之间的关系,如京沈高速公路是高速公路的一个实例;attribute-of 表示某个地理概念是另外一个地理概念的属性,如概念"流量"是概念"河流"的一个属性。

地理函数是一类特殊的地理关系,在这种关系中前 $n-1$ 个元素可以唯一决定第 n 个元素。 例如在一个既定的数字地形模型(digital terrain model,DTM)表面上,由地理坐标 X 和 Y 可以唯一确定 Z 值(可以是高程或某种化学物质浓度等),则地理概念 Z 和 X、Y 之间存在函数依赖关系。

实际应用中不一定要严格按照上述 5 元组来构造 Geo-Ontology,概念之间的关系也不仅限于上述 2 大类 7 种基本关系。此外,实例与非空间关系中的 instance-of 似乎存在重复定义的可能性,因此在构造 Geo-Ontology 的过程中要加以注意。

3.2　地理本体的特性

从地理本体的定义和作用中,可以概括出地理本体的基本特性主要体现在层次性、空间性、社会性三个方面。

1. **地理本体的层次性**

层次是人类认知模式的体现，帮助人们组织已获得的知识。所以，层次成为描绘地理数据模型的一种实用工具。它不仅可以像人脑一样组织世界的思维模型，同时在信息综合过程中遵循了2个很重要的机制——广义性和狭义性（普遍性和特殊性），即有时候必须忽略一些细节来保证获得更大范围的视图（Uschold et al,1996）。另外，人们通过层次来表达知识，使得知识可以共享，并可以二次使用。利用层次来表示本体有利于我们再利用知识，每次我们都可以在已经存在的知识上产生新的更加详细的知识。例如当在本体中定义“湖”的实体时，我们可以将它作为“水体”的一个特例进行定义，通过“水体—湖”这样的层次关系，我们就可以继承和使用专家先前关于“水体”定义这方面的知识了。知识的再利用很大程度地提高了系统的规范性，避免出现误差和误解。

地理信息是关于人类生存的环境中地理实体和事物的信息，涉及社会领域的各个部门和组织机构，囊括了地球上一切与地理空间分布有关的各种要素的图形信息、属性信息，以及相互之间的空间或非空间关系，所以地理信息领域的范围具有很大的伸缩性。因此，对地理实体进行合理分类是建立地理信息领域本体的基础和前提。分类学是对研究处理的领域概念和知识结构按照某种方法进行分类、组织，它是本体的核心部分。分类学按照编目结构，将被研究处理的领域知识分为若干个总目，总目由子目构成，子目又由若干条目构成。正确的结构分类能使模型的元素组织非常有序，在重用和集成方面起很大的作用。而不正确的结构分类起着相反的作用，它使模型混淆且很难重用和集成。利用分类学对地理信息进行层次划分，理想的境界是分到不可再分，能够描述每一种地理实体（图3.1）。

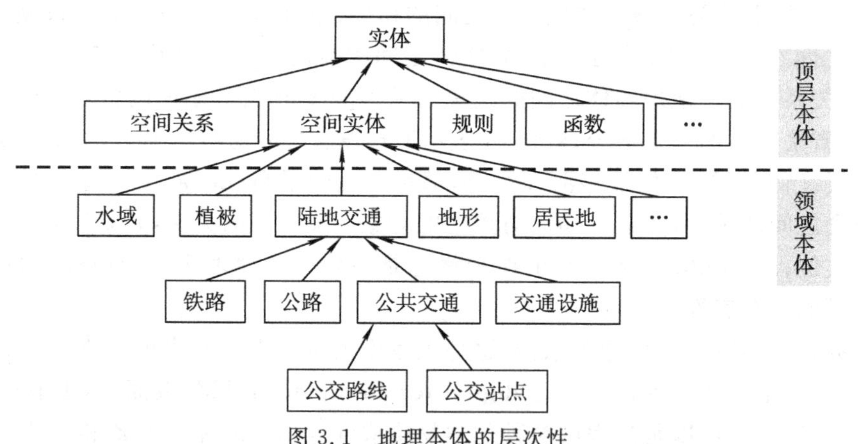

图3.1 地理本体的层次性

2. **地理本体的空间性**

空间性是地理信息系统或者说空间信息系统所独有的。空间性是指空间地物的位置、形状和大小等几何特征，以及与相邻地物的空间关系。拓扑、几何、位置和方位等空间特征对于地理本体的构建具有重要的，甚至是决定性的影响，也是地理本体有别于一般信息本体的本质之所在。因此构建地理本体必须考虑其复杂的位置关系、拓扑关系、量度关系以及部分—整体关系，而不像一般本体主要是考虑子类—父类这种继承关系。地理本体除了要表达属性信息之外，还要表示极其重要的空间特征。

几何特征是空间特征的基础。一般情况下，可以根据两个实体的几何特征推算出实体之间的空间关系。空间坐标体系是几何描述的基础，在此之上，人们利用几何学，通过建立的数学模型来刻画实体的位置、形状等。几何体是人们对实体的抽象，也可以说是人们对实体的认识。Esri公司地理数据库设计指南《为我们的世界建模》，详细地描述了实体的数学模型，是GIS研究人员的重要参考书。本体也沿用几何模型概念来实现对空间实体的描述，图3.2是笔者设计的一个相对较为简单的空间实体UML图片断，表示每个空间实体(SpatialThing)有一个空间描述(SpatialDescription)。

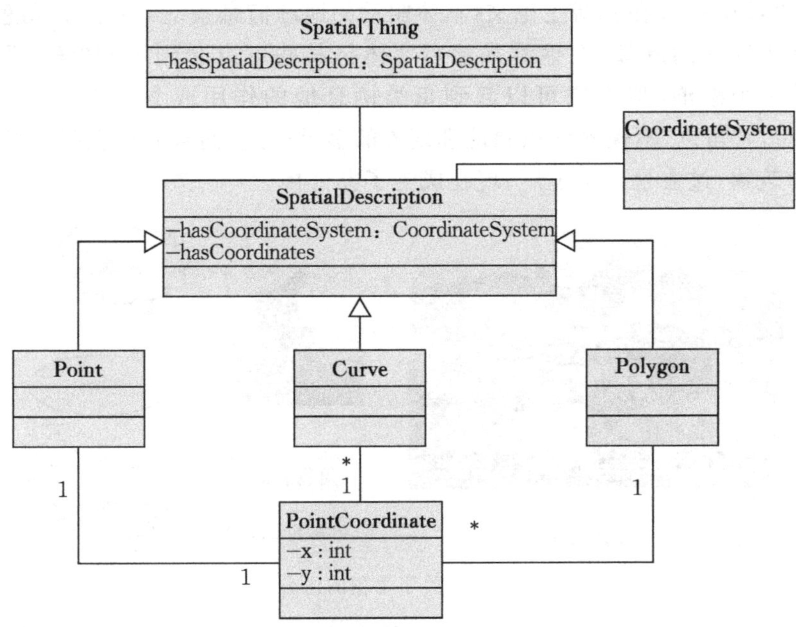

图3.2　地理实体的UML模型

空间关系是空间分析、空间查询与空间推理的基础，是连接GIS地理空间数据库与分析应用的桥梁。根据空间关系的重要性与分析、应用的需要，王家耀认为空间关系主要包括拓扑关系、方位关系和度量关系三种基本类型(图3.3)(王家耀，2000)。拓扑空间关系指的是目标关系在旋转、平移与比例变换下的拓扑不变量；方位空间关系以矢量地理空间为基础，在旋转变换下会产生变化，而在平移与比例变换下具有不变性；度量空间关系则表达了地理空间属性，在比例变换下会产生变化，而在平移与旋转变换下具有不变性。其中，拓扑空间关系是最重要的空间关系，但拓扑空间关系并不能完整地表达地理空间的所有实质性关系，必须对拓扑空间关系进行精化，同时还要考虑空间目标或目标之间的面积、长度等度量空间关系和方位空间关系。本书的本体模型中，将空间关系描述为空间实体的属性，其值域与定义域均为前面定义的空间实体。

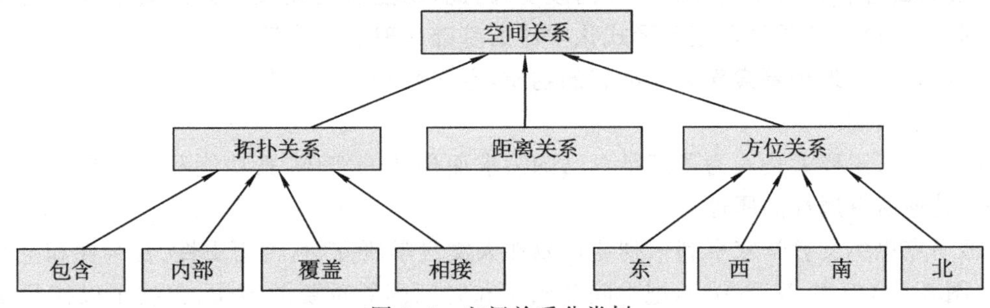

图3.3　空间关系分类树

3. 地理本体的社会性

许多地理实体随时间变化，此外，人们从不同的视角观察相同的地理实体也会得出不同的结论。例如：生物学家将湖泊视为鱼类生物的栖息地，对于公园管理者而言，湖泊还是湖泊，但同时也是一个休闲的地方。对于这类问题可以采用多重继承的方式解决，即一个类（概念）可以继承自多个类（概念）。然而多重继承的实现与应用是比较麻烦的事，带来了本体建立与维护的困难。所以，Fonseca 在其博士论文《本体驱动的地理信息系统》中提出“角色”（role）这一概念，来避免多重继承的麻烦，在他看来地理实体是某些可以起到不同“角色”作用的事物：一个湖泊就是一个湖泊，但是它可以起到鱼类栖息地的作用或参考点的作用等（图 3.4）（Fonsece，2001）。“角色”不仅允许相同地理现象的多重表达，而且允许在时间变化上的表达，例如，相同的建筑物，过去是一个工厂，现在成为了办公楼。

图 3.4 关于角色的区分

李霖等在研究基于形式化本体的基础地理信息分类时也考虑了地理实体用途的因素（李霖 等，2006）。他通过对作为地理信息概念的词或词组进行分析，认为信息概念一般均为名词，所以复合概念的结构一般为形容词＋名词，前面的形容词主要用来限定后面名词的空间位置、功能、性质等。而其中名词前的限定形容词在概念分类中起重要作用，限定形容词与地理信息是自然要素或人工要素存在直接关系。李霖等认为自然地理要素作为人所认识的外部世界，是自然界真实存在的，是人类利用其为人类服务的实体，因此，空间性和时间性两大特征为其最重要的特征。同一自然地理要素在不同的空间和时间，其性质可能会发生本质变化，在进行分类时，从不同的角度出发对要素分类会有不同结果，自然要素则优先考虑其空间性和时间性。人工要素是人们依据对自然规律的认识，利用自然的物质条件创造出来的、自然界中原来没有的东西，即所谓“物化智化”。从一定意义上讲，是人类为了满足人类的某种需求而制造的，这些要素的存在并不因空间和时间而改变，因此，功能和用途成为人工要素分类的主要依据。根据以上分析，李霖等在基于形式化本体的基础地理信息分类中制定了如下两个规则：

规则（1）：自然地理要素作为运动着的物质，空间性和时间性是其两个重要的且优先于其他所有属性的属性。

规则（2）：人工要素是人为了满足自己的需求而创造的实体，其功能和用途是两个重要的且优先于其他所有属性的属性。

法国马克思主义哲学家亨利·列斐伏尔在人文科学研究中，将历史性、社会性和空间性结合起来（图 3.5）（石崧 等，2005），把空间放到了和时间同等重要的地位，突破了以往只重视时间维度影响的局限，提出了“空间的生产”的概念。石崧提出了“空间是自然属性与社会属性的统一”:时间性与空间性作为实体的自然属性,是人们认识世界的基础;空间是在持续的社会—空间关系生产出来的。地理本体的社会性是一个过于宽泛而又深刻的选题,石崧认为空间的社会属性与自然属性的统一关系到国家和谐发展。本文主要关注地理实体的功能与用途,因为实体的这些性质是用户真正关心而系统应该提供的。

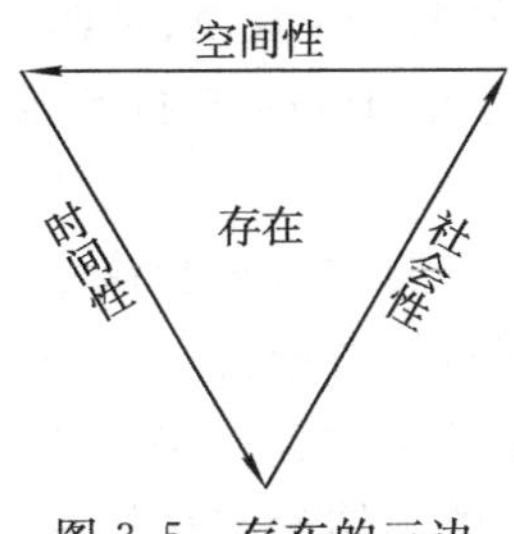

图 3.5 存在的三边

李霖等提出自然地理要素的分类应优先考虑空间性与时间性,并没有否认自然地理要素的功能与用途。仍然以“湖”为例:用于旅游,它是一个景点;用于养鱼,它是一个渔场。自人类认识世界伊始就将其打上了自己的印记,自然要素如此,人造物更是如此。Fonseca 提出的由地理实体扮演的“角色”(role),是人们对实体的一种认识,也是实体对于人们所展现的一种功能或用途。这里体现了实体—功能—角色的关系,实体可以有很多的用途,于是就有许多的角色,不过,功能是受实体本身的其他属性所限的,所以实体的角色也是有限的。Fonseca 将“角色”作为其本体结构中不同细节层次之间的桥梁,面向不同领域的网络本体。本书则将“功能”放在第一位,因为地理信息系统是面向服务的,“功能”才是使用者关心而我们必须提供的,我们要回答的是哪里有满足用户“功能”需要的“角色”存在,对于用户寻找的“角色”,如果没有找到,还可以提供具有相同或相似“功能”的其他“角色”作为代替品(图 3.4)。

3.3 地理本体研究进展

本体论被引入地理信息科学始于 Egenhofer 和 Mark 对于朴素地理学 (naive geography) 的研究(Egenhofer et al,1995),朴素地理学的研究能够为建立智能化和大众化的地理信息系统提供基础。在朴素地理学研究当中,地理本体被认为是一个极其重要的研究领域,被列为朴素地理学的 47 个研究问题之首。1996 年召开的美国国家地理信息与分析中心(NCGIA)专家会议中,由 Mark 撰写的会议报告首次提出了一个基于常识的地理本体框架。

美国大学地理信息系统联合会(UCGIS)显然也认识到了地理本体对于本学科的意义。在其 2000 年提出的 4 个新的研究领域中,有一个就是地理信息科学的本体论基础。在其 2002 年给出的研究日程表中,地理本体排在十大长期研究挑战之首。

受美国国家自然基金委员会(NSF)和其他一些组织机构的资助,有不少学者对地理本体进行了深入研究,如:1999 年 Egenhofer 主持的“地理空间信息的集成研究”项目(Rodriguez et al,2003),其研究重心是地理空间数据库的语义互操作,以此项目为依托,其学生 Rodriguez 于 2000 年完成了一篇题为《空间实体类的语义相似性评价》的博士论文,Fonseca 于 2001 年完成了一篇题为《本体论驱动的地理信息系统》的博士论文;1999 年 Findle 和 Malyanka 主持的“数字政府:地理空间知识的表示与分发”项目,研究建立沿海实体(如海岸线、潮汐面等)的本体;1999 年开始,由 Mark 和 Smith 主持的“地理类别:本体论调查”项目,试图确立地理对象以及与认知关联分类的本体,该项目研究的主题是一般性常识地理学,重点测试不同语言条件下人们对一些地理概念的认知。采用主体实验的方法对地理认知种类的本体进行系统的研究,通过设计一些典型的实验,得到了一些调查结果。

在欧洲,尤其是德国明斯特大学的 Kuhn 教授、雅典工业大学的 Kavouras 教授、维也纳工业大学的 Frank 教授、英国卡迪夫大学的 Jones 教授等都组织了专门的研究团队对地理本体进行了深入的研究。

从最近几年地理信息科学领域中重要的国际会议主题来看,地理本体受到了前所未有的关注,除此之外,还有几次专门的地理本体讨论会。2000 年由 Schuurman 和 Mark 组织,在匹兹堡召开了关于地理本体的美国地理学家协会(AAG)年会分会。2000 年 9 月,由 Winter 组织,在法国召开了名为“空间数据标准的本体论与认识论”的欧洲会议,会议就空间本体论、空间认知、空间不确定性、空间层次(hierarchies)、空间一般化(generalization)、标准与标准化等主题进行了研讨,地理信息科学领域的顶尖刊物——国际地理信息科学杂志,在 2001 年为该会的优秀论文出版了本体特刊。2000 年、2002 年及 2004 年,连续三次国际地理信息科学大会(GIScience)均对地理信息本体论进行了深入探讨。2001 年和 2003 年的国际空间信息理论大会(COSIT)也有地理本体的专场讨论。此外,近几年,每年的欧洲地理信息实验室联合会(AGILE)年会上也都有地理本体的主题讨论。从 1998 年开始,两年一届的国际形式化信息系统本体会议(FOIS),每次也都有地理本体的相关主题。2002 年 9 月,在英国召开了地理本体(Geo-Ontology)的专题研讨会,包括 Frank、Mark 和 Kuhn 等知名教授在内的学者对地理本体的关键问题以及研究的重点范围进行了深入讨论,对地理本体的未来研究方向提出了一些有益的建议,与会学者首次使用了 Geo-Ontology 一词。会议的报告中指出,Geo-Ontology 是地理信息本体论的一般术语。上述研究与学术研讨活动表明,地理本体的研究近年来在国外受到了广泛的关注,已有众多学者和学术团体投身于地理本体的研究。

地理本体的国内研究始于 21 世纪初,相关研究成果陆续见诸文献多在 2000 年以后。总结 10 年来的文献资料,主要以理论研究和方法探索为主,尚无实用系统出现,具体研究成果体现在以下方面。

1. 地理本体综述研究

许多学者在阅读大量文献资料的基础上,对地理本体的国际研究进展进行了概括性描述,对于引导我国学者从事地理本体研究起到了良好的助推作用。孙敏等 2004 年在《地理信息本体论》一文中对地理信息本体论进行了系统的阐述,全面讨论了地理本体的主要研究内容、热点领域、研究计划和研究方向等问题(孙敏 等,2004);吴立新等 2006 年讨论了基于主体人与地学本体的人—地关系问题,通过地学本体与本体论的分析,讨论地学本体与科学本体、哲学本体论之间的关系,分析地学本体与类、元数据之间的区别与联系,进而构建以地学本体为核心的“人—地—GIS”关系新模型(吴立新 等,2006)。该模型整体上分为认知与再现两部分,由核心的本体模型及人的认知层、GIS 的模型层与地学现象及其关系层构成,以主体人的认知为主线,讨论该模型中各模块的功能与相互关系,指出今后的发展方向。陈建军等 2006 年深入分析了科学领域本体的定义,并在此基础上进行了地理本体定义,探讨了地理本体的研究意义,列举了国际上与地理本体相关的主要计划与学术会议,详细剖析了当前国内外的地理本体理论研究与应用方面取得的进展,指出地理本体是地理信息科学中的一个新兴的和正在发展的研究领域，中国应紧跟国际地理本体的研究动态，积极开展我国自己的地理本体理论、方法和应用研究(陈建军 等，2006)。许金川等在2007年针对本体论在地理信息系统方面的应用，提出了一个全新的地理信息系统体系结构(许金川 等，2007)。2008年，李宏伟等讨论了基于本体的地理信息系统开发的软件工程方法，在分析传统信息系统开发一般方法的基础上，讨论了从一般信息系统建模到基于本体的信息系统建模的演进，构建了基于本体的地理信息系统开发两层结构体系，探讨了基于本体的地理信息搜索的技术途径，对本体和概念范式之间的映射进行了分析和总结(李宏伟 等，2008)。

2. 地理本体与地理信息分类研究

分类是人类认识、感知地理对象的最基本反映，人们面对复杂的地理环境对象及其关系，首先想到的是类别、等级和归属的划分，以此为出发点，经过"认识、实践、再认识、再实践"的过程，依据地理对象的特点和规律归纳出了基本的地理信息分类体系并日臻完善，最终迈向地理信息分类标准化。可以说，地理本体应用于地理信息分类是地理信息分类在认识方法论上的提升。2003年，何建邦等对资源环境信息分类编码及其与地理本体的关联问题进行了研究，指出利用地理本体方法进行资源环境信息分类编码是具有前瞻性的一项研究工作(何建邦 等，2003)。李霖等在分析原有地理信息分类方法的基础上，从认知分类法和分类学出发，详细阐述了本体分类方法，以自然地理要素中的水系为例，进行了本体分类实验研究，进而将地理信息概念分为元概念和复合概念两大类，并基于一定的约束条件，根据地理信息概念的元属性，以形式化方法实现基础地理信息分类(李霖 等，2006，2008)。李宏伟等对基于本体的土地利用数据分类分级表达问题进行了研究，利用OWL描述的地理数据分类等级体系中的一个概念导航到其父概念或子概念，通过合并地理本体中的某个地理概念的所有子概念所关联的地理要素类中的要素，实现地理空间数据内容的复合。通过将地理本体中的某个地理概念所关联的地理要素类中的要素分别归类到其子概念所关联的要素类中，实现地理空间数据内容的特化，指出基于本体方法研究地理数据分类分级表达是对目前地理空间数据可视化表达方法的有益补充和丰富(李宏伟 等，2009a，2009b)。

3. 地理本体构建研究

地理本体构建是地理本体迈向应用的关键步骤。地理本体的构建是一项十分烦琐的工作，它需要以对地理对象的认知为基础，这不是哪一个人或哪一个地理团体能够单独完成的，需要从事地理本体研究的个人、组织、机构协同工作，才能有所突破。同时，地理本体构建也是实现语义共享的关键问题之一，目前国内关于地理本体构建的研究非常分散，多见于有关论文著作中实验本体的研究，构建的地理本体相对比较简单、理想，还难觅有规模的地理本体工程的研究。黄茂军等 (2004)利用OWL语言构建了一些简单的地理本体，并说明了如何将所构建的本体用于地理信息服务。安杨等(2006)对GIS中地理本体的建立和比较问题进行了研究，从结构和语义两个方面对地理本体中的概念进行了比较，并进行了相似度计算，用于判断各种地理概念之间的关系。韩春华等(2006)讨论了铁路选线领域本体的建立，并基于此提出了铁路智能选线综合解决方案。刘瑜等(2007)研究了广义地名及其本体，给出了相应的概念模型和逻辑模型，从广义地名的发生学、描述对象、地理范围、信息团体和语境引起的二义性等方面描述广义地名本体，并用UML语言建立了便于在信息系统中实现的逻辑模型。杜云艳等(2007)以辽东湾为例，构建了海湾地理本体，建立了更能反映海湾地理实体各个层次体系的概念模型，用于海湾数据组织和数据管理。李淑霞等(2008)研究了地名本体的概念框架与构成，进行了地名本体的概念设计，提出了通过复用地名词典和地理主题词表构建地名本体的概念框架和设计方法，提出了地名本体由地理实体本体、实体类型本体和空间关系本体三种地理本体构成，并详细介绍了其结构设计。边馥苓等(2008)研究了为地理知识库构建位置本体的问题，为解决地理知识库中地理知识的空间定位表达和检索问题奠定了基础。

4. 基于地理本体的空间数据组织、管理与表达

空间数据组织与管理是GIS的核心内容，涉及地理对象的表达、实体建模、数据库设计等多个方面，将地理本体方法引入空间数据组织与管理研究，提供了更加丰富的方法论上的选择。黄茂军等(2005)针对OWL语言表达地理本体的不足，提出借助于部分—整体学、位置理论，以及拓扑学这三个理论工具，构造出形式化的空间特征及空间关系公理，加入到OWL的建模原语中，从而能够在OWL构建的地理本体之中表达其空间特征，实验表明，这种本体的形式化表达机制是可行的，能够有效地表达地理本体的空间特征。王艳慧等(2006)对道路网多尺度表达实体和关系的本体进行了研究，分析了道路网多尺度抽象表达的影响因素及由此造成的多种抽象表达模式共存的现象，指出该问题的本质是一个如何界定路网要素多尺度表达本体的问题，提出了基于"自然法则"的路网要素多尺度表达的本体解决方案，从界定"自然法则"的路网要素多尺度最小制图表达目标出发，剖析了基于自然法则抽象和量化各尺度区间下多尺度表达实体类、几何抽象类型、多尺度表达间语义关系的本体解决策略，为路网多尺度数据模型的构建提炼出多尺度实体和关系的客观概念视图。郑茂辉等(2006)讨论了基于描述逻辑本体的GIS多重表达问题，认为多重表达是地理信息弹性表达和弹性存取的一个内在要求，它实质上提供了一个多尺度、多应用主题的数据集成机制，多重表达的建模不能仅限于数据库中多重几何特征的一致性表达，还必须支持不同语义粒度、不同应用主题下语义特征的弹性描述，基于形式化本体的地理信息建模更贴近于认知模型，还有助于语义表达以及基于语义的信息集成和共享，通过经典描述逻辑中具体域以及背景(context)的扩展，满足区域拓扑和上下文语义形式化描述的需要；给出了一个基于描述逻辑的多尺度表达地理本体方案，能够为数据库中几何信息和语义信息的弹性表达提供一个统一的基于逻辑的模型理论基础。杨骏等(2007)针对由于地理认知不同而造成的语义异质问题，引入本体论思想，从地理认知模式出发，探讨并构建了面向本体的启发式空间数据库设计模型，在此基础上完成了一个实用的空间数据库系统。苏里等(2007)针对用E-R模型建立空间数据库概念模型存在的不足，将本体论的思想和方法引入地理信息领域，讨论了地理本体的意义及其表达语言，阐述了空间E-R模型的特点，分析了地理本体和空间E-R模型之间的关系，提出了以地理本体为语义基础设计空间E-R模型的思想，并用扩展OWL表示的灌溉本体为例，介绍了从地理本体出发，设计空间E-R模型来建立空间数据库概念模型的方法。杜云艳等(2008)讨论了基于地理本体的海湾空间数据组织方法，在对基于分层和基于地理特征的空间数据组织方式及元数据技术深入分析的基础上，针对海湾多要素、多层次、多资源和多领域的复杂系统，采用地理本体的思想进行海湾的认知表达，并由此提出了基于地理本体的海湾空间数据组织方法，通过对海湾地理本体的建模，建立了能更客观反映海湾地理实体各个层次体系的概念模型，再根据海湾概念和已有的多源空间数据集之间的映射关系，重构地理本体支持下的海湾空间数据库，从而实现海湾多源空间数据的海、滩、陆一体化集成与管理。最后，以辽东湾为例，对该海湾所涉及的多源空间数据进行了有效的组织。

5. 基于地理本体的地理信息检索和地理知识查询

地理信息查询与检索是地理信息系统最基本、最常用的功能。地理本体理论与方法的引入不是要推翻地理信息系统已有的理论和技术，而是试图探索一种新的实现地理信息有效组织、管理、调度的方法，提供更加高效的地理信息服务。所以，地理信息检索和地理知识查询仍然是基于本体的地理信息系统研究的重要内容。王敬贵等(2004)指出传统的GIS空间信息查询是基于要素或属性数据的，无法实现知识和语义层次上的综合查询，而基于元数据的空间信息查询是要素类层次以上的数据集的查询，并未实现要素级上的信息查询，而且这两种空间信息查询方式多面向GIS专业人员，查询操作过程复杂，查询结果表达过于形式化，不适用于广大普通用户及决策人员。因此，提出了一种基于本体的空间知识查询(ODSKQ)方法，其面向非专业用户，查询请求采用自然语言描述，查询结果高度综合和知识化，为用户提供对问题的直接回答，而屏蔽查询过程中复杂的逻辑推理和地学计算过程，实现了知识和语义层次上的智能化、自动化空间信息查询，并以海岸带资源环境应用为例，展示了ODSKQ方法的实现过程，验证了ODSKQ方法的可行性和有效性。付燕宁等(2006)提出了一个基于本体的信息检索系统框架，并结合具体的应用实例对实现技术进行了探讨。虞为等(2006)设计了一个基于地理空间语义网的地理信息查询系统(ontology-based geographic information inquery system，OGIIS)，通过对异构数据信息进行语义推理和索引，并用地理本体实例生成算法(geo-ontology building algorithm)，建立地理本体实例，OGIIS可以极大地提高对地理空间语义网上异构数据信息检索和查询的智能性和准确度。李勤超(2007)提出了基于地理本体的查询式优化、查询式扩展以及查询结果知识化等提高信息查询效率的方法，设计并实现了基于本体的城市地理信息查询原型系统。借用传统信息系统检索的形式(输入词句的方式)进行空间信息的查询，降低了用户操作上的难度，同时在查询过程中利用本体进行查询的优化或扩展，实现了知识和语义层次上的智能化的空间信息查询。

6. 基于地理本体的地理信息共享和互操作研究

地理空间信息共享是地理信息系统研究的重要内容，地理信息系统在中国发展只有10年的历程，在这个发展历程中，由于多方面的原因，客观上存在着地理现象理解不同、数据定义不同、数据建模方法不同、地理数据组织方式不同、空间数据格式不同等现象，形成所谓的“信息孤岛”，造成地理信息共享困难。在这种背景下，从事地理信息研究的学者围绕地理信息的共享和互操作问题，开展了大量的研究，尤其是在网络技术高度发达和日益普及的今天，地理信息互操作问题更加突出，自由地交换所有关于地球的信息、通过网络协作运行来操作这些信息的软件、实现异构环境下两个或两个以上的实体的互相通信和协作来完成某一特定任务、实现信息系统的各个构件自由的混合及匹配，是地理信息共享和互操作追求的目标。地理本体包含丰富的语义信息，使得地理概念得以清晰地定义和表达，这为地理信息共享和互操作的实现带来了新的契机。围绕基于地理本体的空间信息共享和互操作，取得了丰富的研究成果。崔巍(2004)研究了本体驱动的信息系统互操作，提出了一种新的基于本体的地理信息系统集成结构——网状动态模型，将分散在因特网上的地理信息系统开放和动态地集成在一起，提高了分布异构GIS间的语义互操作能力。景东升(2005)研究了基于本体和代理的地理空间信息语义共享问题，建立了地理空间信息语义共享的总体框架，提出采用本体概念和方法，形式化定义领域知识，解决地理空间信息研究和应用中存在的地理实体语义不明确问题，采用基于代理的信息查询和语义映射，实现在不同用户间对地理空间信息的共同理解和认识。李阳等

(2005)面向中国智能交通系统的语义集成问题，建立了基本本体、领域本体、应用本体的三层本体体系结构，根据中国智能交通系统体系框架，给出了本体系统的本体分类，研究了本体的表示方法，并提出了基于本体的语义集成框架。谭喜成等(2006)讨论了用贝叶斯分类方法和本体实现空间信息语义互操作问题，构建了异构空间信息系统语义互操作的框架，通过基于本体的语义异构空间信息的概念级匹配机制，并利用贝叶斯分类方法完成空间信息实例级的重分类，实现了语义互操作。王阿川等(2006)探讨了通过不同本体之间的交互来解决地理信息和知识的共享以及 ODGIS 中不同功能模块类的实现方法问题，对解决不同 GIS 中数据交换和数据共享问题有实用价值。崔巍等(2007)研究了地理本体代理在紧急状态决策过程中的语义互操作问题，提出了利用本体实现基于语义的地理代理的集成和互操作的基本方法，首先利用地理代理中的领域本体把各个分布异构的 GIS 节点用本体封装起来，对外显示基于本体的界面，然后通过代理的语义推理机制，建立不同本体系统之间的语义关系，最后通过不同 GIS 节点之间的语义关系投影到全局本体代理中的本体树实现地理信息系统的集成，从而为紧急状态决策支持系统提供一种基于语义的地理信息服务，实现了透明和准确地访问空间信息资源和服务。吴孟泉等(2007)开展了基于本体的异构空间数据集成研究，改进了基于本体的空间数据集成框架，进行了集成试验研究。郭黎等(2008)研究了基于本体的水系要素数据集成方法，提出了基于地理本体的空间数据集成框架，采用基于公共属性模板的多本体向标准本体集成的混合构架，以水系要素中的“干出滩”类为例，实现了基于地理本体的空间数据集成过程及其数据的转换，解决了数据语义异构性所带来的数据共享难题。

7. 基于地理本体的地理信息服务及其组合研究

地理信息系统研究的根本目的是为用户提供丰富、实用、易用的地理信息服务，地理信息系统提供地理信息服务的形式和内容已发生深刻变化，包括从数据服务到功能服务到服务组合到个性化服务等，而且其标准化程度越来越高。但是一个不容忽视的问题是，GIS 在提供各种服务的同时，一直面对着语义问题的困惑。地理本体理论和方法的引入和应用恰好可以弥补语义信息的不足，这对 GIS 提供更好的地理信息服务无疑有巨大的帮助和推动作用，基于地理本体的地理信息服务及其组合研究已经成为近年来研究的热点。陈建杰等(2006)提出了一种利用本体技术实现空间信息网络服务发现与检索的解决办法，通过网络服务本体描述语言 OWL-S 实现对空间信息网络服务能力的知识表达，在标准的开放地理空间信息联盟(OGC)空间信息网络服务基础上，建立了一个基于本体目录服务的空间信息服务框架，并给出了基于这一框架进行服务请求的实现过程，结果表明，本体技术可以扩展空间信息网络服务的语义，能将服务匹配过程中得到的相似的网络服务复用于当前服务请求，提高知识推理的效率。乐小虬等(2006)从地理本体入手，构造了空间语义角色和实例模式，通过空间语义角色标注、短语识别以及模式匹配等手段，从网络中提取出与空间位置相关的本体实例，为问答式移动空间信息服务提供了可动态更新且具有明确语义的数据源，并利用语义网络技术，为移动用户提供问答式本体实例查询服务。蒋玲等(2007)建立了地理数据类型本体和地理服务类型本体，提出了基于 OWL-S 地理信息服务发现方法，其核心思想是用 OWL-S 进行服务描述和发布，通过对服务语义描述中的输入、输出、服务分类进行分级匹配实现服务的自动发现。饶炜等(2007)针对目前 GridGIS 资源共享方案仍无法解决各领域之间语义异构的问题，探讨了分布式本体的构建方法，并在此基础上提出了一种基于语义相似性匹配的 GridGIS 服务发现框架结构。陈应东等(2007)研究了空间信息服务传输机理，提出了针对各个过程建立相应本体进行信息转换的思想，进而为空间信息的智能化服务探索一个解决方案。程钢等(2008)提出了一种基于本体的地理信息服务发现组件设计方法，将基于本体的元数据和基于本体的查询结合起来，提高了基于OGC标准的网络地理服务发现的查询效率和准确性。李宏伟等(2008b)讨论了基于特定任务本体的地理信息网络服务自动组合问题，通过特定任务本体概念间的语义关系对网络服务进行匹配，给出了服务组合执行匹配度的定义及计算表达式，详细地探讨了地理信息网络服务自动组合算法推导步骤，能够使用户在已有的网络服务中自动地找出能满足需要的所有服务组合方案，并通过服务组合执行匹配度的比较求解出最佳服务组合方案。王刚等(2008)研究了基于语义网络的地理信息服务自动发现与组合的关键技术，提出了OWL-S的语义地理信息服务描述、扩展UDDI支持的OWL-S地理信息服务描述、几何距离的相似度计算地理信息服务匹配算法和基于多代理的语义地理信息服务组合。

8. 时空地理本体及其推理研究

位置关系、拓扑关系、量度关系以及部分—整体关系等构成地理本体的理论基础。时间特征反映地理对象在时间上的演进，时间本体是地理本体研究的一个重要侧面。时空地理本体充分反映地理对象的时间—空间关系特征，是地理空间推理的基础。刘大有等(2004)从本体、表示模型、推理方法三个方面分别介绍了时态推理和空间推理的研究进展，讨论了目前时空推理领域存在的问题，并指出了时空推理的发展方向。徐薇等(2005)分析了地理信息系统的时空关系特性，基于细胞自动机建模理论提出了面向地理信息系统的时空本体和时空语义粒度方法，探讨了基于本体和语义的地理信息系统综合的结构，并在铁路地理信息系统试点工程中初步实现了铁路客运GIS时空本体的建立和浏览，采用双方向综合方法获得了本体的共享与重用。闵敏等(2006)从地理时空本体的起源出发，介绍了时间本体、空间本体的基元、特性、表示模型等，综述了目前时空本体的研究进展，总结了目前研究取得的成果、热点领域和前沿研究方向。王欢等(2007)对基于本体和SWRL(semantic web rule language)的空间关系的表示与推理方法进行了研究，实现了基于本体的西安市旅游地图中的空间关系表示与推理，证明了将本体描述语言与SWRL结合起来描述空间关系表示与推理具有更好的应用前景。

综合国内外地理本体的研究进展，当前地理本体组织方式主要存在以下几个方面问题：

(1)信息组织方式难以满足通用性的需求。

(2)组织中缺乏足够的时态特性。

(3)信息组织缺乏对多源数据集成功能的支持。

(4)缺乏属类之间等概念语义关系描述，以及要素实例层次丰富的空间及语义关系信息。

(5)地名之间仅有简单的行政区域层次，缺乏空间属性及空间关系信息。

(6)地理特征的属性定义较为笼统，缺乏细节信息。

(7)缺乏对模糊或不精确地名的支持。

(8)地址编码信息以自然语言表达，缺乏规范的形式化描述，不利于自动化推理的实现。

(9)提供的服务方式相对单一，没有发挥在空间信息检索系统中应有的作用。

这些问题的存在主要是由地理信息标准化程度较低、缺乏规范和统一概念模型等原因造成的。要实现高效的信息组织，首先需要建立领域统一的概念模型。这种模型是对概念及语义关系的抽象，能够提供领域知识描述的基础，能够为信息的共享和重用提供条件。

3.4 典型地理本体

1. SWETO 地理空间本体

Aleman-Meza 等(2002)研究了本体在异构数据源集成和交互中的应用,他们在三元本体(semantic web technology evalution ontology,SWETO)基础上开发了 SWETO-GS,该本体在基本的 SWETO 本体中添加了地理空间实体、空间关系及空间时序信息。地理空间本体(SWETO-GS)通过 GNIS(GEOnet names inner-server)的 80 万个点状参照要素产生。这一本体模型包含了州、县、要素和元素实体,同时模型中包含实体属性和关系定义(图 3.6)。

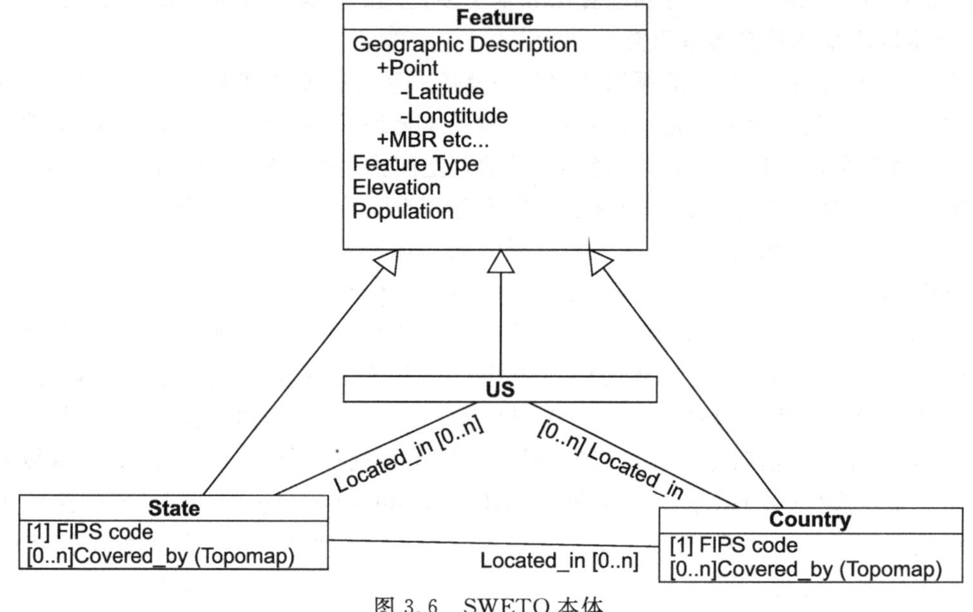

图 3.6 SWETO 本体

2005 年,万维网联盟(W3C)建立了一个工作组,研究开发标准的地理本体。这一工作组的目的是在各种领域本体之上开发地理要素本体、基础的要素类型本体、空间关系本体及地名本体。该项目还在进行中,值得注意的是他们开发了 GeoRSS,目的是满足在 RSS(real simple syndication)中编码位置信息的需求,GeoRSS 在今天使用的十分广泛。

2. SPRIT 本体

Fu 等(2002)在 2003 年至 2006 年开发了一个地理本体作为欧洲 SPIRIT 项目的一部分。SPIRIT 地理本体(图 3.7)支持空间感知的搜索引擎,主要包括搜索关键字的识别、解疑及扩展等功能,同时也是实现返回结果排序和网络资源索引的关键部件。该地理本体正是为空间信息检索量身定做,在设计中包含了对多层次粒度的支持。

同时,SPIRIT 项目也定义了从多种数据源生成本体数据的方法,采用了空间语义集成技术,有重要参考价值。

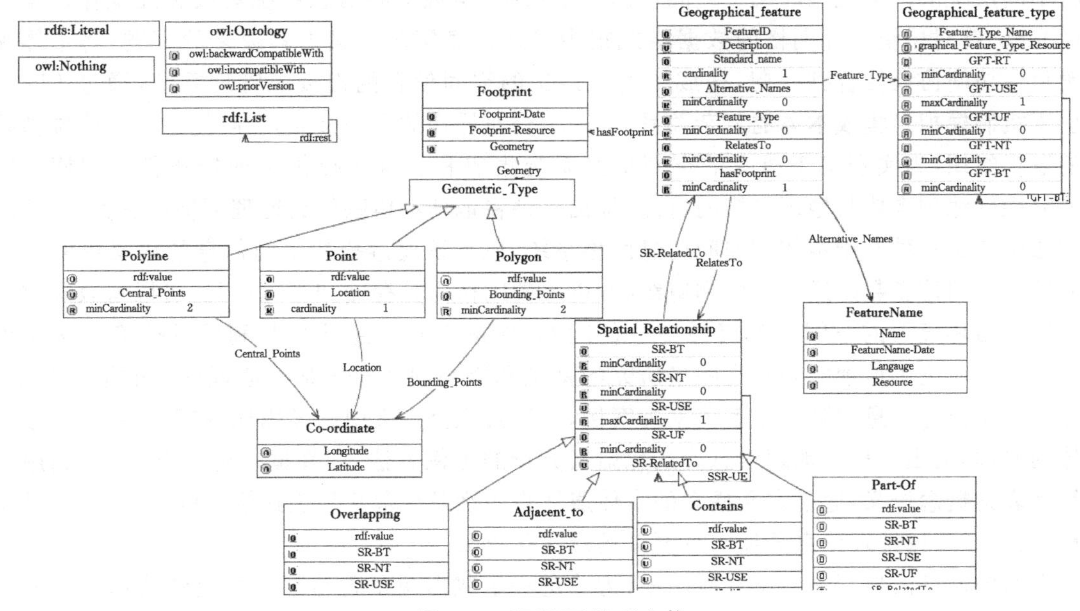

图 3.7 SPIRIT 地理本体

3.5 地理空间语义网与地理本体

数据、信息共享是信息化和网络化时代面临的最大难题。这些数据来源存在于不同部门、不同组织，而且按不同的方式组织和操作，网络上的海量地理信息也以影像、地图、空间数据库、表格、文本等多种形式存在，共享集成是一件十分困难的事。

语义网技术是互联网技术的扩展，能够有效地索引、集成网络上的各种异构信息。网络上的这些信息具有计算机可理解的语义，语义网最基本的应用就是能够访问和解释地理上分布的，存在着语法、结构、语义异构的信息源(Visser et al,2002)。语义网技术的这一功能和应用决定了它在基于语义的地理信息查询、信息集成共享等方面的应用价值。

国内外从事地理信息集成、服务研究的学者将其移植到地理信息科学领域，结合地理信息服务的实际应用需求，提出了空间信息语义网格、地理空间语义网等概念和架构，在一定程度上推动了地理信息科学的发展。

在语义网的体系框架中，本体是其核心技术。同理，地理本体也是地理空间语义网的核心技术。受语义网概念的启发，Egenhofer 等(2002)提出了地理空间语义网的概念，他主要侧重于从地理信息检索的视角来探讨地理空间语义网的作用。语义网虽然拥有非常美好的应用前景，但实现起来却是一项复杂的工程，目前对语义网的研究才刚刚起步。结合基于语义网的日常地理信息查询的实际需要，Egenhofer 将地理空间语义网中所需要的地理空间语义划分为三种类型：①地理空间实体类型语义；②空间谓词语义；③地名的语义。它们分别解决了典型的日常信息查询模式＜What，rel，Where＞的语义问题。

崔巍等(2005a)针对空间信息系统对信息语义的特殊要求，提出了利用本体和 LDAP 目录服务构造空间信息语义网格的基本方法，通过该方法把各个分布异构的 GIS 节点用本体封装起来，对外显示基于本体的界面，然后通过语义推理建立不同本体系统之间的语义关系，最后将不同层次的语义关系应用于空间信息网格系统，实现空间信息系统集成和互操作。崔巍等(2005b)针对传统计算网格的数据格式很少涉及信息资源语义内容缺乏的问题，将本体和轻量目录访问协议结合到一起，构成了基于语义的空间信息网格资源管理系统，通过LDAP的引用机制模拟出集成本体的复杂关系，屏蔽了分布异构的网格节点差异，构造了一个虚拟统一的逻辑组织，为实现基于语义的空间信息系统集成和互操作提供了前提条件。李德仁等(2006)根据地理本体与地理网格的特点，提出一种将地理本体映射到地理网格的新方法，并用该方法构造了一种基于本体的空间信息网格系统，该系统通过描述空间信息的语义内涵的本体系统对空间信息数据进行索引和组织，并以地理网格为其存储和管理单元，可以有效地解决在广域网络环境下的空间信息资源整合的问题，促进空间信息共享与利用的研究。李霖等(2008)详细讨论了地理空间语义网格研究的基础和核心问题——基础地理信息的语义分析，以国家基础地理信息中陆地水系要素为案例，讨论其规范定义中语义描述的模糊性，基于形式本体的原理，提出一种对地理信息形式化语义分析的范例方法，即在概念化的基础上，利用属性组来表达概念语义，通过定义概念的本体属性来明确及规范化地表达概念的语义，通过具体分析，给出了基础地理信息陆地水系要素的形式化语义。

在面向网络的地理信息服务应用中，为确定一个数据源是否与某个特定的信息需求相关联以及解决在后续信息源集成中的语义异构问题，地理空间语义网必须获取描述信息源空间语义的元数据，这就需要良好的地理概念语义形式化的方法和机制。

地理空间语义网开发的核心是建立地理空间领域本体的各种不同应用层次的本体模型，包括能够反映地理实体间关系的关系本体、反映地理实体类型的地理空间要素本体和地名本体等。这些本体从不同的层次和侧面反映地理空间领域知识的明确化语义，通过语义的明确化表达，地理空间语义网能够使用户更加准确地检索到所需要的地理空间数据，即提高查准率。

3.6 地理本体丰富了地理信息科学方法论

本体方法是人类认知科学、语言学、思维科学等学科交叉综合的产物，其实质是对思维和认知规律的研究和表达，这种研究和表达有自身的语言和工具；其最终目的是系统地考察人类认识客观世界的过程，并将这种认识成果进行梳理归纳，形成理论和方法体系，然后利用信息技术手段进行显式表达，最终实现人与机器之间的语义交流。

地理信息科学的任务是客观地反映地理现实世界(real world)，并利用GIS技术手段进行系统描述和表达，本体是对现实世界概念结构进行系统化描述的方法论。可以发现二者是有交集的。这种交集对于借用本体方法丰富地理信息科学理论和方法是十分有益的。

地理信息科学领域，GIS是通过空间的点、线、面等有形符号来表达地理物质空间的。这些有形符号都指向特定的地理事物。但“几何符号”并不直接映射到“地理事物”，而是通过“概念”这一桥梁。Egenhofer(2002)的研究将“几何符号”“地理事物”和“地理概念”这三者之间的关系用“地理空间语义三角”表示(图3.8)。在“地理空间语义三角”中，因为经过了“地理概念”这一中间层，所以当人们看到特定地图空间中的一个“几何符号”时，能够迅速、准确地对应到相应的“地理事物”。

从地理空间认知角度看，人类的认知经历了从现实世界到概念世界再到数字地理空间世界的过程。从现实世界到概念世界是人类认知的一个地理时空思考的过程,从概念世界到数字地理空间世界则是一个地理概念形式化表达的过程,只有经历这一过程地理概念才能为计算机所理解,然而只有计算机理解和阅读还是不够的,必须通过可视化等技术表达出来,才能更好地为大众所利用、服务于社会需求。从地理信息科学的研究方向和领域来看,与人类空间认知的过程相对应,人类认知研究可大致划分为地理空间认知模型研究、地理概念计算与表达方法研究、地理信息的社会化应用研究等领域(图 3.8)。

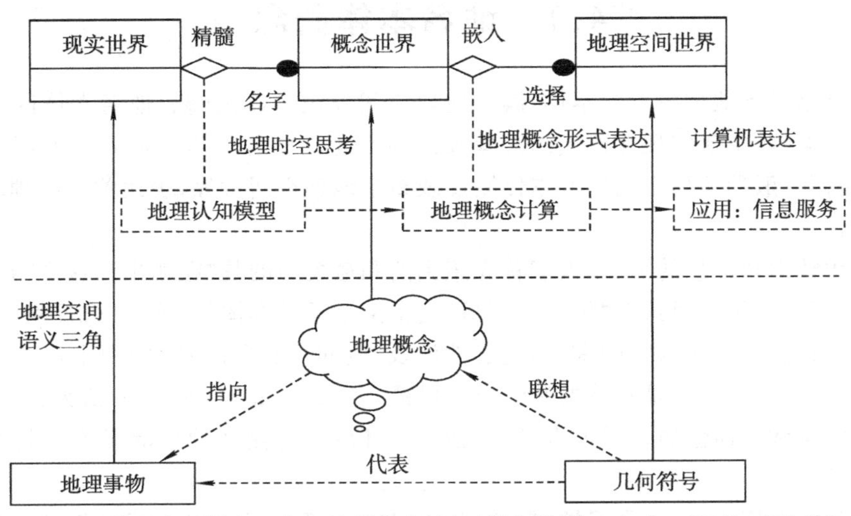

图 3.8 地理空间语义三角与地理信息认知(据文献(Egenhofer,2002),有改动)

人类的认知过程是一个对符号进行加工处理的过程。GIS 也是一种信息加工系统,它所加工的信息是空间数据,包括输入、编码、存储调度、辅助决策、结果输出等。可以看出,GIS 的信息加工过程与人类认知过程是十分相似的,那么 GIS 是不是能够像人类那样进行思维呢?这正是 GIS 智能化发展的方向。要达成这一目标,GIS 的信息组织方式就应该符合人类认知地理空间活动的机制,即符合某种认知模型。地理本体通过对地理目标域中地理种类、实体类型的关注,来获得对地理世界的更好理解,为 GIS 提供更加合理的概念模型,从而丰富地理信息科学的方法论。

本体在很多情况下都体现了其自身的方法论特性,主要是采用高度跨学科的方法。其中语言学和哲学起着基础性的作用,用于在一定高度的层次上分析特定现实世界的结构,从而形成一套严格而清晰的词汇。本体论研究涉及了语言学、认知科学、脑科学、思维科学、数学和计算机科学等诸多相互交叉的学科,其中最为重要的特性是它的语言学特性。而语言是人们感知世界最重要的手段之一,语言和世界有着相同的结构,可以借助于分析语言的结构而认识世界的构造。这也是本体作为一种语言规范成为人机之间共享概念模型的理论依据。

概念模型是人类对客观世界认识的高度抽象和概括,并以符号或意义的形式存储于人的大脑中。地理本体作为客观世界的概念模型,严格规定了地理概念和概念之间的关系,构建了清晰的概念层次树,实现了概念定位、距离计算、相似性计算等,能够较好地解决语义异构引起的信息共享障碍。GIS 语言作为一种符号系统,表达的是人类对地理事物认知的结果——地理概念,这些地理概念以语言符号的形式存在,构成地理信息团体的共同约定,解决团体内部认知异构、命名异构等问题,满足信息共享的需求。

第4章　地名本体理论

4.1　地名本体概念

地名本体是关于地理位置的本体，属于地理空间领域本体范畴。地名本体区别于一般的地理空间领域本体，主要体现在建模的对象及范围不同。地名本体力求表达人们常识性地理信息的需求；而一般的地理空间领域本体则反映整个地理空间世界，表达关于物理环境的结构和几何性质。

对于常识性地理信息的需求，人们首先想到的和最关心的是"在哪里"，这个"在哪里"从实质上就是"位置在哪里"，而这个"位置在哪里"通常又是通过具体的"地点"来反映的。所以，用科学的语言来描述和定义这种问询时，就必然涉及"空间位置"和"地名"两个概念。"空间"是全局的和抽象的，而"地名"是具体的和约定俗成的。Harrison 和 Dourish 认为，"空间"是关于物理环境的结构和几何性质，而"地点"则包括了该环境中生活者的生活经验及其对环境的利用和相互关系。

对于普通大众用户而言，最习惯、最常用的信息查询和使用方式通常也以地名和自然语言等方式直观表达。用地理信息系统的语言，可以将这种大众化查询方式抽象为如下句式：＜what，rel，where＞。这里，what 是地理实体类型或具体名称，rel 是空间关系，where 是位置，这构成了地名本体的基本组分。

首先，地名本体需要对地名进行编码，地名可以有多种详细程度，可以有广义和狭义之别。这里需要解决的难点问题是地名的模糊性，以及一地多名、异地同名等问题。其次，地名本体应该能够区分不同的地点分类以及地点与社会、行政和拓扑等多种因素相关的类型。最后，地名在表达空间属性及定性空间关系时，需要解决地理对象空间范围的不确定性问题，以提高查询精度和效率。

W3C 提供的语义网条件下地理领域的本体研究的重点项目包括地理要素本体、要素类型本体、空间关系本体、地名本体、空间网格本体、地理空间元数据本体、地理空间网络服务本体等，其中地名本体的研究处于十分重要的地位(Lee，1998)。

地理要素是地名本体中的核心概念，用来表示具有名称或者文字描述的地理现象。地名本体明确说明了其中所包含的所有地理要素概念的语义信息。地名本体不但描述了地理要素的名称、要素类型和空间范围，而且描述了地理要素之间的语义关系。语义关系包括两个方面：属性语义关系和空间语义关系。属性语义关系是指要素类型之间的关系，如整体—局部关系、父子关系等；空间语义关系是指地理要素之间的包含关系等。

地名本体需要清晰地表达地理要素、要素间语义及空间关系，因此，地名本体的设计必须综合地理要素本体、要素类型本体和空间关系本体三种地理本体(安杨 等，2006)，三种本体分别从不同角度反映地理空间语义，共同构成了地理空间领域本体模型。在地名本体的设计中，只有综合三种本体才能满足基于地名本体的地理信息检索服务及空间推理需求。三种本体的知识模型及之间的相互联系是需要重点研究的内容，如何将三个本体统一在一个地名本体模型中，从而正确地构建和描述客观世界的本体模型是本体服务框架研究的核心。

4.2　地名本体研究进展

目前国际上已经开发了很多领域本体，其中有很大一部分领域本体都采用了基于地名的方法进行地理信息的检索，如 BUSTER（the Bremen University semantic translator for enhanced retrieval）项目、SPIRIT 项目、亚历山大地理数字图书馆（ADL）项目、OASIS（ontologically-augmented spatial information system）和美国地理空间情报局（NGA）的 GeoNames 项目等，都不同程度地涉及了地名本体（地名词典）的研究（Vogele et al，2003；Fu et al，1998；Goodchild，2007；Jones et al，2002；Google Groups，2012）。这也说明了地名本体在地理空间语义网中的重要地位。地名本体对于提供有效的地理信息检索和大众对地理知识的清晰理解至关重要。

在地名本体（地名词典）研究方面，国外的研究已经取得了一些重要的理论和应用成果。ADL 从 1994 年就开始从事地名词典的开发研究，其开发的地名词典共包括将近 600 万个地理要素（ADL，2002a）。ADL 项目最引人注目的成果就是一个地名词典内容标准（gazetteer content standard）和一个要素类型叙词表（feature type thesaurus）（ADL，2002b，2002c）。TGN（thesaurus of geographic names）由 Getty 信息技术研究所开发，是一个结构化的地理叙词表，包括近 100 万个地理要素的名称及其他信息。TGN 涵盖所有大洲、国家的标准地名及历史地名（Getty Research Institute，2002）。针对地名的语言学含义，Nagel 于 2005 年开发了德国地名本体模型，重点分析了地名的语言学本质（Nagel，2005）。OGC 与 ISO/TC 211 联合制定了 ISO 19112"Spatial Referencing by Geographic Identifiers"标准草案，定义了描述非直接空间（非坐标）参考系统的概念模式和指导方针（ISO 19112，2002）。

相对于国外，国内的地名本体研究仅仅停留在地名词典的层面，还没有上升到地名本体的高度。民政部中国地名研究所建设的国家地名数据库管理系统软件，已于 2006 年下发各地使用。各省区市基本都建立了自己的地名数据库系统，但是这些系统都只是对地理实体进行简单描述，一般包括地名、类型和地理坐标等基本数据项，并没有明确地反映地理实体之间的语义关系和空间关系。而这正是地名本体区别于地名词典的优势所在。

4.3　典型地名本体

4.3.1　地名词典

地名词典是地名的字顺表，对古今地名的由来、历史和特征给以不同程度的描述和识别，提供某一地区地名及有关地理方面的资料。传统上，它分为综合性地名词典、区域性地名词典、专门性地名词典等。综合性地名词典收录古今中外各类型的地名，包括国名、行政区划名、城镇、山岭、河流、岛屿、湖泊、海湾、岬角、荒漠等，也兼顾历史上重要的地名和名胜古迹；区域性地名词典专收各地城镇名，以及岛屿、河流等自然地理名称，如《中华人民共和国地名词典》；专门性地名词典侧重某一专题或角度收录地名，如历史地名词典、地名别名词典等。

随着信息技术的进步，地名词典的内容和形式也在不断演进，逐渐发展成为一种对有关地名数据进行有效管理的信息组织工具。地名词典已经成为OGC规范的一部分，OGC将地名词典定义为“包含有关位置信息的一类或几类地理要素实例的目录”。Hill(2001)认为地名词典是“关于地名的地理空间词典”，一个地名词典条目描述的对象是现实地理世界中的一个物理实体或地理要素。地名词典中的每个地理要素至少有三部分：地名、地理要素类型和几何足迹(footprint)。所以，从某种意义上讲，地名词典是一种定义地理要素的工具，也是支持基于地名的地理信息检索的工具，为地理要素提供地理参考控制词表，为空间概念标注和查询提供共享词汇表。国际上已经研发了许多数字地名词表，这里选择比较典型的几个加以介绍。

1. ADL 地名词典

ADL是一个数字图书馆，其核心部分是ADL地名词典(Smith et al,1995)。该词典通过整合美国地质调查局的GNIS(GEOnet names inner-server)地名数据库和美国地理空间情报局(NGA)的GNS(GEOnet names server)地名数据库而成。ADL地名词典基于ADL内容标准(Gazetteer Content Standard, GCS)构建，核心是地名词典数据模型，包括地物的名称、空间位置及其分类信息等，提供多源数据共享模型，方便人们对信息的理解。ADL地名数据在关系数据库中存储。

2. Getty 地名词典

该词典由Getty信息技术研究所开发(Tudhope et al,2001)。在Getty地名词典中地理要素包含地名信息记录，并以自然和行政层次组织。该词典比标准的地名词典信息更为丰富，大部分地名词典都采用简单词表模型，而Getty地名词典中采用的TGN模型，包括以下内容：地名行政区划、地名与地物类型、地名数据源及地名的经纬度坐标对等。

3. GNS 地名词典

GNS地名词典提供了美国以外的地理要素名称(Tudhope et al,2001)，包含了大约550万个名称，地名记录包括标准(常用)名称、别名。GNS提供了地理要素传统的、标准的、历史的、本国的，以及临时名称，较小的或者人口较少的地方则通常只包含标准名称，图4.1展示了在GNS中的地名记录。

PlaceName Record
Name   **Name Type** - conventional, historic, variant etc **Region** - a code that determines the character mapping **Desig** - feature designation code **Latitude** - WGS-84 **Longtitude** - WGS-84 **Area** - country code and first order admin division code **UTM** - coord grid reference **JOG NO.** **UFI** - unique feature identifier **UNI** - unique name identifier **PPL** - class **MOD_Date** - date of modification

图4.1 GNS地名记录

4.3.2 主题词表

主题词表，也称为叙词表，是以自然语言中的词汇或者规范化的词汇作为揭示主题的标识，并以此为基础标识、编排、组织信息的方法。根据词表标识的构成，一般可分为标题词表、元词表、叙词表和关键词表四种类型。主题词表的产生正是为了弥补分类法表达能力的不足，进一步满足人们对特定主题信息的检索需求。主题词表将特定领域的全部或部分问题集中，便于实现特定领域内信息的检索。基于主题语言的信息组织不仅直接，且准确率更高。尤其是关键词法，利用从文献中直接提取的、能够反映文献主题概念的、具有实际意义的关键词作为主题词，不需编制主题词表，实现了计算机中信息的自动索引，方便易行，成本低，因而在网络中被广泛采用。目前基于关键词的检索机制是几乎所有搜索引擎都采用的方法，搜索引擎软件可利用自动跟踪索引工具，自动从网页中提取关键词，并建立相应的索引数据库。提供关键词检索，节省了编制和维护主题词表及实现检索的成本。

叙词表概括了各门或某学科领域并有语义相关、族性相关的术语组成的可以不断补充的规范词表。叙词表的术语由叙词和非叙词组成，ISO 2788 和 ISO 5964 定义了“用、代、属、分、参、族”6 种标准关系。叙词与非叙词关系通过“用、代”体现；叙词间语义关系通过“属、分、参”体现；“属、分、族”描述了语义层次等级关系；“用、代”描述同义、近义关系。图 4.2(a)表示主题词表中的单线铁路条目，图 4.2(b)是该条目中的词汇间的语义关系。

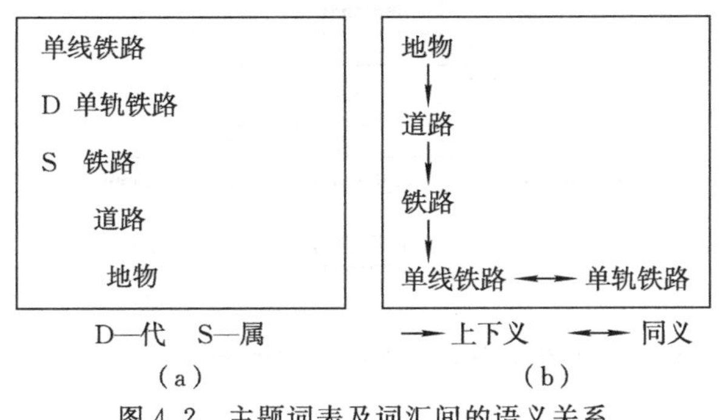

图 4.2　主题词表及词汇间的语义关系

比较常用的主题词表有美国信息科学学会主题词表(American society for information science，ASIS)、我国的《汉语主题词表》和测绘与地理信息领域的《测绘学叙词表》。在此仅简单介绍一下《测绘学叙词表》。

《测绘学叙词表》是在广泛听取测绘工作者的意见和建议，经多次修正、完善，各分支学科的选词均通过专家审定的测绘学科专业叙词表。它由字顺表、等级索引表、范畴分类索引表和英汉索引表 4 部分组成，共收录叙词 3 000 余条。它不仅参考了《测绘学名词》《测绘科学技术主题词表》(试用本)及多年来《测绘文摘》实际标引的主题词，同时广泛吸收了十多年来国内外测绘及相关学科最新科技文献中使用频率较高且能充分反映文献信息内容的新词汇。叙词的体系结构遵循国家标准 GB 13190—1991《汉语叙词表编制规则》。叙词的分类采用《测绘学专业分类表》进行类分。该表经过多次的修改和补充，并对叙词的词间关系进行了严格的一致性检验，确保了词间语义关系(用、代、属、分、参、族)的严密性和准确性。

4.4　著名地名本体研究项目

(1)Fu 等(2002)在 2003 年至 2006 年期间开发了一个地理本体作为欧洲 SPRIT 项目的一部分，前已述及，SPIRIT 是欧洲最著名的语义网项目之一，其关键目标之一就是开发一个具有某种智能化解释地理词汇能力的搜索引擎。其设计前提是人们希望找到以＜what，rel， where>方式表达的相关信息。指代某个位置的最普遍的方式是使用地名及附加的空间关系，如 in 或者 near。为了确定搜索引擎查询中使用的地名和空间关系，需要利用地理本体把这些地理词汇及其之间的语义关系明确地表示出来。SPIRIT 本体支持空间感知的搜索引擎，主要包括搜索关键字的识别、解疑及扩展等功能，同时也是实现返回结果排序和网络资源索引的关键部件。

图 4.3 即为 SPIRIT 本体辅助空间智能感知搜索引擎的查询实例(Fu et al,2002)，实现了地名、要素类型、空间关系的结构化查询，同时 SPIRIT 搜索引擎返回了搜索的结果。

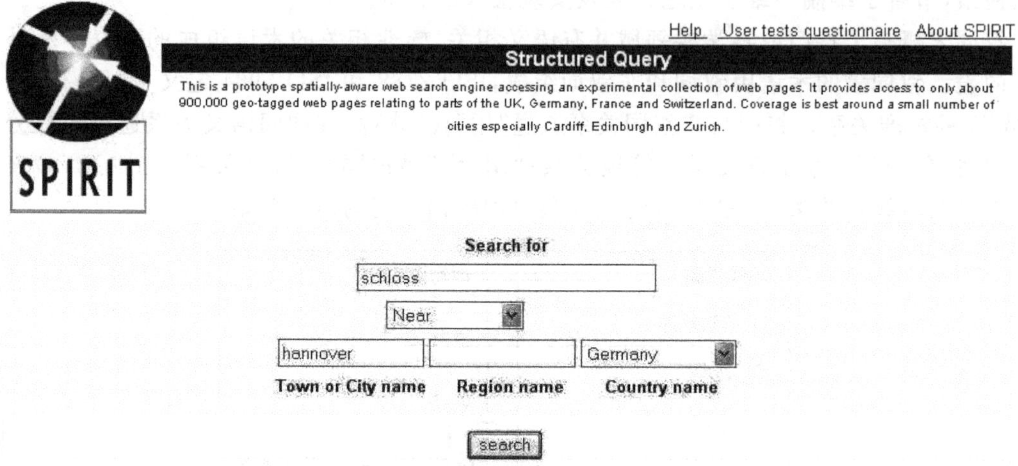

图 4.3 SPIRIT 本体辅助搜索引擎查询实例

同时，SPIRIT 项目也定义了从多种数据源生成本体数据的方法，采用了空间语义集成技术，对本书来说有重要参考价值。

(2)Nagel(2005)开发了德国地名本体模型,他指出,地名本体可以分为两支:语言学分支处理"词条"的概念;地理分支将要素与真实世界的地理现象相关联。德国地名本体提供了地名信息的描述,其中定义了地名的行政区划(行政上包含及从属的地名)、官方名称、别名、常用名及其与其他地名之间的关系信息,详细细节如图 4.4 所示。同时,德国地名本体包括对历史地名的编码(图 4.5)。需要指出的是,他们的本体模型主要用于表达地名的语言学属性,并没有建立定性的位置信息(图 4.6)。

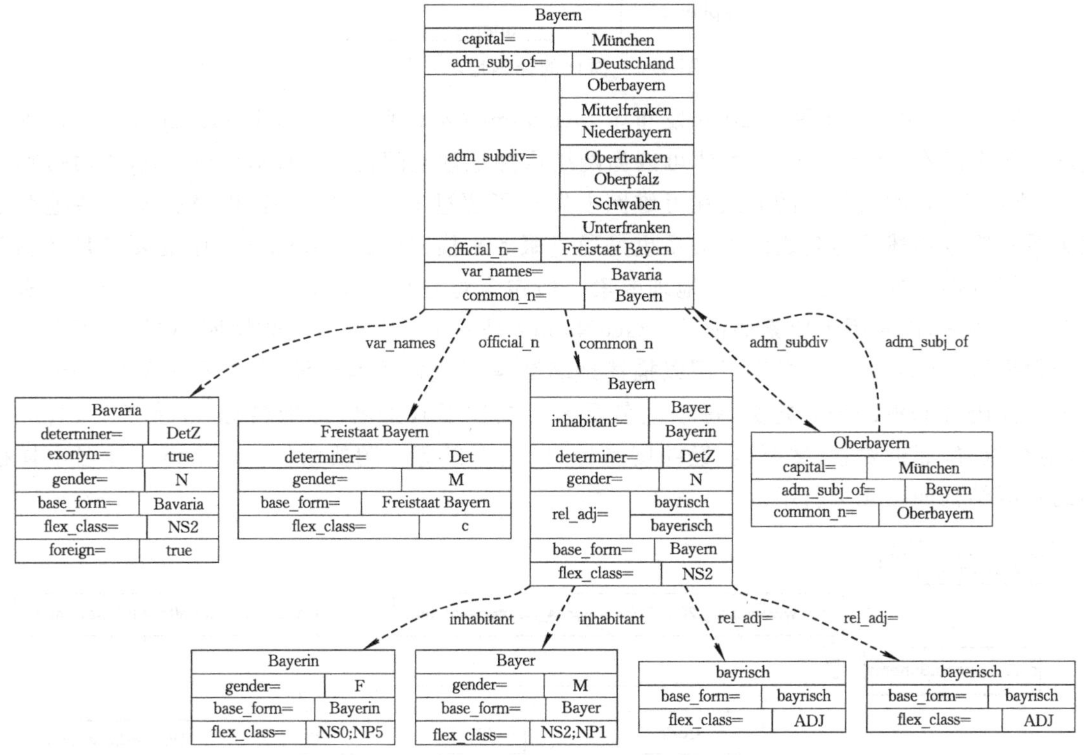

图 4.4 德国地名本体地名实例

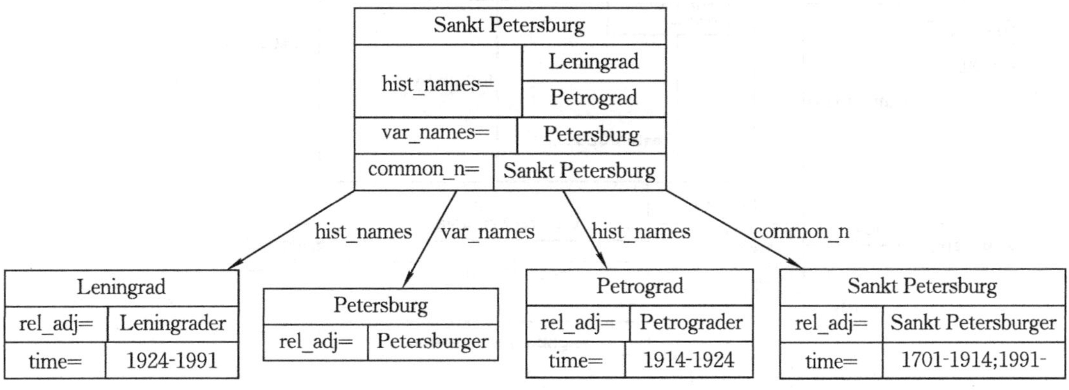

图 4.5 德国地名本体历史地名编码

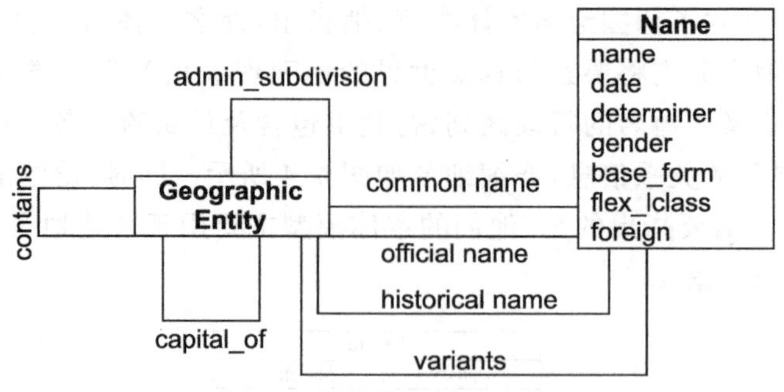

图 4.6 简化的德国地名本体

(3)Vatant 和 Wick 等于 2006 发布了 GeoNames 本体服务(Google Groups,2012),现已更新了多个版本。GeoNames 本体可以为网络增加地理空间语义。GeoNames 本体通过唯一 URL 指向 RDF 网络服务的方式在万维网上发布了超过 620 万个地名,以及关于这些地名之间关系的服务描述。地名之间的关系也是通过服务来描述的。GeoNames 中的要素是互相关联的。根据不同的应用需求,一个地理要素一般包含对与其具有包含关系的要素、与其具有相邻关系的要素,以及附近要素的描述。GeoNames 是一个巨大的地名数据库,它包含了众多免费的数据源。GeoNames 提供了用以描述地名数据库数据的本体模型,使用 OWL/Lite 及扩展的本体语言 OWL/Full 定义,每个地名要素都描述了其别名、标准名称、要素类型、行政区划、地图位置、邻近要素、父要素、经纬度坐标,以及人口等专题要素。GeoNames 地名本体模型的术语结构如图 4.7 所示。

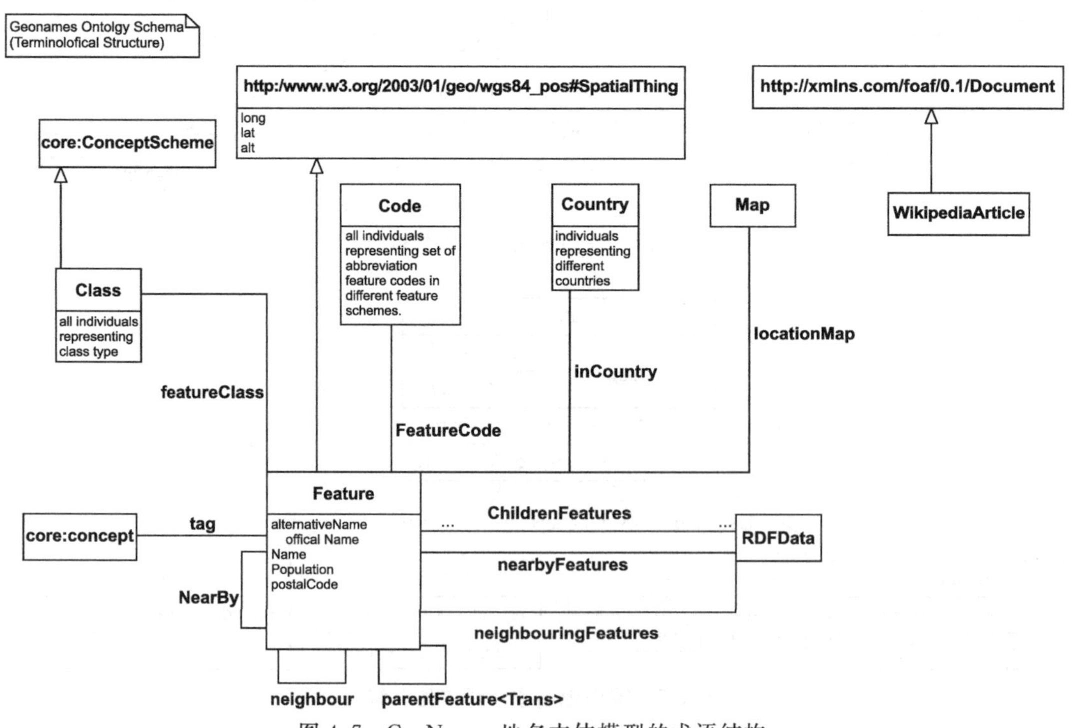

图 4.7 GeoNames 地名本体模型的术语结构

(4)Chaves 等(2005)在 GREASE 项目中开发了地理知识库模型(GKB),是 GREASE 项目的一部分,其中也包含了多源地名数据集成方法,数据源包含地名词典、非结构化网络资源等广泛领域。该本体使用逻辑描述语言 OWL 构建，提供各个数据源信息集成的通用框架。数据集成建立在多步算法的基础之上，采用纯逻辑层次确定各个数据源地名信息的相似度，使用转换器从外部数据源装载数据，进而通过本体构造器从原始的存储格式建立 OWL 本体。GKB 模型(图 4.8)包含以下特性：

——包含别名，尤其强调别名语言变化。

——层次关系，有广义术语、狭义术语。

——存储对等和相关术语。

——存储地理要素间的“部分”和“邻近”关系。

——地理要素几何特征使用经纬度坐标对描述。

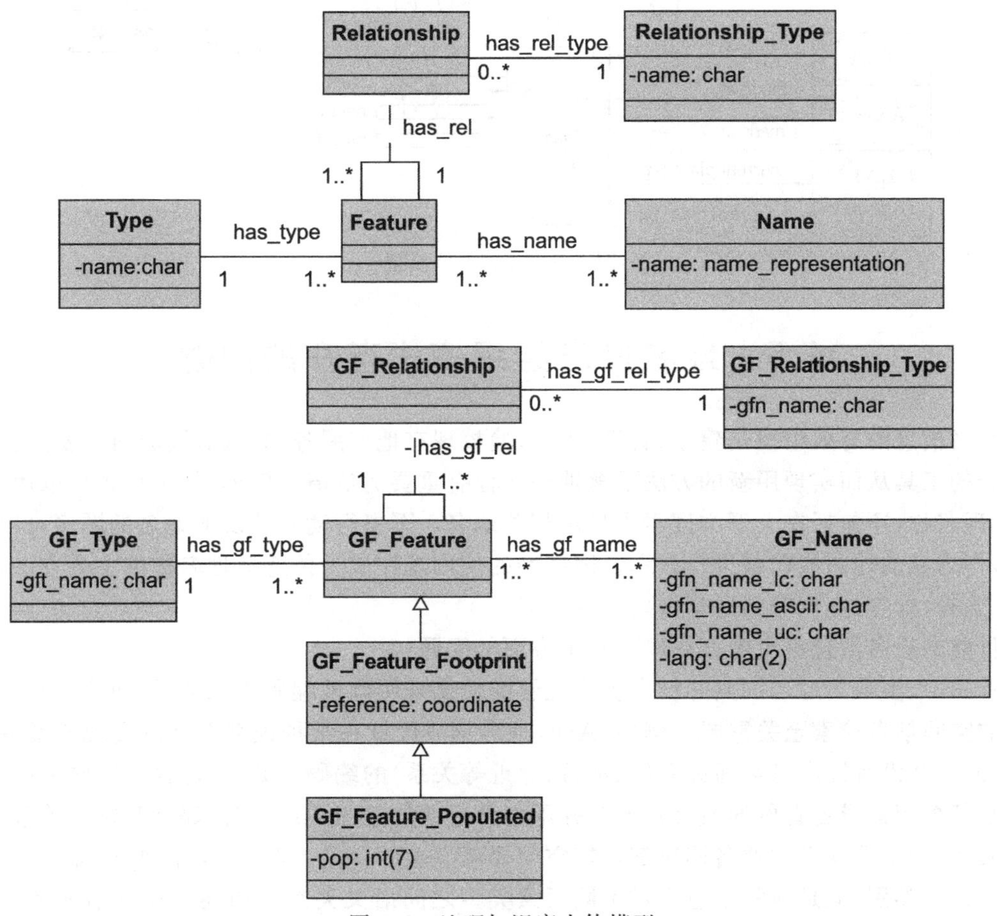

图 4.8　地理知识库本体模型

(5)简化地名本体，Jones 等(2002)认为，在实际应用中并不需要十分复杂的地名模型，只需定义简化模型(图 4.9)，存储简单的几何数据及定性的空间关系(拓扑、邻近等)即可满足需要。简化模型是相对于词表模型而言，其主要特征包括：

——顶层的地理概念，即地物(place)的专门的概念。

——位置采用几何学概念定义，例如中心点或地理要素的区域边界。

——首选名称及别名都包含拼写和语言的变化形式，并与日期关联。对于有相同名字的地区，只存储一个实例，同名的不同地理要素都与这一地名关联。

——存储概念间的语义关系，尤其是相切、重叠等空间概念间的语义关系。

——参考艺术和建筑词典中的现今和历史要素信息，该模型引入了有关地名的历史信息。

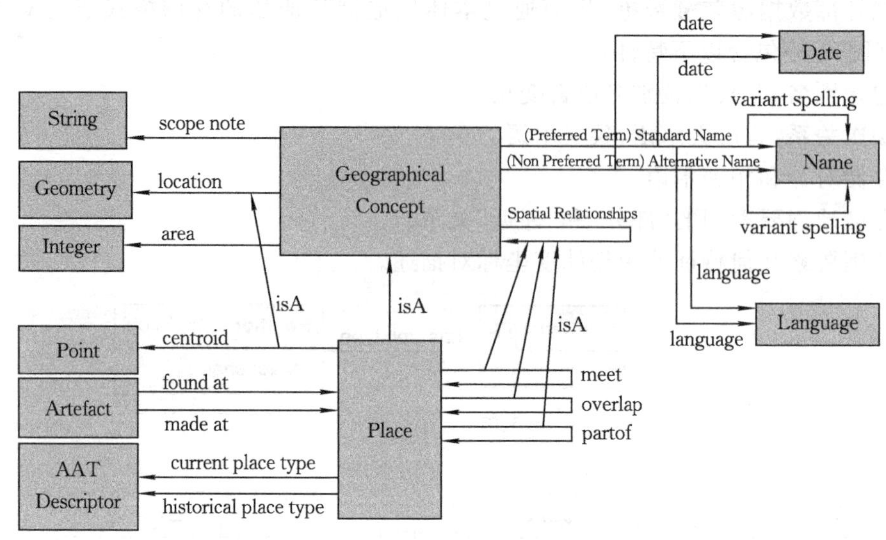

图 4.9 地名本体模型

4.5 地名信息组织模式存在的问题

地名信息的有效组织是建立、管理、更新、检校现有地名服务的基础，同时对开发数据挖掘和探查的工具从而实现用新的方法了解地理名称有重要的价值。例如，情报报告可以用于“发掘”地理名称，还包括在上下文搜索中显示相关地名。军事行动中涉及的地名的顺序可以连接起来，作为流动地图或动画进行显示。因特网的使用现在成为传递地理名称的主要方法，文本位置、选择、标签、定位等问题都需要关注。

目前的地名信息组织中存在以下几个方面的问题：

首先，大多数的地名词典并没有提供足够的信息来明确地编码空间关系，而这对基于地名本体的空间信息检索至关重要。例如，ADL 地名词典设计在某种程度上可以实现要素关系的表达，但它并没有提出对空间关系(如覆盖、邻近等关系)的编码。TGN 包含了层次关系(例如包含在某个国家或者省份的城市)，但是并不包含复杂的空间关系(例如邻近和覆盖关系)。

其次，大多数现有的地名词典都支持空间要素类型的存储。例如，某个要素“郑州”从属于“城市”这一类别，但是通常不包含对不同要素类型之间语义关系的描述。在本书地名本体设计中，概念关系的定义十分重要，因而能有效支持在空间信息检索中要素类型的扩展。

再次，现有的地名词典仅支持不同类型的要素按照相同的方式进行定义，即所有的要素都使用相同的属性定义，而不同类型独有的特征往往会被忽略。例如，人口对于居住区这一类型来说应该被存储，而街道地址对于建筑这一层次的要素来说才是有意义的。

最后，现有的地名词典的要素都是精确定义的，对于模糊边界地物的编码却不支持。

地名词典是专门汇辑地区、城镇、都邑、山水、名胜等各类地理名称的工具书。既然是词典，就按照一般词典的体例和方法编撰，其信息包括地名读音、来源、异称、方位、沿革、概况、统计数据等，往往还附有地图。

地名词典把空间对象的名称和主题概念以及空间表示和地理范围的覆盖区联系起来，由此可以获取地名的空间关联。一般来说，地名词典的主要功能是：

(1)提供地理对象名称的标准化定义。

(2)提供对象类型和主题分类信息。

(3)将名称与地理位置关联，确定地名空间范围。

基于这种功能，地名词典可以用来回答这样的问题——“某某地名在哪儿”“在位置某某处有何特征实体”。

传统情况下，地名词典是作为地图的一部分或者独立的文档发布的。现今，很多地名词典是电子化的，可以作为专门化的 GIS，主要用于管理官方和标准化的地名定义(郑茂辉 等，2006)。地名词典在信息检索领域的应用更加多样化(景东升，2005)，其功能扩展如下：

(1)定义空间索引短语。例如，从各种自然语言术语中挑选出名词，用于空间参照索引或空间检索术语。

(2)在同一个名称表示不同的地理对象时，消除地名的模糊性。

(3)支持空间查询和空间相关的推理。

(4)通过建立属性数据(包括地名)和地理空间位置之间的联系，允许对空间位置的属性信息进行快速、实时访问。

(5)支持使用相对简单的数据格式来管理海量数据。

如上所述，数字地名词典目前主要应用于信息索引和检索，例如 BKG (German bundesamt fur kartographie und geodasie)发布的 GN250 和 GN1000、ADL 项目。

过去的十年间，地名词典对空间信息检索的重要性已经得到研究者的广泛认同，例如在环境信息检索管理领域，数字地名词典已经被集成到很多的信息管理系统中(Beth et al，2006)。与叙词表提供的术语分类相似的是，地名词典提供的是地名描述的常用短语，可以用于注释空间元数据以及明确空间的查询范围。

同时，地名词典信息是构建地名本体的重要数据源，对基于地名本体的地名信息组织的研究来说，将会极大地拓展地名信息表达的深度，为语义检索的实现奠定基础。

第Ⅱ部分 技术方法篇

第5章 地名本体概念设计

5.1 地名本体构建原则与方法

1. 地名本体构建原则

地名本体的构建原则除了遵循清晰与客观性、一致性(coherence)、可扩展性(extendibility)、最小编码偏好(minimal encoding bias)、最小本体承诺(minimal ontological commitment)等本体构建的基本原则外(Gruber,1995),还要考虑地名本体构建的特点,所以我们提出利用叙词表/主题词表构建地名本体时还应该把握以下几个领域原则(贾君枝,2007):

(1)明确概念及术语的差别,应基于唯一概念,而不是代(D)术语或自然语言术语。叙词表中的概念是经过专家严格审定的,在这方面体现出很大的优势(Dahlberg,1981)。

(2)建立严格的概念间的基本关系并进行空间关系添加。叙词表的"用、代、属、分、参、族"等语义关系含糊、较宽泛,需要进行严格和明确限定。空间关系对地理/地名本体是至关重要的,而叙词表中根本没有或只有较少的空间关系,因此在构建过程中需要扩展添加。

(3)形式化描述与表达。本体必须由形式化描述语言形式化之后,才能被计算机理解和处理,才能发挥更加有效的作用。W3C 推出的网络本体标准语言 OWL,用最丰富的表达机制来表达语义,能够清晰地表达概念含义及概念间关系。

(4)除上述三条外,还要遵循以下规则:使用基于 XML 的数据类型;尽量保留原始命名;只转化与语义有关的信息,避免数据过量(Assem,2004)。

2. 地名本体构建方法

总体上,地名本体构建方法可分为两大类:①直接采用 XML/RDFS 对现有词表进行形式化描述,不做任何调整,如 Eman(2005)采用 OWL 对叙词表进行描述输出,毛军(2003)采用 RDFS 定义叙词以实现从叙词表到本体的转换;②对词表的概念进行增删,调整概念之间关系,对词表进行改进以生成新的本体(Wielinga et al,2002)。

我们采用第二类方法,对《测绘学叙词表》《测绘科学技术主题词表》中相关地名进行融合与集成。以地名部分为例,融合过程中进行了以下概念及关系的调整:将交通路线地名改为交通地名、地区名称改为区域名称;将地形名称删除,并将其下位类海底地名、居民地地名、山岳名、水系名提升一个等级;将月球地名降低一个等级,同时划归为天体地名的下位类;将惯用地名、混合语言地名及外来地名三个不常用的类删除。然后,将融合后的叙词表与地名本体进行一一映射,具体的映射过程如图 5.1 所示。

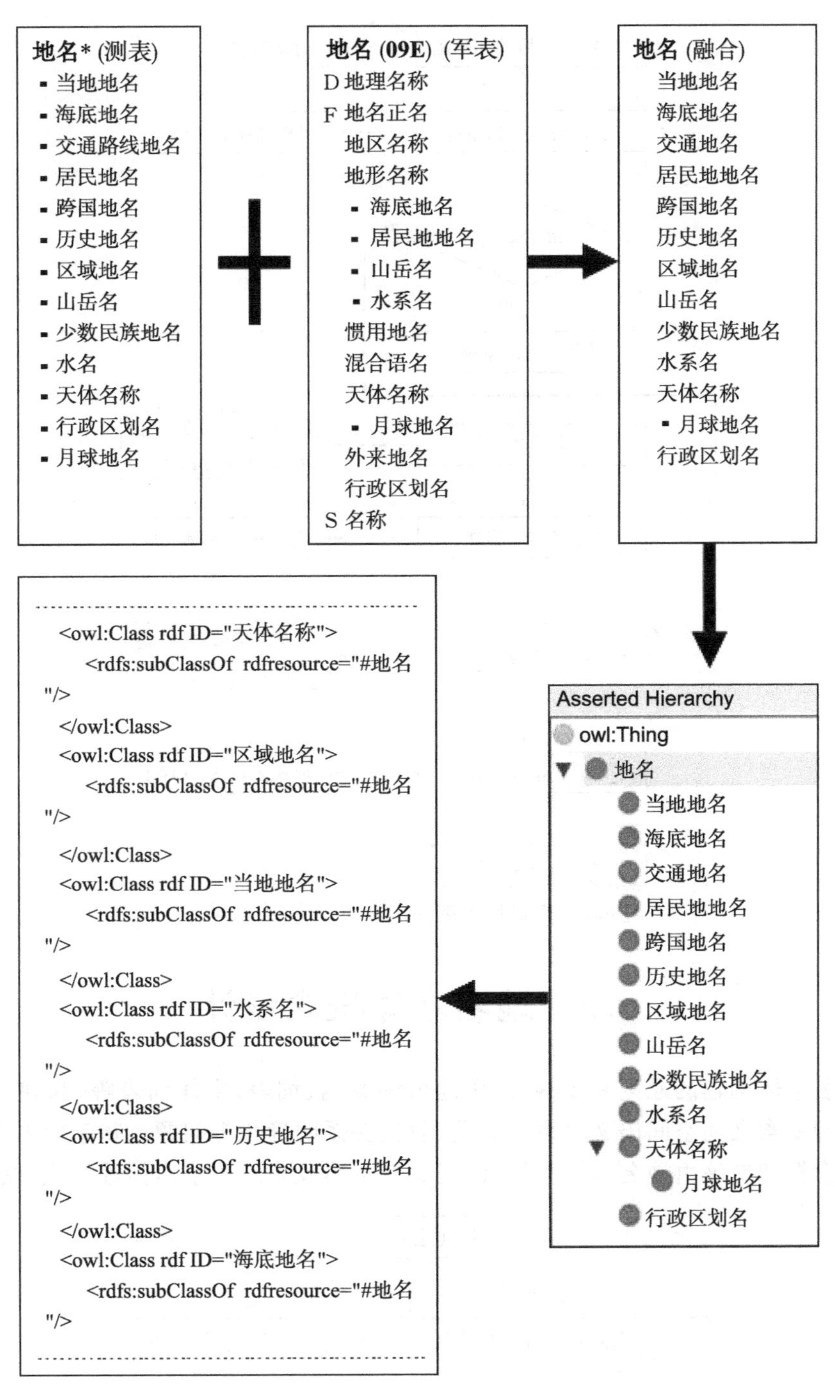

图 5.1　叙词表到地名本体的映射过程

3. 地名本体构建步骤

吸收地理本体构建的经验，将地名本体的建立步骤总结为如下几步：①确定研究范围，定义该领域本体的类（概念）；②修改及扩展关系（relation），基本关系需要加以严格的限定，空间关系需要进行扩展；③添加实例（instance）作为概念的对象；④为实例的属性赋值；⑤地名本体分析与表示、地名本体检验等。本书构建地名本体的具体步骤如图 5.2 所示。

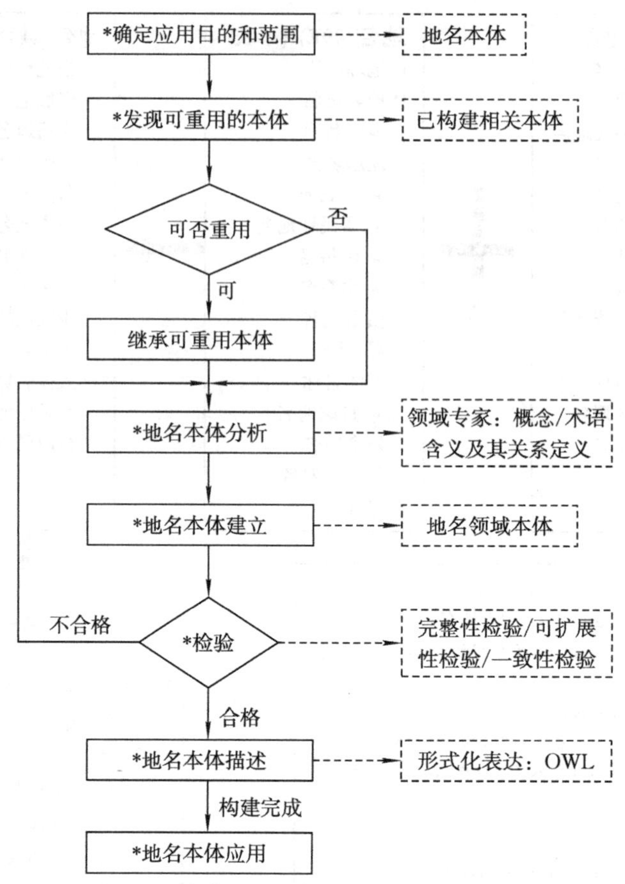

图 5.2 构建地名本体的基本步骤(有改动)

5.2 地名本体概念设计

依据地名本体构建的原则和步骤，复用地名词典(叙词表、主体词表等)来建立地名本体，需要回答地理要素之间空间语义关系明确化、属性关系明确化等问题。基于此考虑，我们提出地名本体概念框架应该由地名实体本体、语义类型本体及空间关系本体等组成(图 5.3)。

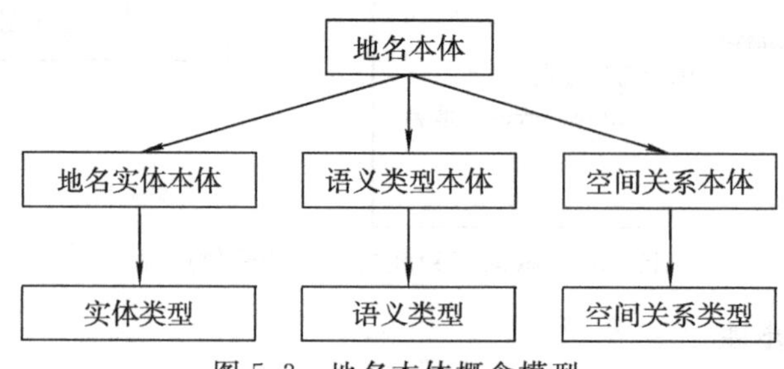

图 5.3 地名本体概念模型

1. 地名实体本体

地名实体本体是地名本体的核心概念。它通过 ID 号、地名名称、语言、定名日期、来源、位置等加以描述(图 5.4)。

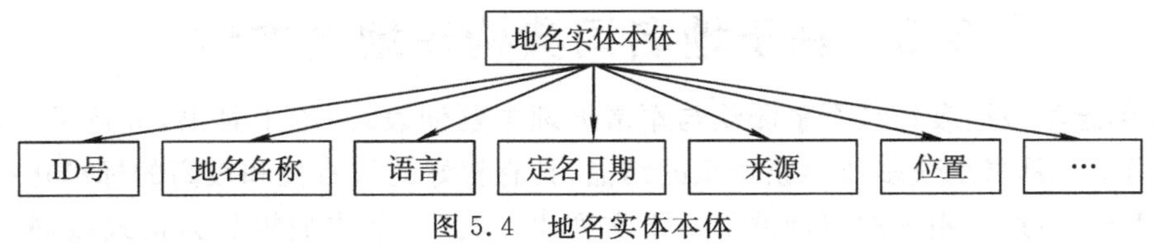

图 5.4　地名实体本体

2. 语义类型本体

语义类型本体由自然地理及人文地理两个大类组成，详细分为因水为名、因山为名、地形地名、数字地名、动物地名、植物地名、物产地名、天文地名、气候地名、矿物地名、颜色地名、土壤地名，以及人物地名、姓氏地名、方位地名、史迹地名、对称地名、形象化地名、移民地名、词义地名、故国地名、年号地名、宗教地名、神话传说地名、语讹地名、复合地名、简化地名、避讳地名、少数民族地名、美愿地名等(图 5.5)。

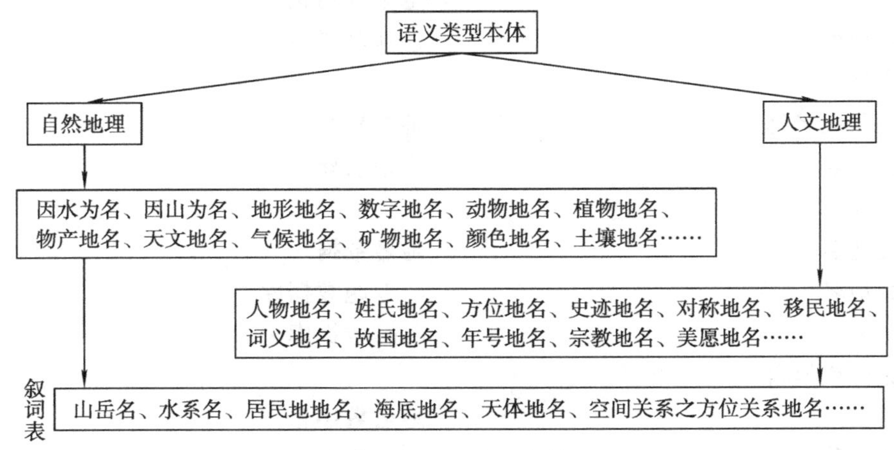

图 5.5　语义类型本体

3. 空间关系本体

空间关系是地理本体区别于一般本体的根本性关系，包括拓扑关系、方位关系、度量关系、整体—部分关系、顺序关系、邻近关系、依赖关系及空间相似性等。在叙词表的语义关系中，对空间关系的体现不够完善或根本没有体现，所以在本体的转换时应当对空间关系予以添加。根据空间关系的重要性与分析、应用的需要，王家耀(2001)认为空间关系主要包括拓扑关系、方位关系和度量关系三种基本类型。空间关系本体反映了地名实体之间的语义关系，对每种空间关系给出了明确化定义及其语义解释(图 5.6)。

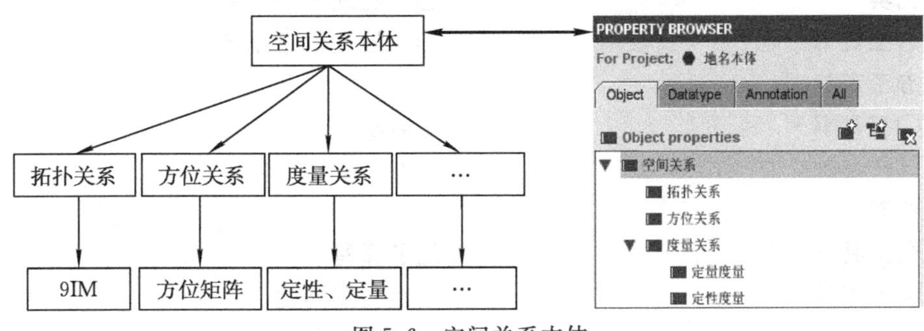

图 5.6　空间关系本体

5.3 基于地名词典构建地名本体

参考《测绘学叙词表》及《军事测绘与军事地理主题词表》两本工具书，进行了地名本体的构建。这两本工具书是众多科学家智慧的结晶，具有较好的权威性和较高的标准化程度。《测绘学叙词表》中与地名相关的叙词款目在下文列出。其中，字体加粗的为正式叙词，正式叙词的下分词，按其概念广狭的等级阶梯式排列，其等级关系用"·"的多少来表示。正式叙词为一级词，其下的以前置一个"·"的为下分二级词、"··"的为下分三级词，以此类推。正式叙词的上属词，也按其概念广狭的等级阶梯式排列，去等级关系用"○"的多少来表示。正式叙词为一级词，其下以前置一个"○"的为上属二级词、"○○"的为上属三级词，以此类推。族首词后，一律缀以"＊"作为联系检索词族索引的符号。

"叙词表"中与地名相关的叙词款目如下所示：

地名＊
·当地地名
·海底地名
·交通路线名称
·居民地名
·跨国地名
·历史地名
·区域地名
·山岳名
·少数民族地名
·水名
·天体名称
·行政区划名
·月球地名

地名标准化
·地名正名
○标准化＊

地名词典
○地名工具书
○○参考工具书
○○○工具书＊

地名档案
○地名工具书
○○参考工具书
○○○工具书＊

地名罗马化
○地名译写＊

地名拼写
○地名译写＊

地名数据
○专题数据库
○○数据库＊

地名数字化
○地图数字化＊

地名索引
○地名工具书
○○ 参考工具书
○○○工具书＊

地名信息系统
○专题地理信息系统
○○地理信息系统＊

地名学＊
·专名学

地名译写＊
·地名罗马化
·地名拼写

地名工具书
· 地名词典
· 地名档案
· 地名录
· 地名索引
· 地名志
○参考工具书
○○工具书 *

地名录
○地名工具书
○○参考工具书
○○○工具书 *

地名正名
○地名标准化
○○标准化 *

地名志
○地名工具书
○○参考工具书
○○○工具书

地名注记
○地图注记
○○地图内容 *

《军事测绘与军事地理主题词表》中与地名相关的叙词款目罗列见下文，其中，“Y”符号后面的词为叙词，“D”符号后面的词为非叙词，“S”符号后面的词为款目主题词的上位词，“F”符号后面的词为款目主题词的下位置词，“·”符号后面的词为主题词。收入同一词族的主题词按其概念等级做阶梯式排列。在“F”项中，“·”符号较多的词具有更高的专指性；在“S”项中，“·”符号较少的词具有更高的专指性。“C”符号后面的词为款目主题词的参照词。“(09E)”等为主题词款目的范畴符号。凡主题词后面有“#”符号的即为领词。

《军事测绘与军事地理主题词表》中与地名相关的叙词款目如下所示：

地名(09E)
D 地理名称
F 地名正名
地区名称
地形名称
· 海底地名
· 居民地地名
· 山岳名
· 水系名
惯用地名
混合语名
天体名称
· 月球地名
外来地名
行政区划名
S 名称

地名标准化(09E)
D 地理名称标准化

地名录(09E)
D 地名手册
S 测绘工具书

地名罗马化(09E)
S 变化

地名手册(09E)
Y 地名录

地名书写法(09E)
S 方法

地名数据库(09D)
D 地名库
S 地图数据库
· 测绘数据库
·· 数据库
C 地名信息系统

地名正字法(09E)
Y 地名正名

地名注记(09C)
S 地图注记

地名注音法(09E)
F 赫本式
赫本修正式
亨特氏形译式
客式
宽式注音法
麦丘恩-赖肖尔式
威特-翟理斯式
· 威妥玛修式
训令式
严式注音法
英国皇家地理学会二氏
翟理斯式

F 国际地名标准化
国内地名标准化
S 标准化
· 变化

地名查询(09D)
Y 地名检索

地名词典(09E)
D 地名辞典
S 测绘工具书

地名辞典(09E)
Y 地名词典

地名调查(09E)
S 调查

地名机构(09E)
S 机构

地名库(09D)
Y 地名数据库

地名自动检索系统(12D)
S 检索系统
· 系统

地名信息(09E)
S 信息

地名信息系统(09D)
S 信息系统#
· 系统
C 地名数据库

地名性专名(09E)
S 名称

地名学(09E)
S 专业学科

地名译音表(09E)
S 用表

地名正名(09E)
D 地名正字法
S 地名
· 名称

主式
S 地名转写法
· 方法

地名转写法(09E)
F 地名注音法
· 赫本式
· 赫本修正式
· 亨特形译式
· 客式
· 宽式注音法
· 麦丘恩-赖肖尔式
· 威特-翟理斯式
· ·威妥玛修正式
· 训令式
· 严式注音法
· 英国皇家地理学会二式
· 翟理斯式
· 主式
混译法
意译法
音译法
S 方法

经过对《测绘学叙词表》和《军事测绘与军事地理主题词表》中与地名相关的叙词进行融合,并借助本体构建软件 Protégé3.2 进行本体表达,构建出地名本体的可视化,如图 5.7 所示。在该地名本体中,地名类别间的等同、等级及相关关系均得到了充分的体现。

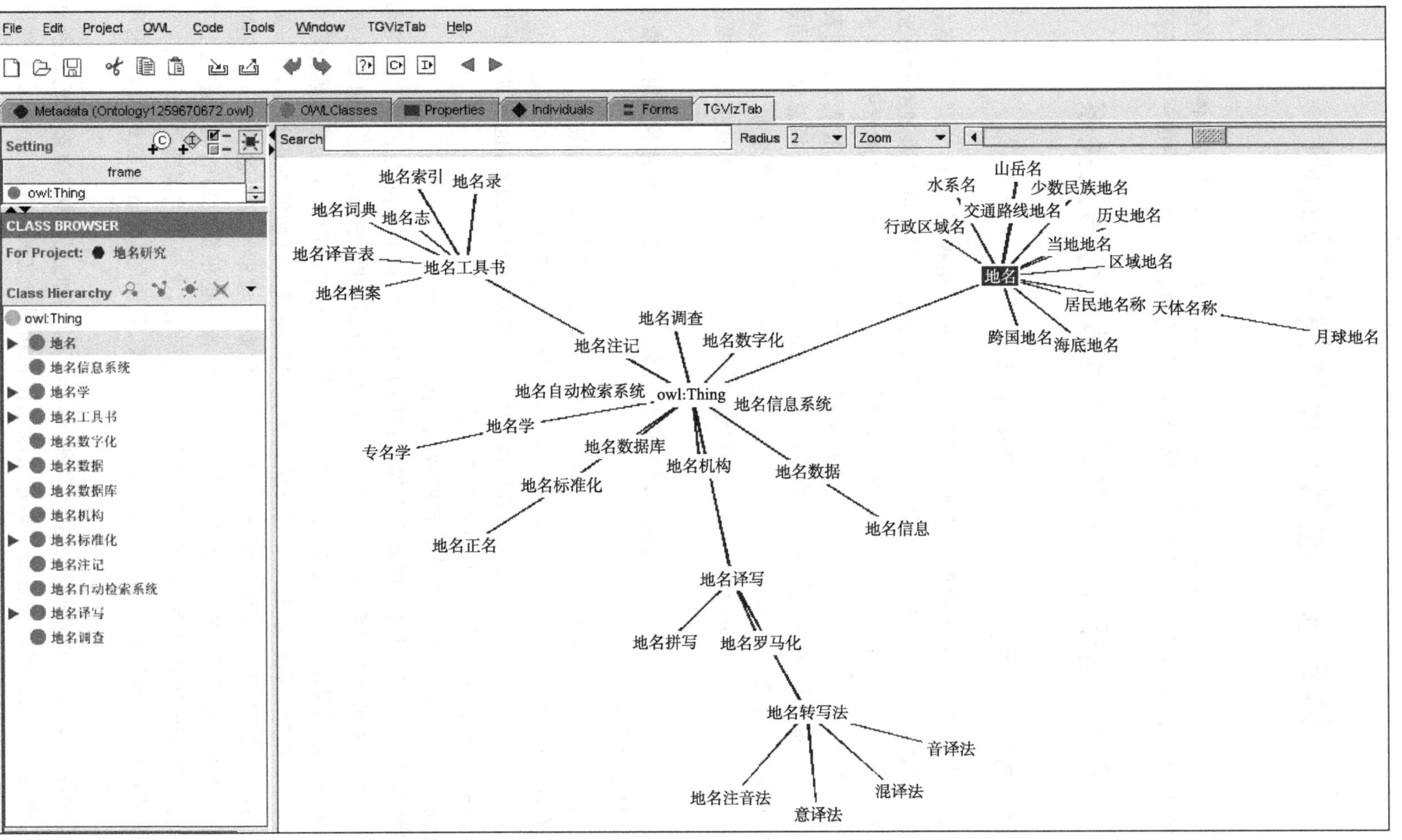
File Edit Project OWL Code Tools Window TGVizTab Help
Metadata (Ontology1259670672.owl)
OWLClasses
Properties
Individuals
Forms
TGVizTab
Setting
frame
owl:Thing
CLASS BROWSER
For Project: 地名研究
Class Hierarchy
owl:Thing
地名
地名信息系统
地名学
地名工具书
地名数字化
地名数据
地名数据库
地名机构
地名标准化
地名注记
地名自动检索系统
地名译写
地名调查
Search
Radius 2
Zoom
地名索引
地名录
地名词典
地名志
地名译音表
地名工具书
地名档案
水系名
山岳名
少数民族地名
交通路线地名
历史地名
行政区域名
当地地名
区域地名
地名
居民地名称
天体名称
月球地名
跨国地名
海底地名
地名调查
地名注记
地名数字化
地名自动检索系统
owl:Thing
地名信息系统
地名学
专名学
地名数据库
地名机构
地名数据
地名标准化
地名信息
地名正名
地名译写
地名拼写
地名罗马化
地名转写法
音译法
混译法
地名注音法
意译法

图5.7　地名本体可视化

第 6 章　地名本体建模关键问题

第 5 章讨论了地名本体的构成，进行了地名本体的概念设计，提出地名本体由地名实体本体、语义类型本体及空间关系本体等组成，本章将详细讨论地名本体建模中的一些关键问题。

6.1　基于叙词表的地名本体概念语义关系

6.1.1　叙词表基本概念及其与本体的联系

叙词表是将自然语言描述的概念转换成规范化语言的术语控制工具，它是概括各门或某一学科领域知识的术语模型，由语义上相互关联的术语构成。同时，可以通过不断补充，构建某一领域规范化、完整的词表模型。叙词表所包含的叙词是信息检索和文献索引的共同基础。本体是对特定领域内知识及共享概念的形式化说明，本体包含的许多思想来源于叙词表模型。同时，本体中概念间的语义关系借鉴了叙词表中包含的词间关系。下面分析总结叙词表中的词间关系，从而辅助地名本体概念间语义关系的表达。叙词表中的重要概念如下：

叙词(descriptor)：一种主题词，它是在文献索引与检索中用以表达文献主题的规范化的术语词汇。

非叙词(non-descriptor)：叙词的同义词或准同义词，在叙词表中规定不能用于索引或实现检索，只起指代作用。

上位叙词 (broadTetenn)：又称广义叙词，是表示父概念或整体概念的叙词。

下位叙词 (non-broadTetenn)：又称狭义叙词，是表示子概念或部分概念的叙词。

相关叙词 (er. aetdetmr)：指与某一叙词既不具有同义或准同义关系，也不具有上位叙词与下位叙词的关系，但在语义上与其有密切联系的叙词。

族首词：指在叙词表内具有属分关系的叙词中最上位叙词。

传统的叙词表包含了明确的规范和严谨的词间关系定义，如上下位关系、叙词与非叙词间的用代关系，以及领域词汇的参照关系，建立了“用、代、分、属、族、参”的规范主题表达理论，通过词间语义关系定义概念并描述概念间包含的语义关系。这些词间关系的概念理论已经包含了本体论的基本思想。叙词表主要用于检索和索引中自动或半自动的术语选择，在一定程度上可以提高信息检索的查全率和查准率，是实现智能化概念检索的重要途径之一。随着信息共享、交流需求的日益提高，叙词表取得了较快的发展，各国也根据应用的需求编制了本国语言的叙词表。我国于 1991 年发布了《汉语叙词表编制规则》，次年正式实施；并于 1994 年发布了《多语种叙词表编制规则》。比较常用的有 ASIS 词表、我国的《汉语主题词表》和地理信息科学领域的《测绘学叙词表》。

《测绘学叙词表》是一部显示测绘主题词和词间语义关系的规范化、动态性的检索语言词表，故又可称检索词典。它是沟通测绘信息文献工作者和用户之间的思维桥梁，是自然语言和检索语言之间的媒介，是人和计算机之间进行文献存储与检索的联系工具。该表为实现测绘文献检索的自动化和网络化提供了必要条件。《测绘学叙词表》由字顺表、等级索引表、范畴分类索引表和英汉索引表组成。字顺表：为方便标引与检索，将收录的全部叙词以词款目的形式，逐条按汉语拼音音序排列展示。叙词款目是字顺表中主题词的基本结构单元，由汉语拼音、款目叙词、英文译名、分类号和各种相关项组成，共收录词条 3 203 条。在叙词款目中，根据本款目词的具体词义，设有反映叙词词间语义关系的相关项，分为“Y”(用)、“D”(代)、“F”(分)、“S”(属)、“Z”(族)、“C”(参)六个项目。每条叙词款目可能含有一项、几项或者全部项目，有的不含任何相关项。相关项的种类、符号及作用说明见表 6.1。

表 6.1　《测绘学叙词表》中相关项的种类、符号及作用

相关项种类	符号	简称	作用
用项	Y	用	指引相应的正式叙词
代项	D	代	指引相应的非正式叙词
分项	F	分	指引本词款目的下位叙词
属项	S	属	指引本词款目的上位叙词
族项	Z	族	指引所从属的族首词
参项	C	参	指引有语义关系的相关词

总的来说，叙词表是一种规范化的词表，本体是对概念的形式化说明，两者都通过词汇来描述某一领域的概念。不过，编写叙词表的直接目的是方便知识检索，构建本体的目的是表达某一领域的知识体系，并不仅仅是规范概念。从语义的角度来看，叙词表和本体都包含人工语言，均利用概念系统表达知识。不过叙词表描述的是概念术语之间简单的语义关系，一般是概念的范围大小之间的关系(如同义词、上位词、下位词等)，它本身不能获取和表达复杂的概念含义。本体使用形式语言(formal language)详细说明了概念知识，具有明确的语义。本体的基本元素不仅包含概念和关系，还包含实例与属性。概念包含实例，实例也可以是其他实例的概念；概念和实例拥有属性，而且本体语言可以清晰地表达这些关系。而在叙词表中，这些是不存在的，尽管概念和实例之间可以存在等级关系，但是前提是两者均为叙词，极大地限制了知识的语义表达。

6.1.2　地名本体概念间的语义关系

在地名本体中，概念间的语义关系是指类之间的语义关系，类指的是实体的集合，关系是指实体之间相互联系的方式。这种实体之间的关系大部分都具有可逆性，有时还具有传递性。

明确地名概念间的各种语义关系是建立地名本体的重要任务之一，因为建立本体的目的就是要定义该领域的知识结构，明确领域内的概念及其包含的语义关系。结合地名本体的特点，本小节主要介绍以下几种地名概念间的语义关系。

1. 等价关系

等价关系也叫同义关系，是指地名所指代的意义完全相同，指同一区域有两个或者是两个以上的名称，如“河南”和“豫”。

地名资源不仅包括地名数据库、地名词典和地名系统中已经存在的地名，还包括人们日常生活中经常使用的地点的俗名、俗称等。等价关系就是为这些指代相同而词语不同的地名概念建立的一种关系，它可以提高空间信息检索中地名的查全率和查准率。

2. 互斥关系

互斥关系指概念之间本质上互相排斥，没有共同的内涵和外延。任何实例都只能从属于互斥概念中的一个。建立概念之间互斥关系有助于地名本体概念的一致性，同时防止了语义冲突。例如，河流和道路概念之间是互斥关系。

3. **上下义关系**

上义词(hyperonym/superordinate)和下义词(hyponym/subordinate)指代术语在语义上的包含与被包含关系。上义词的概念较概括，包括了下义词的概念。如“道路”是“铁路”和“公路”等的上义词。在地名概念中，上下义关系具有传递性。如：*A* 术语是 *B* 术语的上义词，*B* 术语是 *C* 术语的上义词，则 *A* 术语是 *C* 术语的上义词。

上下义概念定义了概念间语义上的包含关系，两者可以形成概念分类层次(taxonomic hierarchy)。利用地名概念的上下义关系可以建立地名本体的基本层次结构，顶端是抽象的类型，底部是较为具体的狭义类别。

4. **部分—整体关系**

部分—整体关系是从概念的组成结构上来讨论概念与概念间的语义关系，在自然语言理解以及知识处理过程中都有重要作用。部分—整体关系是一种基本的本体关系，在地名本体的建设中，部分—整体关系也是概念语义间的重要关系。部分—整体关系主要包括以下内容(Winston et al,1987)：

(1)部件/集成物体：集成物体的特点是具有结构，它的构成部件是可分离的，且具有一定功能，如城市/国家。

(2)成员/集体：成员不对它们所在的集体起任何功能作用，但它们可分离，如树/森林。

(3)切片/整块：整体可认为是均质的聚合，它的切片与它相似(均质)，可分离，如对社区进行管理的网格/整个社区。

(4)物质/物体：指事物的构成，可用“部分由……构成”表达，如岩石、泥土/山。此时组成的物质是不可分离的，没有任何功能作用，也不均质。

部分—整体关系也是互逆关系，即 *A* 是 *B* 的部分，则 *B* 由 *A* 组成。

5. **属性关系**

属性关系(attribute-of)表达某一实例是另一实例的属性。在“实例”和“表示要素属性的实例”之间存在属性—宿主关系。属性关系的表示是多种多样的，不同的地理信息实体，其属性均不相同，因此，属性—宿主关系是不固定的，与概念及其属性相关。属性关系是建立地名知识的重要手段之一。

6.2 地名本体空间关系

6.2.1 地名本体中的空间关系及其分类

地理空间要素的位置、形状和大小等几何特征以及与相邻地物的空间关系叫作要素的空间特征，它是空间信息所独有的特性。空间关系是实现空间分析、查询和推理的基础，构建地名本体必须考虑复杂的拓扑、度量等空间关系的表达。空间关系是地理空间要素之间存在的具有空间特性的关联，指代地理要素内部或要素之间的空间存在关系。除了一般的数值和逻辑关系外，地理空间要素之间的关系还包括拓扑、距离、方位、相似、空间相互作用等关系类型。拓扑关系表达了地理要素之间关联程度，例如是否相交或相接。邻近关系表示了距离关系，而地理空间要素在空间上并不连接。邻近关系通常与方向关系结合使用。方向关系的类型取决于不同的参考框架。空间关系的分类以及对每种空间关系的命名和描述目前尚没有完全统一(黄茂军,2005),正因为空间关系的复杂性,因而有必要利用本体语言实现空间关系的形式化描述,以利于其他专家和普通用户的理解。

Egenhofer 等(1991)提出将空间关系分为以下几类:

(1)表示空间方向的关系,如东、西、南、北等。

(2)表示邻近和关联程度的拓扑关系,如地理要素间的相离、相交关系等。

(3)表示包含的比较或顺序关系,如"在……内"等。

(4)距离关系,用某种度量表示目标要素间的关系,如目标间的远近或亲疏程度等。

(5)模糊关系,如贴近、接近等。

6.2.2　方向关系

方向关系是在一定的方向参考系统中从一个空间要素到另一空间要素相对于基本参考方向的指向,在定量描述中通常采用角度进行定量描述,或利用东、西、南、北等术语实现定性描述(郭庆胜 等,2006)。方向经常作为空间信息检索中目标选取的重要条件和标准之一。由于空间领域自身固有的复杂性和不确定性,因而方向关系的定性表示和推理引起普遍关注(曹菡,2002)。同时,方向参考框架对方向关系描述有重要影响(图 6.1)。

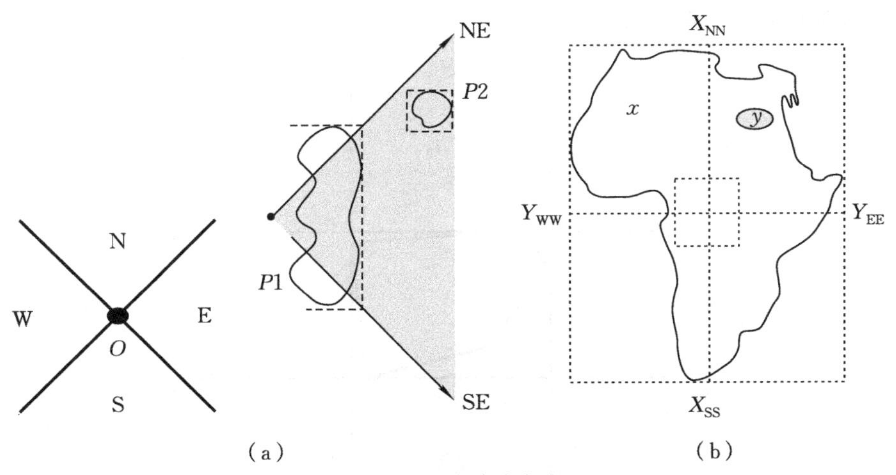

图 6.1　方向参考框架

方向关系的定性表示模型主要分为两大类:一类是基于锥形的表示模型(Peuquet et al,1987);另一类是基于投影的表示模型。Frank(1996)通过比较,得出基于投影的模型在许多方面较优的结论,其更符合人们常识性的空间认知。以往多数方向关系描述模型通常将空间要素抽象地表示为一个点,对于区域目标和线目标则使用地理要素的几何中心指代特定要素的空间特征,忽略了地理要素自身的大小和形状对方向关系表示的影响;最小外接矩形表示法使用目标的最小外接矩形代表地理要素本身,容易造成错误的检索结果。描述方向关系的投影模型还包括 Allen 的时态逻辑、以直线为参考的定性空间方位模型、2D-String 模型等(Escrig et al,1998)。Goyal(2000)提出了一套方向关系描述的矩阵模型,用于描述地理要素间方向关系。闫浩文(2001)从空间要素之间的可视性出发,在两个空间要素之间建立可视区域,利用可视区域内的三角网定义一个方向沃罗诺依(Voronoi)图,在可视区域内的方向沃罗诺依图上的多条线段(也称多条指向线)描述着两个地理对象之间的方向关系。

地理空间要素的维数和形状对方向关系的定义有重要影响。点与点的方向表达比较容易,但是当涉及复杂的线和面时就比较困难,主要原因是它们的形状对方向关系的判断有影响。Goyal 认为形式化的方向关系描述模型应该是对地理要素形状敏感的,而目前的很多模型都采用了近似的地理目标范围表示形式,一定程度上减少了对地理要素形状的敏感性,从而导致计算结果出现误差,甚至错误。

郭仁忠(2001)认为,空间方向关系的认知受地理空间要素的尺寸、距离、形状等因素的影响,要素间的距离和目标尺寸的匹配情况也会影响方向的描述。方向关系也受到空间分辨率的影响,这是由于目标地物在维度和形状的表达上会随着分辨率的变化而变化。曹菡(2002)考虑了比例尺对地理要素方向关系描述的影响,提出了方向关系表示的分层多级处理办法,分别以对点、线、面目标为参照物的目标间方向关系建立了三层方向关系表示模型,扩展了方向关系的表示形式。

本书根据 Frank 提出的二维方向基模型定义(Frank,1996),基于投影的模型系统采用了一种全局的、东—西和南—北的外部参考框架,与相对的、内在的参考框架是不同的,方向描述可以包含 4 个或者 8 个基本的方向关系。在本书地名本体概念模型设计中,采用了 4 个基本方向关系(图 6.2)。关系基数在自然语言表达的搜索及空间推理中存在重要价值,通过它可以建立更为准确的空间位置。

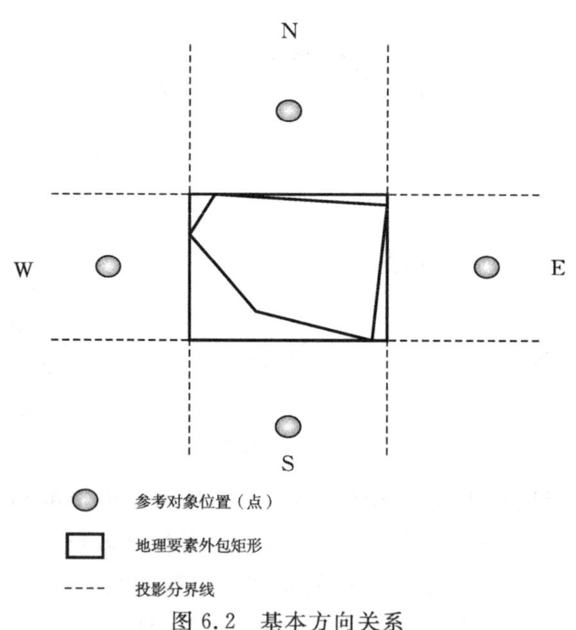

图 6.2 基本方向关系

6.2.3 度量关系

“距离”描述的是两个要素或事物之间的远近或亲疏程度(郭仁忠,2001)。从严格的数学意义上讲,距离的定义与度量空间密切相关,如果度量空间被看成是均质的话,则可以采用最常用的欧氏距离(n 维空间),即

$$d_{ij}=\left[\sum_{l=1}^{n}(x_{li}-x_{lj})^2\right]^{\frac{1}{2}}$$

这种欧氏距离是另一种称之为广义的距离的特例(徐薇 等,2005),其形式为

$$d_{ij}(q)=\left[\sum_{l=1}^{n}(x_{li}-x_{lj})^q\right]^{\frac{1}{q}}\quad (q=2)$$

Hernandez 等(1995)提出一种组合推理机制,只考虑均匀的距离系统,在这种系统中,所有距离关系是彼此联系的。当然,所得到的这种距离关系一般是一个可能的距离范围,即这个范围的距离上界和距离下界。

定义定性的空间距离关系需要三个元素:元要素、参考要素和距离参考框架。出于空间认知的需求,可以实现不同空间尺度上空间距离的定性表示,如两个等级——近和远。这种划分将平面分为两个区域,这两个区域是以参考目标为中心,并且外部区域是无限的。也可以将距离关系划为三个等级(近、适中、远),或五个等级(非常近、近、中等、远和非常远)。因此,可以将一个围绕某一参照目标的渐近层空间按照有序距离的个数划分为 n 个等级,即

$$Q=\{q_0,\cdots,q_i,\cdots,q_n\}$$

式中,q_0 是离参照目标最近的距离,q_n 是离参照目标最远的距离,距离 $q_i(1\leqslant i\leqslant n)$ 看作是围绕参照目标的同心圆区域。

为了能够定性地描述地名之间的距离关系,在地名本体中本书按照地名尺度的不同将距离分为不同的等级,等级的范围以及等级的多少与尺度直接相关。

6.2.4　邻近关系

虽然存储所有本体中要素之间的邻近关系是不可能的,但是可以将它们显式地定义于模型之中。邻近是一种模糊关系,取决于要素类型、要素尺寸以及使用的具体上下文。

然而,系统某些默认的定义可以用于定义相似的地物类型,根据尺寸确定默认的邻近区域,例如,如果区域的大小半径是 X,那么可以将半径的 1.5 倍缓冲区作为邻近区域,如图 6.3 所示。

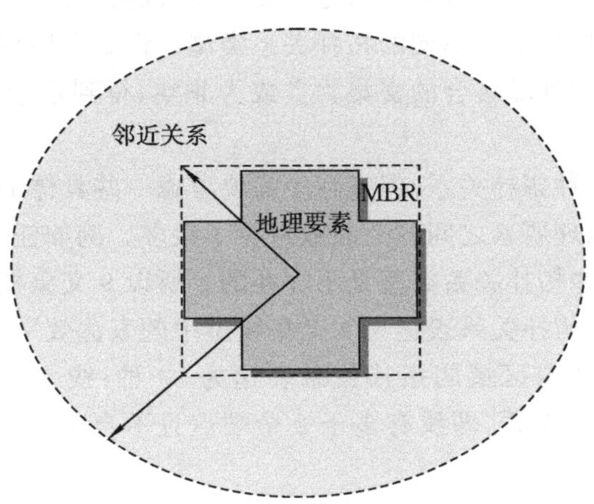

图 6.3　邻近关系表达

6.2.5 拓扑关系

在拓扑结构预处理阶段,可以通过空间数据中存储的拓扑结构信息实现拓扑关系的提取,以获取不同粒度的地物对象之间的关系。拓扑关系的划分不仅存在粒度细节的差异,同时不同维度的空间要素之间包含的拓扑关系也是不同的。下面将对各维度的空间拓扑关系类别做详细介绍。

1. 一维空间目标的拓扑关系表示

Allen 等(1994)提出的时间段逻辑是在时空推理中应用广泛的描述形式,在此基础上可以实现一维地理空间要素之间的拓扑关系表达。一维地理空间要素间的拓扑关系不考虑目标的方向,可以将拓扑关系细分为点与点、点与线之间的拓扑关系,以及线与线间的拓扑关系。点与点之间的拓扑关系有两种:重叠或相离。点与线之间的拓扑关系有三种:点与线相离、点位于线上、点在线的端点处。线与线之间的拓扑关系有六种:相等、相离、外相接、相交、内相接、包含。

2. 4 交集模型

Egenhofer 等(1991)提出利用点集理论定义空间拓扑关系,构建了基于 4 交集的空间拓扑关系表示模型。设定地理空间要素分别为 A 和 B,判断集合 A、B 的内域和边界的交集为空或非空,得到两个地理空间要素 A 和 B 之间的拓扑关系类型。理论上可以得到 16 种拓扑关系,但在实际情况中某些拓扑关系不存在。此外,根据具体的 A、B 实际代表的地理空间要素的不同(分为点、线、面等),可以判断所得到的空间拓扑关系的种类和情况也不相同,例如,2 个点之间的拓扑关系就只有 2 种,而区域与区域之间的拓扑关系则有 8 种。

3. 9 交集模型

为了更准确地表达地理空间要素间的拓扑关系,Egenhofer 等(1994)在 4 交集模型的基础上建立了 9 交集模型,增加了用于描述拓扑关系集合的外域。在 9 交集模型中,地理空间要素间的拓扑关系共包含了 3 个集合,除考虑 4 交集中原有的地理要素的内域和边界之外,还包含了地理要素的外域部分,并将外域定义为地理要素集合的补集,用 2 个地理要素的 3 种集合间交集的取值组合(0 或 1)来表达不同的拓扑关系类型。设 2 个地理要素 A 和 B,分别判断它们的内域集合、边界集合和外域集合的交集为空或为非空,得到地理空间目标 A 和 B 的空间拓扑关系类型。

理论上可以得到 512 种拓扑关系,但实际中需要考虑一些具体的空间规则限制,所以 9 交集模型实际所能描述的地理要素之间的关系数量少了很多。例如任意 2 个地理要素的补集总是有交集的,另外还有一些拓扑关系类型是不存在的。所以 9 交集模型中,点与点、点与线、点与区域等空间目标之间的拓扑关系表达与 4 交集模型中的表达效果相同。而区域与区域之间的拓扑关系表达为 8 种;线与区域的拓扑关系表达为 19 种;线与线之间的拓扑关系表达为 3 种。如果更进一步考虑复杂线,即线有多于 2 个端点且不自交,那么还可以增加 24 种拓扑关系。

4. 空间目标拓扑关系组合式表达

郭庆胜(2006)以基本空间关系的组合为基础,提出了基于二维矢量地图的空间关系表达方法。该方法需要首先建立基本图形单元之间的空间拓扑关系,即点和直线段相互之间的拓扑关系,其中直线段采用两个端点和中间部分的集合的表示方式。所得到的点与点之间的拓扑关系是相离和重叠 2 种；点与直线段之间的空间拓扑关系有 21 种。在基本图形单元的空间拓扑关系的基础上，再建立地图上简单点、线(任意曲线，不一定是直线段)、面目标之间的拓扑关系的组合式表达。

在总结实现拓扑关系表达基本途径的基础上，考虑计算的复杂度及实际应用存储的效率，本书的地名本体模型采用简化的 9 交集模型，主要包括表 6.2 所示的几种拓扑关系。

表 6.2　本书地名本体模型拓扑关系

空间拓扑关系	含义	图示
包含(contain)	一个地理要素包含另一要素，但边界不重合	
相等(equal)	两个要素所有组成成员都有相同的坐标值	
内部(inside)	一个地理要素位于另一要素范围内部	
重叠(overlap)	两个地理要素内部包含相同的范围，但不重合	
不相交(disjoint)	两个地理要素没有公共点	
相接(meet)	两个地理要素包含边界公共点	
内接(cover)	一个地理要素完全包含另一要素，且包含公共边界点	
外接(covered by)	一个要素位于另一要素内部，且包含边界公共点	

6.3　地名本体的空间位置

6.3.1　地名的空间范围表示形式

在空间信息的研究中，空间物体通常被抽象为点、线、面、体(曲面)等几大类，而除点以外的空间物体都有形态特征。考虑地名研究的需要，本书着重讨论前面的三种情况。

地面上真正的点状事物很少，一般都占有一定的面积，只是大小不同。这里所谓的点状分布要素，是指那些占面积较小，不能按比例尺表示，又需要定位的事物。因此，面状分布事物和点状分布事物的界线并不严格。如大型居民地，它在地面上占有一定范围，可以说是面状分布事物，一般在大、中比例尺地图上能按比例表示出其轮廓形状和内部结构(街道、街区等)。可是在小比例尺地图上，就不能按比例表示其形状和大小，此时，居民地就成为点状分布事物了，要改用点状符号表示其位置、行政意义和人口数量等质量特征和数量特征。

在地面上呈线状或带状分布的事物很多,如交通线、河流、境界线、地质构造线等。对于这些事物的分布质量特征和数量特征,传统的地图学中通常用线状符号表示,以线状符号的形状和颜色表示质量差别,用线状符号的尺寸变化表示数量特征。在地名词典中,通常采用近似的方法对这些线状或带状分布的地名范围进行描述。

面状分布的地理事物分布状况并不相同:有连续分布的,如气温、土壤等;有不连续分布的,如森林、油田、农作物等。它们所具有的特征也不尽相同:有的是性质上的差别,如不同类型的土壤;有的是数量上的差异,如气温的高低等(张力果,1990)。呈面状分布地域地名的空间范围通常采用边线表示法,或是轮廓近似法来表示。

Hill 等(1999)在数字地名词典信息交换标准(digital gazetteer information exchange)中指出了地名范围表达的几种情况:

(1)模糊范围,很多的地域范围本身是近似的或是模糊的,如河南南部。

(2)综合范围,表示要素近似中心的点或是表示区域范围的矩形外框都属于综合范围表示方法。这种方法表示的区域范围在信息系统中比较容易获取和处理,但是对于何时和怎样进行综合才能够满足信息描述和获取的需要并不好把握。

(3)精确范围,当前数字地名词典中最为流行的做法是把地名作为地图产品的副产品,以点描述地名的位置。点表示方法用于区别两个地名。但是这种方法有很大的缺陷,不能表达地名指代区域的范围,限制了对地名间空间范围关系(如相邻、包含等)判断的支持。

(4)多范围方式,对同一地名的位置进行多种方式的描述,可以是不同数据源的数据,也可以是不同时期、不同类型(如点位,外接矩形等)的数据等。

6.3.2 地名本体空间范围的表示

在本书设计的地名本体模型中,所有的几何要素都是根据 OGC 的"基于 SQL 的简单对象规范"中数据类型来组织的。这是从 OGC 标准参考模型中提出的坐标语义概念:"坐标是一组有序的数量值,它们定义了某个坐标参考系中的单个点状要素,一个坐标对可以由一个、两个或者三个维度构成,维度之间必须是相互独立的,并且其数量必须与坐标空间的维度一致。"

下列是本书地名本体概念模型支持的几何数据类型:

(1)点,由一个 (x,y) 坐标对表示。

(2)多边形,一组 (x,y) 坐标对,第一个点和最后一个点必须相同,即闭合多边形。

(3)线串,一组不闭合的 (x,y) 坐标对,通过线性插值连接。

(4)最小外包矩形(MBR),用来表示对象位置、尺寸及形状的近似,从而获得更好的计算特性。一个 MBR 表示了一个对象最大的范围,通过提供四个坐标值实现,即 $(\mathrm{min}X,\mathrm{min}Y,\mathrm{max}X,\mathrm{max}Y)$。

(5)空间集合,一个地理要素可能有不止一种的几何表达,而空间集合存储了一组不同的几何对象(任意数量的点、多边形和折线的组合)。

在地名本体框架中,首先需要确定所有数据的投影系统。为实现地名本体空间范围描述的目标,需要引入一个单一的几何坐标系统。可以利用经纬度坐标实现,实际上经纬度坐标并不是唯一的,它取决于特定大地坐标系。这里值得注意的是,地球的椭球参数可能是不同的,假定地名本体采用了基于特定的大地坐标系的地理坐标,随后所有的几何计算,例如距离、方向等,都应采用同一个大地基准面。

另一个替代方案是采用不同的局部坐标系统,该方式效率更高,但空间计算仅局限于某一特定的区域,将会导致跨区域计算的问题,只能通过中间坐标转换实现。

每个地理要素都包含一个标准的空间位置,它表示了定位信息,同时还可能有相对位置及动态位置等。相对位置通过与其他地理要素之间的空间关系来表示其位置,不同于一般的位置存储方式。

第 7 章　地名本体形式化表达

7.1　地名本体形式化表达工具

本体构建工具，又称为本体编辑工具，狭义地讲是指用于本体的构建、编辑、维护与开发的软件系统，广义地讲是指用于本体知识表示工程、本体的开发乃至构建的软件体系的总称。

下面介绍几种常用的本体构建工具。

1. Ontolingua

Ontolingua 由斯坦福知识系统人工智能实验室的网络服务中心开发，该本体编辑工具提供了分布式协作的平台，方便本体的浏览、构建、编辑、修改和使用等(Farquhar et al,1997)。它包括一个服务器和一种形式化描述语言，服务器位于斯坦福。

自问世以来，其本体服务器被世界各地的工作组用于本体构建与访问。该服务器支持超过 150 位用户同时在线，共同构建领域本体。该服务器提供了保存本体的文库，利于实现领域本体的复用。因此，世界各地不同的用户可以通过协作，来共同构建本体。

2. OntoEdit

OntoEdit 由德国卡尔斯鲁厄大学开发，是实现分层方式构建本体系统工程的平台，它将本体开发方法论(骨架法)与合作开发和推理的能力相结合(Sure et al,2002)。它支持推理的多重继承，系统的基本公理包括不相交的概念、对称性关系和传递性关系等。

OntoEdit 构建在一个强大的内部本体模式之上，该模式可以通过 XML 串行化得到。OntoEdit 词形变化支持不依赖面向概念、关系和公理表达语言的建模。该软件允许用户编辑概念及类层次信息，概念可以是抽象或是具体的。某一概念可以存在多个名称，这是定义同义词的重要方式之一。概念参与二元关系的构建，概念的属性信息可以认为是关系的特殊形式。复杂的关系可以基于其他的简单关系建立。关系可以排列成层次结构，允许关系特征的继承，通过增加约束的方式实现本体扩展。

3. Protégé

Protégé 是由斯坦福大学医学院的医学情报学研究组(Stanford Medical Informatics)开发的一个本体编辑器(Eriksson et al,1999)。Protégé 的界面风格与普通 Windows 应用程序风格一致，用户易于学习、使用。本体结构以树形层次目录显示，用户可以通过单击相应的项目来增加或编辑类、子类、属性、实例等，从而在概念层次上设计领域模型。

Protégé 主要提供了两种方式对本体进行建模：一种是 Protégé-Frames 编辑器，另一种是 Protégé-OWL 编辑器(Knublauch et al,2004)。前者允许用户建立基于框架的本体，与开放知识库连接协议 OKBC 一致。在这种模型内，一个本体由一系列包含层次组织的类、用于描述类属性的一组槽、类之间的关系以及这些类的实例组成。后者主要是以语义网应用为目的，用户可以建立 OWL 形式本体。一个 OWL 本体包括类的描述、属性及类的实例。这样的本体中，OWL 的形式语义说明了如何获取它的逻辑结果。

Protégé 支持多重继承，可以实现新数据的一致性检验，具有较强的可扩展性。由于它提供了本体构建的基本功能，同时使用简单方便、有详细友好的帮助文档，可以在线免费下载并配有诸多的插件，因此其用户量剧增，成为国内外众多本体研究机构的首选工具。本书开发也采用 Protégé 工具。

4. TopBraid Composer

TopBraid Composer(TBC)是由 TopBraid 公司发布的一种企业级的建模环境，TBC 主要用于建立语义相关应用和语义网本体开发。TBC 完全遵循和兼容 W3C 标准，并对管理、开发、测试知识模型结构及其实例知识库提供综合支持，是主流的企业级 OWL 和 RDF 编辑器，也是商业化程度最好的 SPARQL 编辑工具之一。TBC 功能强大，最主要的功能如下：

(1)似 UML 类图。TBC 可以创建在 OWL/RDFS 模型中定义的类图。

(2)推理和一致性检测。TBC 支持各种推理和一致性检测机制，支持 OWL 描述逻辑，具有更好的表达能力并能增强推理功能，支持 SPARQL 推理标识。

(3)规则构建。TBC 定义丰富的规则库，支持 SWRL、SPARQL、Jena 中的规则编辑。

(4)数据源映射。TBC 界面友好，可以实现用 OWL 原子、SWRL 规则构建模型的语义映射。

(5)地理位置映射。TBC 可以将地理空间本体(spatial ontology)与 RDF 资源或本体相连接，并在其嵌入的谷歌地图界面中进行编辑和可视化显示，实现对推理结果的查询。

(6)可视化脚本语言用于数据处理和网络服务。TBC 提供了一种名为 SPARQLMotion 的可视化语义网脚本语言，它可以下载、转换和处理相关地理数据，也可以定义网络服务。

7.2 基于 OWL 的地名本体形式化表达

7.2.1 OWL 的表达能力

OWL 的表达能力概括如下(W3C,2012)：

1. OWL 的类

OWL 的类可以分为四类：简单类、枚举类、对属性制约的类和集合的类。

OWL:Thing 是 OWL 所有类的基类，即 OWL 的所有类都是 OWL:Thing 的子类；OWL:Nothing 是 OWL 所有类的子类，表示空集的概念。

(1)简单类。OWL 类中最基本的模式，用来给类命名，如：

```
<rdf:RDF xmlns:rdf = http://www.w3.org/1999/02/22-rdf-syntax-ns#
      Xmlns:owl = "http://www.w3.org/2002/07/owl#">
<owl:Class rdf:ID = "公路"/>
</rdf:RDF>
```

(2)枚举类。枚举类中所有个体的类，用到了 OWL 的 owl:oneOf 属性，必须将所有的实例枚举，我们用到 rdf:parseType="Collection"。实例如下：

```
<owl:Class>
    <owl:one of rfd:parseType = "Collection">
         <owl:Thing rdf:ID = "Lite">
         <owl:Thing rdf:ID = "DL">
        <owl:Thing rdf:ID = "Full">
    </owl:oneOf>
</owl:Class>
```

(3)制约属性的类。这是对属性进行制约的一个特殊的类,主要是对属性值(value constraints)的制约和属性个数(cardinality constraints)的制约。用 OWL:Restriction 和 OWL:onProperty 来制约。方法如下:

```
<owl:Restriction>
    <owl:onProperty rdf:resource="要制约的属性">
    <制约条件>
</owl:Restriction>
```

(4)集合的类。该类包括并集的类、交集的类和补集的类。例如,我们定义道路是公路的类和铁路的类的并集,方法如下:

```
<owl:Class rdf:ID="道路">
    <owl:unionOf rdf:parseType="Collection">
        <owl:Class rdf:about="#公路">
        <owl:Class rdf:about="#铁路">
    </owl:unionOf>
</owl:Class>
```

2. OWL 的属性

(1)owl:DatatypeProperty 类型,其值域限定为 XMLSchema 数据类型,rdfs:Literal 或枚举类型,OWLFull 还支持 rdf:XMLLiteral。

(2)owl:ObjectProperty 类型,其值域限定为类或类的实例。

(3)owl:TransitiveProperty 类型,即传递属性。如果 P 为传递属性,则可由 $P(X,Y)$ 和 $P(Y,Z)$ 推出 $P(X,Z)$。

(4)owl:symmetricProperty 类型,即对称属性。如果 P 为对称属性,则可由 $P(X,Y)$ 推出 $P(Y,X)$。

(5)owl:FunctionalProperty 类型,即唯一属性,由 domain 唯一决定 range。如果 P 为此类型属性,则可由 $P(X,Y)$ 和 $P(Y,Z)$ 推出 $Y=Z$。

(6)owl:InverseFunctionalProperty 类型,为与 owl:FunctionalProperty 类型属性相反的另一种类型的唯一属性,由宾语唯一决定主语。如果 P 为此类型属性,则可由 $P(Y, X)$ 和 $P(Z ,X)$ 推出 $Y=Z$。

(7)owl:AnnotationProperty 类型,为注释类型属性,OWL Full 可以明确地声明预定义注释属性之外的其他注释属性。

(8)owl:DeprecatedPropery 类型,即保留属性,主要用于本体描述语言版本上的向后兼容性。

3. OWL 的公理

公理即永真断言,是无须证明的正确假设,是逻辑推理的前提条件。OWL 的公理包括以下几类:

(1)类公理。用来描述类之间的关系,包括类的标识、子类关系、等价关系和排他关系四个公理,分别是 rdf:ID、rdfs:subClassof、owl:equivalentClass 和 owl:disjiontWith。

(2)属性公理。描述属性之间的关系,分为属性之间的包含关系 rdfs:subPropertyof、属性之间的等价关系 owl: quivalentProperty、属性之间的互逆关系 owl:InverseOf、函数型属性限制 owl: FunctionalProperty 和反函数型属性限制 owl:InverseFunctionalProperty、对称属性

owl:symmetricProperty、传递属性 owl:TransitiveProperty。

(3)实例公理。包括两种类型，一是类的成员构成和属性值，二是实例之间是否等同。有 owl:sameAs、owl:diferentFrom 和 owl:AllDiferent 等。

总之，OWL 采用面向对象的方式描述领域知识，即通过类和属性来描述对象，并通过公理和限制来描述这些类和属性的特征和关系，因此，OWL 能够成为 W3C 推荐的语义网中本体描述语言的标准。它的目标不再局限于哲学和逻辑学的学术范畴，语义描述主要是为了使计算机容易利用，不求语义的完整和深入，只求语义表达的可扩展性(孙敏 等，2008)。它的任务就是把共同约定、共同享用的知识(词语的语义规范)用计算机容易处理的形式表达出来。

7.2.2　用 OWL 描述地名本体

从 OWL 的本体描述能力分析中可以看出，OWL 使用与 RDF 相同的语法，例如 OWL 标记是一系列特定的 RDF 标记，因此，OWL 本体开始部分要引用相关的 RDF 命名空间。

```
<rdf:RDF
    xmlns:rdf="http://www.w3.org/1999/02/22-rdf-syntax-ns#"
    xmlns:xsd="http://www.w3.org/2001/XMLSchema#"
    xmlns:rdfs="http://www.w3.org/2000/01/rdf-schema#"
    xmlns:owl="http://www.w3.org/2002/07/owl#"
    xml:base="http://www.chxy.edu/ToponymOntology.owl">
```

前三个声明说明了有关 RDF、RDF 模式、XML 模式的数据类型的命名空间，文档中第四个声明说明在本文档中，元素的前缀是 owl:，可以指向命名空间 http://www.w3.org/2002/07/owl#，第五个声明指向本体文档自身的位置。

文件头定义了该文档是一个本体，下面即为 OWL 定义的地名本体文档头实例：

```
<owl:Ontology rdf:about="">
    <owl:versionInfo>$Toponym Ontology,v1.0,07-1-2010$</owl:versionInfo>
    <rdfs:comment>Toponym ontology</rdfs:comment>
    <owl:imports rdf:resource="http://www.w3c.org/2002/07/owl">
</ owl:Ontology>
```

这里 about 属性是空的，说明该主题是文档自身，而 owl:versionInfo 和 rdfs:comment 元素通常定义了文档的目的，而 owl:imports 声名了对另一 OWL 本体的引用，这里的引用是 rdf:resource="http://www.w3c.org/2002/07/owl"。

这意味着该本体定义仅依赖于标准的 OWL 定义。现在可以使用 OWL 定义地理要素，为了定义单个的地理要素，需要首先声明一些要素类型及属性，用以描述要素。一个要素类型可以作为 OWL 的要素类，例如下面的 OWL 声明了地名本体设计中定义的“地理要素”概念：

```
<owl:Class rdf:ID="Geo-Feature">
    <rdfs:label rdf:datatype="http://www.w3.org/2001/XMLSchema#string"
    >Geographical Feature</rdfs:label>
    <rdfs:subClassOf>
      <owl:Restriction>
        <owl:cardinality
          rdf:datatype="http://www.w3.org/2001/XMLSchema#int">
```

代码续

```
        </owl:cardinality>
      <owl:onProperty>
        <owl:ObjectProperty rdf:ID = "Footprint"/>
      </owl:onProperty>
    </owl:Restriction>
  </rdfs:subClassOf>
  <rdfs:subClassOf>
    <owl:Restriction>
      <owl:minCardinality
        rdf:datatype = "http://www.w3.org/2001/XMLSchema# int" >
  </owl:minCardinality>
      <owl:onProperty>
        <owl:ObjectProperty rdf:ID = "Feature-Type"/>
      </owl:onProperty>
    </owl:Restriction>
  </rdfs:subClassOf>
  <rdfs:subClassOf>
    <owl:Restriction>
      <owl:onProperty>
        <owl:ObjectProperty rdf:ID = "Standard-Name"/>
      </owl:onProperty>
      <owl:cardinality
        rdf:datatype = "http://www.w3.org/2001/XMLSchema# int">
  </owl:cardinality>
    </owl:Restriction>
  </rdfs:subClassOf>
  <rdfs:subClassOf>
    <owl:Restriction>
      <owl:onProperty>
        <owl:DatatypeProperty rdf:ID = "Feature-ID"/>
      </owl:onProperty>
      <owl:cardinality
        rdf:datatype = "http://www.w3.org/2001/XMLSchema# int" >
      </owl:cardinality>
    </owl:Restriction>
  </rdfs:subClassOf>
</owl:Class>
```

这里并没有定义所有的地理要素属性，仅仅定义其中的几个重要属性。每个要素的特性可以定义为 OWL 属性。例如，下面定义了 Feature-ID 作为地理要素的性质，它是一个 XML 的“int”数据类型。

```
<owl:DatatypeProperty rdf:about = "#Feature-ID">
    <rdfs:range rdf:resource = "http://www.w3.org/2001/XMLSchema#int"/>
    <rdfs:domain rdf:resource = "#Geo-Feature"/>
</owl:DatatypeProperty>
```

注意看到 OWL 如何将属性应用于地理要素中，它指定了这一属性的域为 Geo-Feature，其为地理要素的标记。

不同要素类之间的空间关系，可以使用 owl:ObjectProperty 表示。例如，地理要素和几何类型之间通过位置关系相互关联，通过为地理要素定义一个新的属性 Footprint 描述这一关系，这里使用了 owl:ObjectProperty 标记定义，该属性是几何类型类的实例。下面的 OWL 声明展示了如何实现要素关系的表达，其中 Geometric-Type 是类的几何要素类的标记：

```
<owl:ObjectProperty rdf:about = "#Footprint">
    <rdfs:domain rdf:resource = "#Geo-Feature"/>
    <rdfs:range rdf:resource = "#Geometric-Type"/>
</owl:ObjectProperty>
```

通过对类添加内部的限制定义，可以进一步限定类的属性。例如，限定每个地理要素只能有一个 Feature-ID，可以通过如下的 OWL 实现：

```
<owl:Class rdf:ID = "Geo-Feature">
   <rdfs:label>Geographic Feature</rdfs:label>
   <rdfs:subClassOf>
      <owl:Restriction cardnality = "1">
         <owl:onProperty rdf:resource = "#Feature-ID "/>
      </owl:Restriction>
   </rdfs:subClassOf>
<\owl:Class>
```

在这里，使用 owl:Restriction 定义了匿名类，即满足这一限制的所有类。在这种情况下，这个类的所有实例只能有一个 Feature-ID 属性，随后声明了 Geo-Feature 是该匿名类的子类，要求所有的地理要素都必须满足这一限制条件。

在定义所有的类及其属性后，可以使用 OWL 定义地理要素个体，例如下面的 OWL 声明定义了地理要素“中国”，指定该要素的要素标记是 00132，标准名称为“中华人民共和国”，“中国”是它的别称，要素类型是“country”(国家)。

```
<Geo-Feature rdf:ID = "00132">
   <Feature-ID> 00132 </Feature-ID>
   <Standard-Name>
      <Name>中华人民共和国</Name>
      <Date>01/01/2010</Date>
      <Language>中文 </Language>
      <Resource> ADL </Resource>
   </Standard-Name>
   <Alternative-Name>
      <Name>中国</Name>
```

代码续

```
        <Date>01/01/2010 </Date>
        <Language>中文 </Language>
        <resource> ADL </Language>
    </ Alternative -Name>
    <Feature-Type>
        <Feature-Type-Name> country </Feature-Type-Name>
        <UF>
            <Feature-Type>
                <Feature-Type-Name> nation </Feature-Type-Name>
            </Feature-Type>
        </UF>
    </Feature-Type>
    <Footprint>
        <Geometric-Type-Name> point </Geometric-Type-Name>
            <Location>
                <Latitude> 54.000 </Latitude>
                <Longitude>112.500 </Longitude>
            </Location>
            <RelatedTo>
                <Spatial-Operator> part-of </Spatial-Operator>
                <RelatedFeatureID> 00110 </RelatedFeatureID>
            </RelatedTo>
        <Description> </Description>
<\Geo-Feature>
```

7.2.3 OWL 表示能力的不足及解决策略

从上述地名本体的形式化表达中，我们看到 OWL 能够满足表示地理概念及其属性特征的需要。值得注意的是，在我们的描述中表达了空间关系本体地理要素的对象属性，这只是地名本体空间特征的术语或词汇表达，而并非真正的空间关系本体。因此，真正的空间关系本体必须能够对上述定性空间关系术语所指代的地理实体之间的空间关系概念进行明确的形式化定义。地理实体之间的空间关系是建立在其空间坐标系统之上的，即建立在具体的空间参考系之上，这也是地名本体区别于一般本体的最重要特征。

很多学者在空间关系本体的形式化方面进行了研究。Abdelmoty 等(2005)认为，OWL 作为地理本体表示语言存在一些不足，包括：不支持实例间属性比较计算，OWL 基于 XML 的文本表达方式在处理大型几何数据集时效率比较低，OWL 不支持地理空间数据处理所需要的语义等。

概括起来，OWL 在表示地名本体时存在的局限性主要表现在以下方面：

(1)OWL 的表达能力局限于描述逻辑，不能表示一般形式的规则，因此不能用于表示下面这种三段论知识的推理模式(Horrocks，2005)

$$\forall x,y,c: rel1(x,y) \wedge rel2(y,c) \rightarrow rel3(x,c)$$

这是一种用于空间关系组合的空间推理规则的典型形式。例如，组合表推理是拓扑关系推理的一种基本方法（Penz et al，1997），假设有3个区域A、B、C，若A与B、B与C之间的拓扑关系已知，根据组合表可以确定A与C之间的拓扑关系。

（2）OWL缺乏对空间数据类型的支持，这导致了用一般的类和属性表达几何目标需要过多的存储空间开销（Haarslev et al，1998）。地名本体实例库一般来讲是十分庞大的，一个地理要素可以用一种或多种空间表达定义其空间位置。例如一个城市可以用多个点位坐标串组成的多边形表示其边界，也可以用外接矩形近似表达其形状，也可以用一个点表示其中心点。地名本体实例库的庞大及其多种空间表达方式导致地名本体文件运行和管理开销巨大。

（3）OWL不支持几何处理、计算或空间索引，因此，要完成一个简单的几何计算（如面积量算）都是困难的。

可见，用OWL语言表达地名本体存在诸多问题，所以必须借助其他的工具和方法。一是Casti提出运用部分—整体学、位置论、拓扑学三个理论工具对OWL的建模元语进行扩展，使OWL能够明确地形式化表达空间特征以及空间关系；二是引入语义网规则语言SWRL来补充OWL标准本体语言，以有效表达空间推理规则。

将部分—整体学、位置论和拓扑学这三个理论工具结合起来，可以对地理本体中的空间拓扑关系、空间位置、地理目标边界进行形式化描述，还可以将这些公理作为建模原语加入OWL语言体系中，从而使得在OWL语言构建的地理本体中能够明确地形式化表达空间特征以及空间关系。

1. 部分—整体学

部分—整体学（mereology）理论主要用于表达地理空间实体间部分与整体的关系。部分—整体关系是人们常识性地理空间认知和地理空间推理的基础，在地理空间表达中具有重要作用。其核心的关系是$part\text{-}of(X,Y)$，即“X是Y的一部分”。

与部分—整体关系紧密联系的地理实体间的重叠关系（overlap）及相关公理为：

（1）定义：$O(a,b)$：$\exists c(part\text{-}of(c,a) \wedge part\text{-}of(c,b))$。

（2）部分—整体学相关公理（$MA1 \sim MA5$）如下：

$MA1$：$part\text{-}of(a,a)$。（自反性）

$MA2$：$part\text{-}of(a,b) \wedge part\text{-}of(b,a) \rightarrow a=b$。（反对称性）

$MA3$：$part\text{-}of(a,b) \wedge part\text{-}of(b,c) \rightarrow part\text{-}of(a,c)$。（传递性）

$MA4$：$\forall c(part\text{-}of(c,a) \rightarrow O(c,b)) \rightarrow part\text{-}of(a,b)$。（扩展性）

$MA5$：$\exists a(\Phi a) \rightarrow b\forall c(O(b,c) \leftrightarrow \exists a(\Phi a \wedge O(a,c)))$。

2. 位置论

位置论（location theory）主要用于表达地理空间实体空间位置之间的关系。其核心关系是$L(X,Y)$，表示“地理实体X恰好位于位置Y”。其相关定义和基本公理为：

$L1$：$PL(a,b):=\exists c(part\text{-}of(c,a) \wedge part\text{-}of(c,b))$。（部分位于）

$L2$：$FL(a,b):=\exists c(part\text{-}of(c,b) \wedge part\text{-}of(a,c))$。（完全位于）

$L3$：$a \approx b$：$\exists c(L(a,c) \wedge L(b,c))$。（相合coincidence）

位置论相关公理（LA1～LA4）如下：

$LA1$：$L(a,b) \wedge L(a,c) \rightarrow b=c$。

$LA2$：$L(a,b) \wedge part\text{-}of(c,b) \rightarrow PL(a,c)$。

$LA3: L(a,b) \wedge part\text{-}of(c,a) \rightarrow FL(c,b)$。

$LA4: L(a,b) \rightarrow L(b,a)$。

3. **拓扑学**

拓扑学(topology)理论主要用于表达地理空间实体之间的相对位置关系,即连通关系,可以通过定义边界来表达连通关系。因而拓扑学的研究主要基于边界问题进行相关拓扑学定义和公理制定。我们采取 Smith 等提出的真实边界(realistic boundary)作为研究基础。

拓扑学相关定义如下:

定义 $TB1: P(a) := a + \sigma c(B(c,a))$。式中,$P(a)$表示真实闭包,$B(c,a)$表示 c 是 a 的真实边界。

定义 $TB2: P(a,b) := O(P(a),b) \vee O(P(b),a)$。式中,$TB2$ 表示真实边界连通。

拓扑学相关公理如下:

$TA1: part\text{-}of(a, P(a))$。

$TA2: part\text{-}of(P(P(a)), P(a))$。

$TA3: P(a+b) = P(a) + P(b)$。

$TA1$、$TA2$ 是由部分 — 整体学中的 $MA1$ 派生而来的,$TA3$ 是和操作。

基于上述三个理论工具,可以实现地理本体中空间关系(主要是拓扑关系)和位置的形式化描述与表达,从而进行相关的定性空间推理。

在三个理论工具的基础上,黄茂军对地理空间信息本体中常见的八种拓扑关系定义了新的公理体系。在构建地理本体的过程中,只要增加根据上述三个理论工具建立的公理,然后将其添加到 OWL 语言的建模原语中,就可以在地理本体中表达空间关系。这里以相离关系为例进行说明。

相离关系(disjoint)定义如下:假如不存在 c,使得 $part\text{-}of(c,a)$ 和 $part\text{-}of(c,b)$ 同时成立,则 a 和 b 就相离,表示为 $disjoint(a,b)$。

地理本体中与之对应的相离关系公理用逻辑描述如下

$$disjoint(a,b) := \neg \exists c(part\text{-}of(c,a) \wedge part\text{-}of(c,b))$$

同理,根据三个理论工具可以重新定义其他拓扑关系,如重叠关系(overlap)、相接关系(meet)、相等关系(equal)、包含关系(contain)、被包含关系(inside)、覆盖关系(cover)、被覆盖关系(cover by),并在地理空间本体的空间过程中分别实现其描述逻辑。

采用三个工具理论方法,虽然解决了 OWL 不能表达空间推理的问题,但是由于 OWL 空间运算能力的局限,利用其进行空间推理规则中涉及的空间计算,特别是在进行大型数据库的空间关系计算时效率非常低,因此需要引入新的描述语言来表达地名本体,这就是语义网规则语言 SWRL。

7.3 用 SWRL 表达地名本体

SWRL 是以语义的方式表示规则的一种语言,是 W3C 提出的一种语义网规则标记语言(Horrocks et al,2004)。SWRL 是以 OWL 的子语言 OWL DL 与 OWL Lite 以及 RuleML 为基础的规则描述语言,其目的是使规则与 OWL 知识库相结合。SWRL 利用高度抽象的语法表达 OWL 本体所描述的知识,实现了 Horn-like 规则与 OWL 知识库的结合。SWRL 规则可以充分结合本体中的元素进行规则设计，实现规则与知识的结合，使设计规则更加方便。

SWRL 在 OWL 的基础上补充了规则定义能力，在 OWL 本体中包含着一系列公理(axiom)和事实(fact)，公理有 subClass、equivalentClass 等，也可以由规则公理(rule axiom)扩展，即 axiom：：= rule。在编写 SWRL 规则时，一个规则是由一个推理前提 antecedent (body)和一个推理结果 consequent(head)构成的，每个前提和结论都由多个公理组成：

```
Rule::='Implies('[URIreference]{annotation}antecedent consequent')'
Antecedent::='Antecedent('{atom})'
Consequent::='Consequent('{atom}')'
```

一条规则可以被看作如果前提满足，那么结论也必为真，即：

```
Atom::=description'('i-object')'
| individualvaluePropertyID'('i-object i-object')'
| datavaluePropertyID'('i-object d-object')'
| sameAs'('i-object i-object')'
| differentFrom'('i-object i-object')'
```

对于下列描述：

```
Body
hasChild(x1,x2) hasBrother(x1,x3)
head
hasUnicle(x2,x3)
```

以上描述 x1 是 x2 父母，x1 有一个兄弟是 x3，此规则说明 x3 是 x2 的叔叔。可见 SWRL 通过本体中已定义的属性和相关的关系 hasChild(x1，x2)和 hasBrother(x1，x3)，推出原本体中未建立的关系 hasUnicle(x2，x3)。SWRL 语言的这一特点，能够将地理实体之间隐含的空间关系明确化，因此可以减少本体知识库中预先存储的地理要素实例空间关系知识的数量，节省存储空间。

此外，SWRL 支持一系列 Built-in 谓词，这些谓词可以接受多个论据。Built-ins 中记录了 SWRL 可以引用的逻辑比较关系。为 SWRL 设置 Built-in 的主要动机是可以通过模块化的途径为将来的版本做进一步的扩展，另外也是为了增强 SWRL 的逻辑表达能力，用户可以方便地引用这些逻辑比较关系，而不必自己去定义。SWRL 的 Built-ins 主要是复用已有的 XQuery 和 Xpath 中的 Built-ins。

SWRL Built-ins 涉及比较、数学计算、布尔计算、字符串、时间、URIs 和列表等方面。除了这些内置的 Built-ins，用户可以根据需要定义自己的 Built-ins。

本书在进行地名本体的形式化表达时，同时采用了 OWL 和 SWRL 两种形式化语言，即地名本体的类型本体与空间关系本体分别采用 OWL 和 SWRL 进行表达。关于 OWL 的形式化实例前文已有详细讨论，在此不再赘述，只给出用 SWRL 描述空间关系本体的形式化实例，以更好地满足空间推理的需要。

例如有如下规则

$$inside(?x?y) \leftarrow Region(?x) \wedge Region(?y) \wedge Region(?c) \wedge inside(?x?c) \wedge coveredBy(?c?y)$$

采用 SWRL 表达的空间关系推理规则代码段为：

```
<swrl: Imp rdf: ID = "Rule-3">
                    ⋮
    <swrl: classPredicate rdf: resource = "#Region"/>          //声明区域变量
                    ⋮
    <swrl:individualPropertyAtom>   //声明区域c与y之间的coveredBy关系
    <swrl:propertyPredicate rdf:resource = "# CoveredBy"/>
    <swrl:argument1 rdf:resource = "#c"/>
    <swrl:argumnet2 rdf:resource = "#y"/>
    </swrl:individualPropertyAtom>
                    ⋮
    <swrl:individualPropertyAtom>   //声明区域x与区域c之间的inside关系
    <swrl:argument1 rdf:resource = "#x"/>
    <swrl:argumnet2 rdf:resource = "#c"/>
    <swrl:propertyPredicate rdf:resource = "#inside"/>
    </swrl:individualPropertyAtom>
                    ⋮
    <swrl:ClassAtom>
    <swrl:classPredicate rdf:resource = "#Region"/>   //声明c为区域
    <swrl: argument1 rdf:resource = "#c"/>
    </swrl:ClassAtom>
                    ⋮
    <swrl:ClassAtom>
    <swrl:classPredicate rdf:resource = "#Region"/>  //声明x为区域
    <swrl: argument1 rdf:resource = "#x"/>
    </swrl:ClassAtom>
                    ⋮
    <swrl:ClassAtom>
    <swrl:classPredicate rdf:resource = "#Region"/>  //声明y为区域
    <swrl: argument1 rdf:resource = "#y"/>
    </swrl:ClassAtom>
                    ⋮
    <swrl:individualPropertyAtom>   //判定区域x与区域y之间的inside关系
    <swrl:propertyPredicate rdf:resource = "#inside"/>
    <swrl:argument2 rdf:resource = "#y"/>
    <swrl:argumnet1 rdf:resource = "#x"/>
    </swrl:individualPropertyAtom>
</swrl: Imp>
```

利用SWRL描述地名本体的空间关系本体，弥补了OWL描述空间关系能力的不足，充分发挥了OWL和SWRL各自的优势。

第 8 章　地名本体实例库

地名本体通常存储了海量的地理信息并且需要持续不断的信息修订与更新。构建地名本体的任务十分繁重，其复杂性涉及数据自身固有的复杂性、数据的空间维度、异构空间数据集成等问题。例如，同一地方可能包含不止一个地名，以及同时存在同一地物的多种位置与空间范围的表达。地名本体的许多语义信息都是隐含的，且只存在于实例层次。其中某些关系可以在概念层次获得，但是大部分的关系都是隐含的，只有通过显式的解释和空间计算才能显现。从地名本体维护的角度看，维护其逻辑和空间完整性对于保持地名本体健壮性与可生存性至关重要。空间完整性不同于逻辑完整性，不能通过逻辑的完整性获得。例如，两个地理要素之间的整体—部分关系并没有说明两个要素之间有任何的空间关联，子要素的边界可能与父要素相交，甚至可能子要素的空间范围会大于父要素的空间范围。

鉴于这些实际应用中的问题，就需建立地名本体的实例库，以获得地名本体修订与更新的规律和方法，揭示存在于实例层的各种语义关系，维护地名本体的空间完整性和逻辑完整性。

8.1　相关术语及概念定义

空间查询是 GIS 最基本的功能之一，设计和构建地名本体时必须考虑对空间信息查询的有效支持。从目前 GIS 的地理信息查询方式可知，每次地理信息查询都包含超过一个地物或地物类型的引用(Studer et al，1998)，为此，首先定义了下列符号以表示对地理要素及其属性的引用。

1. 绝对地物引用

绝对地物引用可以通过地名、地物类型及精确的位置定义，如下所示：

PL-Ref-Abs = <PL-name, PL-type, Location>

这里的 Location 指地物在空间上的精确位置，可以用作位置定义，但是其他的表达方式也是可能的，例如线、最小外包矩形标记 Place footprint 或者将 PL-FP 用于定义位置，因而根据上面的描述，式子可以改写为：

PL-Abs = <PL-name, PL-Type, PL-FP>

下面即是绝对地物引用的实例：

<郑州，城市，{<xmin,ymin>,<xmax,ymax>}>

<二七塔，人造建筑，{x,y}>

2. 相对地物引用

地物可以通过与其他地物的空间关系定义，因而相对的空间位置可以如下定义：

PL-Rlv=<Spatial Relation, PL-name, PL-type, PL-FP>

需要注意，相对地物位置 PL-FP 可以通过在表达式中包含的空间关系进行计算。

下面是相对地物参考的示例：

<内部，郑州，城市，{x，y}>

<附近，二七塔，人造建筑，{x，y}>

通常地物位置的参考模型就是以上两种形式，即：

PL-Ref = PL-Abs|PL-Rlv

当空间信息检索可能包含了一个或者多个对 PL-Ref 的引用时，对查询语句的解析结果就是对 PL-Refs 所定义的空间查询内容进行识别。正如下面描述的：

(1)查询中包含的地理信息，标记为 Query-GC，通过一组地物参考表达式表达如下：

Query-GC = {PL-Ref}

(2)查询中包含的几何位置可以通过一个参考位置的函数定义如下：

Query-FP= {FP(Query-GC)}

8.2　基于地名本体的空间查询方式分析

空间信息查询的方式有多种，为尽可能全面地对各种查询类型进行说明，下面将介绍一系列元查询表达式，这些表达式可用于构建更复杂的查询。

在空间信息查询中应用的基础查询由以下元件组成：

(1)地名。

(2)非空间实体。通过空间关系与某地名相关联的非空间实体。

(3)空间关系。地名与另一地名通过空间关系关联。

(4)地理要素类型。某种地理要素类型通过某种空间关系与地名关联。

(5)语义关系。某一地理要素类型与另一地理要素类型之间的包含、整体—部分等语义关系。

地名是地理实体的公认名称，例如“郑州”；非空间实体通常指的是实际的或者抽象的主题、活动，例如学校、旅游地；空间关系是地理要素之间空间上关系的实例，例如内部、包含、邻近等关系；地理要素类型与地名的类别相对应，例如城市、乡村、河流。

下面的表达式中，PL-name 指代地物名称，SRel 指代空间关系，PL-type 指代要素类型，而 AS-entity 指代非空间实体。

一组基础的空间查询可以通过如下的表达式说明：

Find<PL-name>

“郑州”

Find<PL-name SRel PL-name>

“二七塔”“内部”“郑州”

“新郑”“附近”“郑州”

Find<AS-entity SRel PL-name>

“旅游景点”“内部”“郑州”

Find<PL-type SRel PL-name>

“酒店”“内部”“郑州”

“饭店”“附近”“洛阳”

Find<PL-type SRel PL-type>

“旅馆”“附近”“机场”

"机场""附近""大城市"

上面包含的元查询可用于建立更为复杂的查询表达式，通过使用二进制逻辑操作符的方式实现扩展。因而，在处理复杂查询时，应首先提取对应的元查询，下面的例子是可能的复杂查询的例子，其中 Op 用来指代逻辑操作符，例如 AND、OR、NOT：

(1)Find <(PL-name Op PL-name) SRel PL-name>。原子表达式：

Find <PL-name SRel PL-name> OP Find <PL-name SRel PL-name>

(2)Find<PL-type SRel PL-type SRel PL-name>。原子表达式：

Find<PL-type SRel PL-name> AND <PL-type SRel PL-name>

(3)Find <PL-type SRel PL-name SRel PL-name>。原子表达式：

Find < PL-type SRel PL-name> AND < PL-name SRel PL-name>

(4)Find <PL-type SRel PL-name OR SRel PL-name>。原子表达式：

Find <PL-type SRel PL-type> OR < PL-type SRel PL-name>

(5)Find <PL-name SRel PL-name SRel PL-name>。原子表达式：

Find < PL-name SRel PL-name> AND < PL-name SRel PL-name>

(6)Find <PL-name SRel PL-name OR SRel PL-name>。原子表达式：

Find < PL-name SRel PL-name> OR < PL-name SRel PL-name>

上面所介绍的典型的查询形式是可能的空间信息查询形式的子集，可以为地名本体概念模型的描述提供参考。

8.3　空间信息查询元要素设计

从 8.2 节对空间信息查询类型的分析可以得出，查询表达式涉及了地名本体的地名、要素类型、空间关系等内容。下面分别讨论地名本体中与地名、要素类型、空间关系等相关的各种查询方式的实现策略。

1. 地名

地名(地理要素名称)表示一个特定的地理对象，对于同一地理要素，可能会存在不同的名称或者名称的变化形式。地名本体应该存储可能的地名形式及其常见的别称，包含历史名称。理想情况下，也应该存储地名的不同语言版本，对地名的查询可以通过匹配地名本体中可能的地名形式的方式实现。

地理要素的查询中可能存在非标准化的定义，例如中国南部、青藏高原地区等。存在两种方式去定义这些非精确描述的地区：①地名关联的位置信息可以通过预处理过程明确地存储于地名本体中；②通过用户交互过程定义位置或者对象的范围。同样两种方式可以结合运用，从而实现模糊地名的明确化。

2. 地理要素位置

定义位置最自然的方式是通过用户接口中交互式地图实现，该地图允许标准的图形操作，例如画点、单击、拉框及缩放等，从而使用户能够指定检索的精确点位或者空间区域。

由于数据获取的限制，为用户提供大量的分辨率足以精确地实现位置选择的地图是不太现实的，在这种情况下，粗略或者模糊的范围选取是必要的。

3. 地理要素类型

地理要素类型描述了地名关联的地理对象的类型，例如河流、城市等。存在不同的要素分类方法，分别为不同的应用目的服务，例如拓扑空间的要素分类、行政的要素分类等。要素类型层次性分类通常用子类型和父类型关系来表述，如高速路是道路的子类型；然而其他的要素类型间的关系也是存在的，例如不同道路分类标准造成的概念相交关系。

要素类型的部分—整体关系在不同语义层次上包含不同含义，其中空间层次上的部分关系是指几何上的包含关系，然而语义上的部分关系并不代表两个要素之间存在任何必然的空间关联。

同样的，维护要素类型的特定属性信息也可以方便限定要素类型，如道路宽度、区域人口、高程值等。而其他的语义属性也可以说明要素与某种活动的关联，例如，城市是一个度假胜地或者金融中心。

因而，本体应该对要素类型概念及可能的要素类型之间的语义关系建模，个体的地理实体可以定义为相应地理要素类型的实例，并继承该要素类型的属性和相互之间的关系。

4. 空间关系

空间关系是用于定义查询的空间范围及由此产生的查询位置的主要方式，表述空间关系的一个直接方式是利用名称，如内部、外部、附近等。然而，在很多情况下，定义关系名称的规范是困难的，通常关系定义都是模糊和不精确的。表达空间关系的可视化方式更为直观，一种可能的方式是通过用户界面选择特定的表示空间关系的符号来定义相应的空间关系类型。

同样的，需要在地名本体的设计中包含空间关系本体的定义，从而实现对不同空间关系的解析，空间关系本体应该存储不同形式的空间关系，例如拓扑的、邻近的、方向的、尺寸的关系，其中包含定量及定性的空间关系表达。

地理要素之间的空间关系可以明确地存储于地名本体中，通过直接匹配或空间推理的方式实现空间信息检索中查询表达式的解析和扩展。这种直接的定义空间关系的方式需要考虑存储空间和查询性能的限制。

总结上述分析可知，地名本体实例库构建必须澄清如下几个基本问题：

(1)地理要素的要素类型对于查询扩展和模糊地名明确化十分重要。

(2)“整体—部分”行政要素类型层次对于辅助模糊地名的解疑、扩展，以及空间方位确定有重要价值，在空间要素扩展查询中有重要意义。

(3)地理要素可以有多种空间范围表示形式，包括二维与三维表示形式、二维空间范围表示方式(包括点、线、多边形及最小外包矩形)等。

(4)需要在地名本体中存储地理要素之间的定性拓扑信息及可能的方向和邻近等空间关系。

(5)别名及历史地名的表达十分重要，尤其在处理一些包含时间序列的与历史相关的信息时将会发挥重要作用。

在解决上述几个基本问题的基础上，将地名本体实例库设计的目标定位如下：

(1)将地名词典封装为地理要素集，实现面向要素的地理空间数据组织。

(2)维护每个地理要素在多个层次粒度的空间位置信息。

(3)维护每个地理要素的要素类型分类及类型间的概念语义关系。

(4)提供基于地名(通用名、别名)的空间位置检索。

(5)确定与地理要素空间、行政及语义相关联的其他要素，辅助模糊地名的明确化。

8.4　地名本体存储数据库模式设计与构建

8.4.1　地名本体存储数据库模式设计

地名本体实例主要包括两种存储方式：①数据库存储方式，需要根据本体模型，构建相应的本体数据库模式；②语义网格式，使用新的语义数据库技术来开发，从简单的 RDF 三元组存储到更为全面的基于特征的语义网数据库，例如 KAON2(景东升，2005)。

地名本体的永久存储需要处理海量的本体实例数据，考虑数据管理的效率与性能，以及存储空间的消耗，采用数据库存储的模式是一种更为合理的选择，但现阶段的商业数据库并不支持本体数据的直接存储，而语义数据库的研究还处于初级阶段。因而为实现地名本体数据在传统的关系数据库中的存储，必须首先根据本体概念模式构建相应的数据库模式，从而为本体实例数据的存储创造条件。

如图 8.1 所示，地名本体数据库模式依据地名本体概念模型构建，包括地理要素、要素类型及空间关系描述三大部分，图 8.1 中上方方框中的数据库模式描述相应的要素类型，详细信息如图 8.2 所示。

要素类型主要由四个表格构成，其元数据结构的数据字典描述如下：

(1)FeatureType(要素类型)，存储了所有的地名本体中包括的要素类型，是整个要素类型描述的核心，主要由表 8.1 所示字段构成。

表 8.1　要素类型结构

字段	类型	长度	说明
FeatureTypeID	INTEGER	8	主键，不为空，要素类型标识
FeatureTypeNameID	INTEGER	8	外键，不为空，关联要素类型名称
FeatureTypeCode	LONG	16	要素类型编码

(2)FeatureTypeName(要素类型名称)，存储了各个要素类型的名称，并通过要素名称 ID 与要素类型表相关联(表 8.2)。

表 8.2　要素名称

字段	类型	长度	说明
FeatureTypeNameID	INTEGER	8	主键，不为空
FeatureTypeName	CHAR	40	要素名称

(3)FeatureTypeRelationType(要素类型间语义关系类型)，存储要素之间所包含的语义关系，包含父子关系、关联关系等(表 8.3)。

表 8.3　要素类型间语义关系类型

字段	类型	长度	说明
FeatureTypeRelationTypeID	INTEGER	8	主键，不为空
FeatureTypeRelationName	CHAR	40	要素类型关系名称
Description	CHAR	40	描述信息

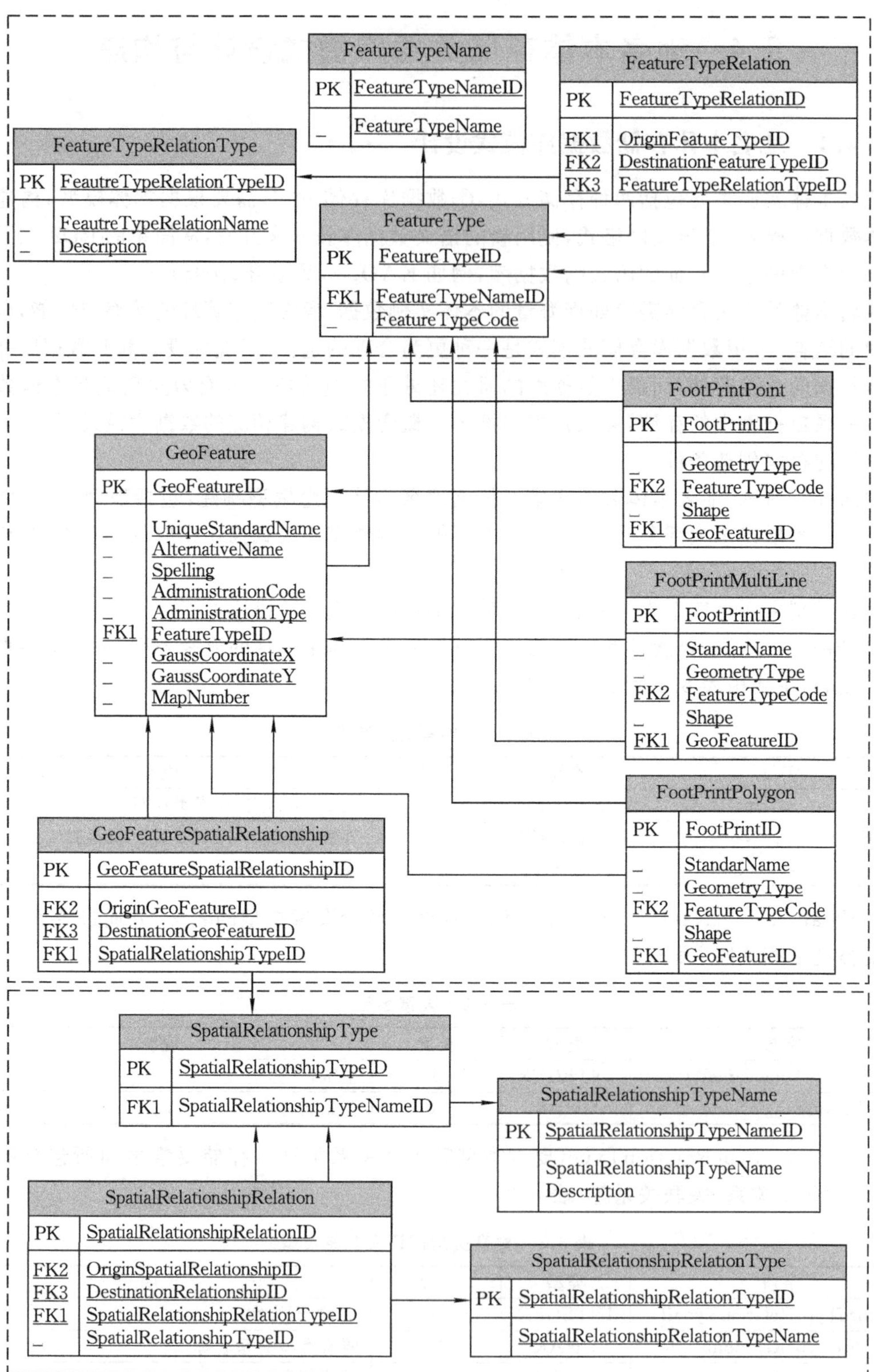

图 8.1 地名本体数据库模式

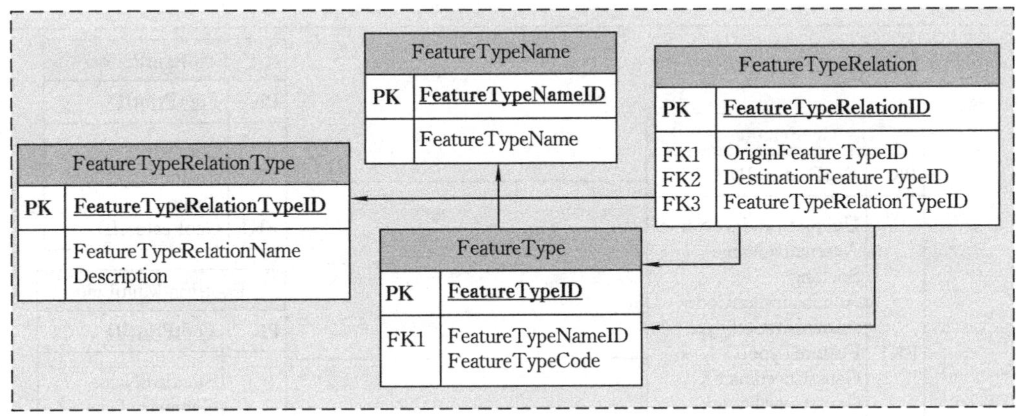

图 8.2　要素类型描述

(4)FeatureTypeRelation(要素类型关系)，存储了可能的要素类型之间的关系，通过 ID 号实现与要素类型及其关系的关联(表 8.4)。

表 8.4　要素类型关系

字段	类型	长度	说明
FeatureTypeRelationID	INTEGER	8	主键，不为空
OriginFeatureTypeID	INTEGER	8	源要素类型
DestinationFeatureTypeID	INTEGER	8	目标要素类型
FeatureTypeRelationTypeID	INTEGER	8	外键，不为空，关联关系类型

数据库模式的中间部分描述了地理要素信息，包含了空间及属性信息(图 8.3)。

从图 8.3 可以看出，地理要素的空间数据描述包括了点、线、面三种不同形式，为了方便数据的管理，根据空间数据类型分别建立相应的数据表格。而地理要素中包含了相应的属性信息。下面是相应表格的数据字典。

(1)GeoFeature(地理要素)，存储了地理要素中包含的属性信息，并通过位置 ID 与空间数据关联(表 8.5)。

表 8.5　地理要素

字段	类型	长度	说明
GeoFeatureID	INTEGER	8	主键，不为空
UniqueStandardName	CHAR	40	标准名称
AlternativeName	CHAR	40	别名
Spelling	CHAR	40	地名拼音
AdministrationCode	LONG	16	行政区划编码
AdministrationType	CHAR	4	行政区划类型
FeatureTypeID	INTEGER	8	外键，要素类型 ID
GaussCoordinateX	DOUBLE	16	要素以点表示的高斯坐标 X 值
GaussCoordinateY	DOUBLE	16	要素以点表示的高斯坐标 Y 值
MapNumber	LONG	16	图幅编号

(2)FootPrint(几何数据表)，根据几何数据类型，分别构建三个表进行存储，包括了表 8.6 所示的几个属性值。

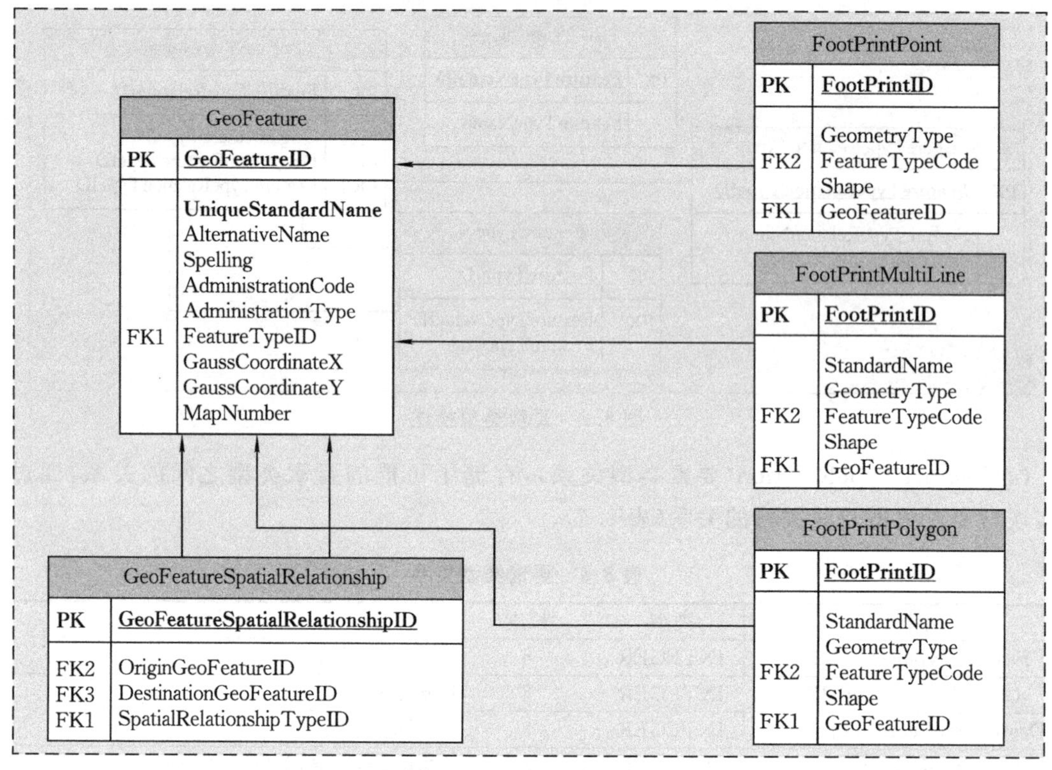

图 8.3 地理要素描述

表 8.6 几何数据

字段	类型	长度	说明
FootPrintID	LONG	16	主键,不为空
StandardName	CHAR	40	标准名称,与要素关联的替代形式
FeatureTypeCode	LONG	16	要素类型编码,方便空间数据的符号化
GeometryType	CHAR	4	几何类型描述
Shape	LONGBinary		以二进制方式存储几何坐标
GeometryID	LONG	16	外键,关联地理要素

(3)GeoFeatureSpatialRelationship(地理要素间空间关系的存储),根据不同的类型,存储地理要素的空间关系(表 8.7)。

表 8.7 要素关系

字段	类型	长度	说明
GeoFeatureSpatialRelationshiPLD	LONG	16	主键,不为空
OriginGeoFeatureID	LONG	16	源要素 ID
DestinationGeoFeatureID	LONG	16	目标要素 ID
SpatialRelationshipTypeID	INTEGER	8	外键,关联空间关系类型

数据库模式的第三部分如图 8.4 所示,存储了相应的空间关系信息,包括了空间关系类型及空间关系类型间的语义关系。

主要由四个表格构成,元数据结构的数据字典如下:

(1)SpatialRelationshipType(空间关系类型),存储所有地名本体中包含的空间关系类型,

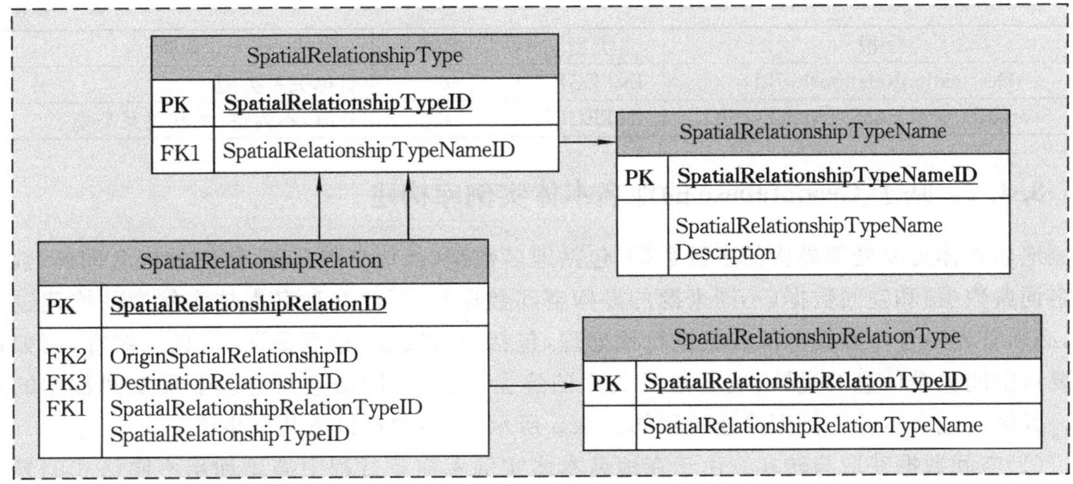

图 8.4　空间关系描述

是整个空间关系描述的核心，主要由表 8.8 所示字段构成。

表 8.8　空间关系类型

字段	类型	长度	说明
SpatialRelationshipTypeID	INTEGER	8	主键，不为空
SpatialRelationshipTypeNameID	INTEGER	8	外键，不为空，关联空间关系类型名称

(2)SpatialRelationshipType(空间关系类型名称)，存储了各个空间关系类型名称，并通过要素名称 ID 与空间关系类型表相关联(表 8.9)。

表 8.9　空间关系类型名称

字段	类型	长度	说明
SpatialRelationshipTypeNameID	INTEGER	8	主键，不为空
SpatialRelationshipTypeName	CHAR	40	空间关系类型名称
Description	CHAR	40	描述信息

(3)SpatialRelationshipRelationType (空间关系关系类型)，存储了要素之间所包含的语义关系，包含父子关系、关联关系等(表 8.10)。

表 8.10　空间关系关系类型

字段	类型	长度	说明
SpatialRelationshipRelationTypeID	INTEGER	8	主键，不为空
SpatialRelationshipRelationTypeName	CHAR	40	要素类型关系名称

(4)SpatialRelationshipRelation (空间关系)，存储了可能的要素之间的空间关系，通过 ID 号实现与要素类型及其关系的关联(表 8.11)。

表 8.11　要素类型关系

字段	类型	长度	说明
SpatialRelationshipRelationID	INTEGER	8	主键，不为空
OriginSpatialRelationshiPLD	INTEGER	8	源关系类型

续表

字段	类型	长度	说明
DestinationRelationshiPLD	INTEGER	8	目标关系类型
SpatialRelationshipRelationTypeID	INTEGER	8	外键,不为空,关联关系类型

8.4.2 基于 Geodatabase 的地名本体实例库构建

地名本体需要处理异构的多源数据,包括地名数据(如地名数据库、传统的地名词典、数字地名词典数据)和空间数据(不同来源的异构空间数据)。因此在地名本体实例库的构建过程中,必须首先对各个数据源的数据进行预处理,包括格式转换、信息提取、信息压缩等,例如地理要素空间关系信息的提取、地名语义关联的建立、地名专题信息与地理要素空间数据的集成。具体的地名本体实例库构建流程如图 8.5 所示,主要包括以下几个步骤:

(1)空间数据获取与转换。由于在地名本体实例库构建过程中需要利用不同格式的异构数据源,因此需要实现数据格式的转换,方便空间数据的统一处理。

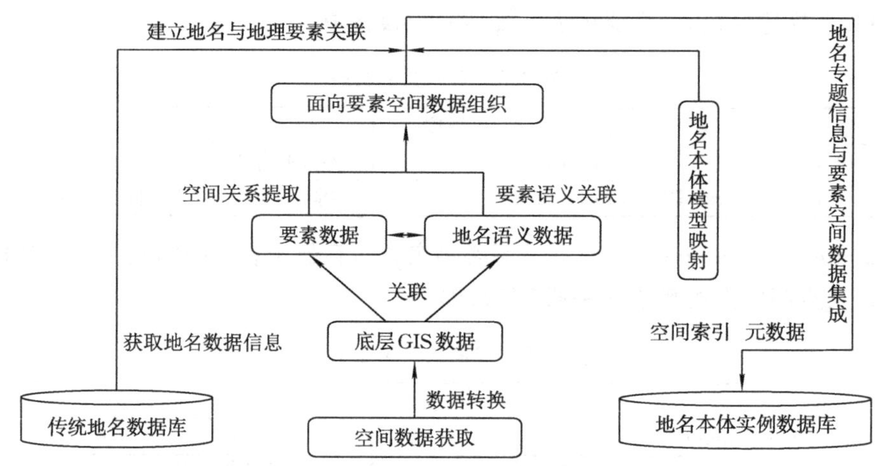

图 8.5 地名本体实例库数据组织流程

(2)底层 GIS 数据要素信息的提取与处理。通过第一步空间数据的收集与转换,获得了同构的空间数据,需要先对获取的数据进行预处理过程,通过空间关系算子提取地理要素之间的空间关系信息。同时,需要根据空间数据中包含的地名信息及行政区划代码信息获得地理要素之间的行政整体—部分包含关系,从而实现地理要素的地名语义关联,最终利用 Geodatabase 数据结构,实现逻辑层次的面向要素的空间数据组织模式。

(3)获取传统地名数据库包含的地名专题信息。建立地名与第二步生成的地理要素数据之间的关联,丰富地名的语义信息及包含的专题属性,从而建立地名数据与空间数据之间的关联,实现以地名为中心的空间数据重新组织。

(4)地名本体实例数据库模式设计。建立地名本体实例库与地名本体模型的映射。

(5)地名本体实例库构建。在地名本体数据库模式设计的基础上,通过提取传统地名数据库包含的丰富的地名信息,建立地名与空间数据之间的关联,最终实现地名数据的重构,通过数据的处理将数据载入设计的地名本体实例数据库中,完成地名实例库的构建过程。

根据设计的地名本体的数据库模式,为方便空间数据的管理,这里采用了 Esri 的 SDE(空间数据库引擎)实现数据管理。

ArcInfo 通过 ArcSDE 来存储地理数据。ArcSDE 是一种软件技术，它能够构建从小规模到很大规模的空间数据集的 Geodatabase，同时它还提供与关系数据库的开放接口（李阳 等，2005）。

Geodatabase 增强关系数据库性能主要表现在以下几个方面：

(1)Geodatabase 能够以多种表现形式来表达地理数据。

(2)Geodatabase 存储特征的形状，提供诸如搜索临近对象、邻接对象或者交叉对象等空间操作功能。对于一组数据，Geodatabase 有一个定义和管理地理坐标系统的构架。

(3)Geodatabase 可用于构建一套集成的拓扑关系的特征集，如交通网络或者市政公用网络及基于自然资源或土地所有权的土地细分。

(4)Geodatabase 能够定义对象和特征之间一般和任意的关系。

(5)通过域和验证规则，Geodatabase 能够增强属性的完整性。

(6)Geodatabase 能够将特征的自然行为绑定到存储特征的表中。

(7)Geodatabase 能够展现多个版本，以便多个用户编辑同一份数据。

鉴于 Geodatabase 数据结构的诸多优点，可以将地名本体数据模式映射到 Geodatabase 数据结构中，构建基于 Geodatabase 的地名本体数据存储模式，具体结构如图 8.6 所示。

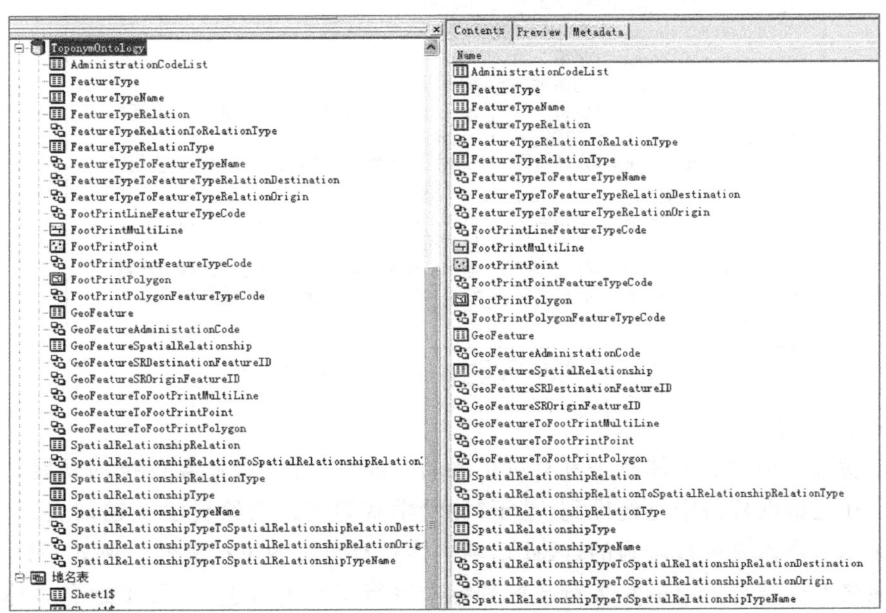

图 8.6　Geodatabase 地名本体数据库结构

从图 8.6 可以看出，Geodatabase 数据按照 8.4.1 小节所构建的地名本体数据库存储模式构建，而各个表文件的关联则使用 Geodatabase 数据结构中提供的关系类实现，包含了地理要素类型及空间关系等关联。

8.5　地名本体检验与维护

8.5.1　地名本体检验方法

要建立一个质量合格的本体，需要检验的项目很多，主要分为三大类：术语检验、谓词检验和实例检验。作为领域本体，地名本体不但继承了本体的一般检验方式，而且它也有其独特的检验方式。根据地名本体的特点及本书的研究需要，下面只对所构建的地名本体做完整性检验、可扩展性检验及一致性检验等，以期获得一个高质量的地名本体，为后续应用打好基础。

1. 完整性检验

目的是检查所构建的本体是否涵盖所研究领域的所有概念、概念间的关系及实例信息等。《测绘学叙词表》《测绘科学主题词表》是领域专家多年智慧与心血的结晶，其广度完整性是不容置疑的，目前的词表深度一般为 3，因而基于《测绘学叙词表》《测绘科学主题词表》所构建的地名本体具有完善的广度完整性，而其深度完整性需要进一步加强。以郑州市为例，其完整性检验结果如图 8.7 所示。

```
<owl:class rdf:ID="#地名"="郑州"/>
<owl:unionof rdf:parseType="collection">
<owl:class rdf:abuout="#地名拼音"="Zhengzhou">
<owl:class rdf:abuout="#定名日期"="1948年">
<owl:class rdf:abuout="#原始地名"="郑县">
<owl:class rdf:abuout="#语义类型"="史迹地名">
<owl:class rdf:abuout="#来源"="京汉铁路工人二七大罢工">
<owl:class rdf:abuout="#邮编"="450052">
<owl:class rdf:abuout="#归属地"="河南省">
<owl:class rdf:abuout="#位置"="位于东经113.6° 、北纬34.7° ，中国中部地区">
<owl:class rdf:abuout="#图幅编号"="094908">
<owl:class rdf:abuout="#直辖地区"="二七区、中原区、惠济区、金水区、上街区、
                                   管城回族区">
<owl:class rdf:abuout="#包括县市"="新郑市、新密市、荥阳市、中牟县、巩义市、
                                   登封市">
<owl:class rdf:abuout="#相邻地市"="焦作、新乡、洛阳、平顶山、许昌、开封">
<owl:class rdf:abuout="#其他信息"="政治、经济中心、全国最大铁路枢纽">
</owl:unionof>
```

图 8.7　地名本体完整性检验示例(郑州市)

2. 可扩展性检验

目的是检查所构建的本体是否具有可扩展的空间，能否随着社会科技的发展进行不断的完善改造。在完整性检验中已经提到，基于《测绘学叙词表》《测绘科学主题词表》所构建的地名本体在深度上是需要进行增强的，因此地名本体具有良好的可扩展性。例如，书中将基于词表构建的地名本体结合国家的相关行政区划标准进行了完善改造，扩展了地名本体中的行政区划名部分。

扩展过程如下：据 GB/T 2260—2007《中华人民共和国行政区划代码》、CH/Z 9002—2007《数字城市地理空间信息公共平台地名/地址分类、描述及编码规则》、GB/T 10114—2003《县级以下行政区划代码编制规则》等相关国家和行业标准文件，我国行政区划主要为省(自治区、直辖市)、市(市辖区、地市、自治州、省直辖县级行政单元)、县(县级市、自治县、旗、自治旗等)、乡镇(街道、民族镇、民族乡)、村。基于我国行政区划对地名本体中行政区域名部分进行扩展改造，最终形成地名本体，如图 8.8 所示。

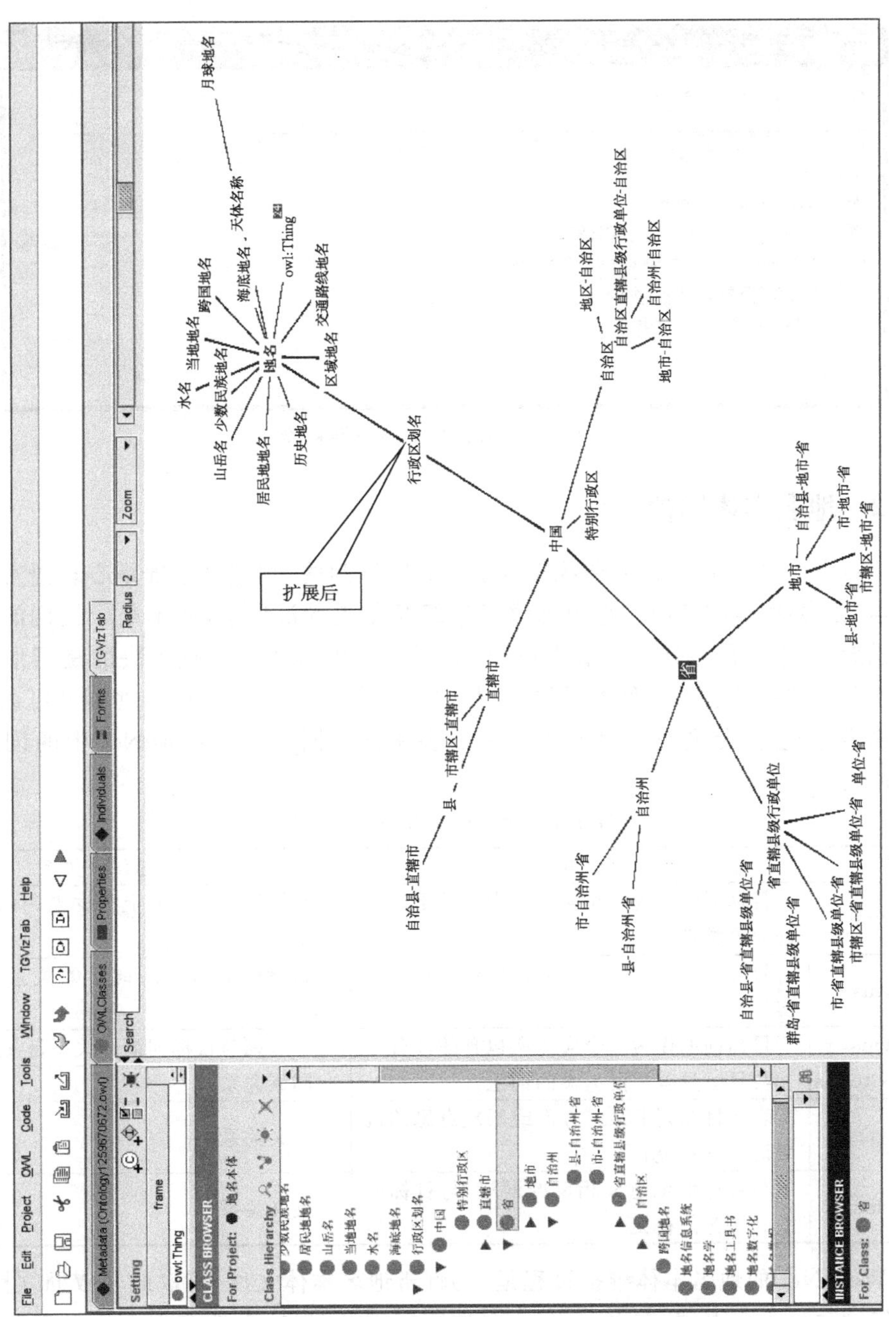

图 8.8　据国家和行业标准进行扩展的地名本体

3. 一致性检验

目的是检查所构建的本体中的概念、关系和实例等与现实是否冲突，用到的软件是 Racer (Renamed ABox and Concept Expression Reasoner)。Racer 是德国 FranzInc 公司开发的基于描述逻辑做的本体推理机（董金祥，2009）。利用 Protégé3.2 连接 Racer1.9 对地名本体的扩展模块——行政区划名进行检验，结果如 8.9 所示，图中方框中的文字说明了检验的结果：行政区划名是一致的。其他地名部分一致性检验结果均为一致，检验过程同上。

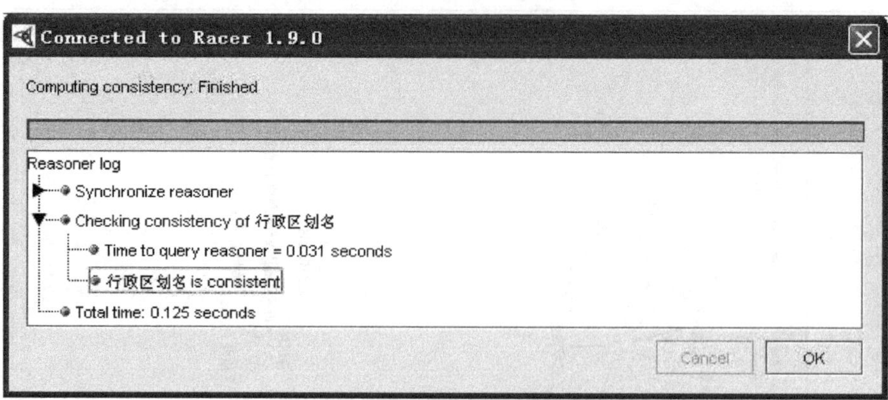

图 8.9 行政区域名一致性检验

8.5.2 地名本体维护

WordNet 是美国普林斯顿大学认知科学实验室研制的，其理论基础是心理语言学和人类词汇记忆学(徐力斌 等，2007)。它根据语义来组织分类词汇信息，而不是根据词的形式。基于其设计思想，一个单词包括两个层面：词形和词义。WordNet 重点解决的是词形和词义之间的映射问题。这种映射是多种多样的，有些词形有多个不同的词义，有些词义可以用多个不同的词形来表达，它们分别对应自然语言中的多义词和同义词。WordNet 中的词汇关系如表 8.12 所示。

表 8.12 WordNet 中的词汇关系

关系	解释	与目标词汇关系
Hypernyms	目标词汇作为一个实体所隶属的更广泛的对象类别	目标词汇与它的上类词汇间的关系是 a_kind_of
Holonyms	目标词汇作为一个部分所隶属的上位实体	目标词汇与上系词汇的关系是 a_part_of
Meronyms	目标词汇作为一个实体所包含的部分	下位词与目标词汇的关系是 a_part_of
Coordinates terms	与目标具有相同上类的词汇	同族关系
Troponyms	表达目标词汇某一方面或层次意思的近义词，多用于动词	近义关系
Antonyms	与目标词汇意义相反的词汇，与目标词汇具体含义有关	反义关系

基于 WordNet 的地名本体维护过程是：①解析地名本体文件，获取地名叙词款目；②以获取的地名叙词款目为标引词，在 WordNet 中进行搜索，获得地理地名方面的具有上位、下位、等同及相关关系等的词汇，将搜索结果作为地理地名领域知识源进行信息及概念抽取(通过 WordNet API 可以很容易地实现搜索结果文本格式化)；③以所获取的核心词汇为种子概念，重复第②步操作，继续进行 WordNet 抽取，以地名领域叙词表/主题词表为范围进行概念范围限定，获取地名领域词汇集；④比对分析地名本体解析词汇与第③步获取的词汇集间的异同，利用相关语料库计算候选概念与种子概念之间的统计信息，以确定候选概念能否扩展到地名本体中。可以采用互信息方法计算种子概念与候选概念之间的紧密度，也可以通过计算概念之间的语义相似度来实现(张勇 等，2007)。地名本体的维护过程如图 8.10 所示。

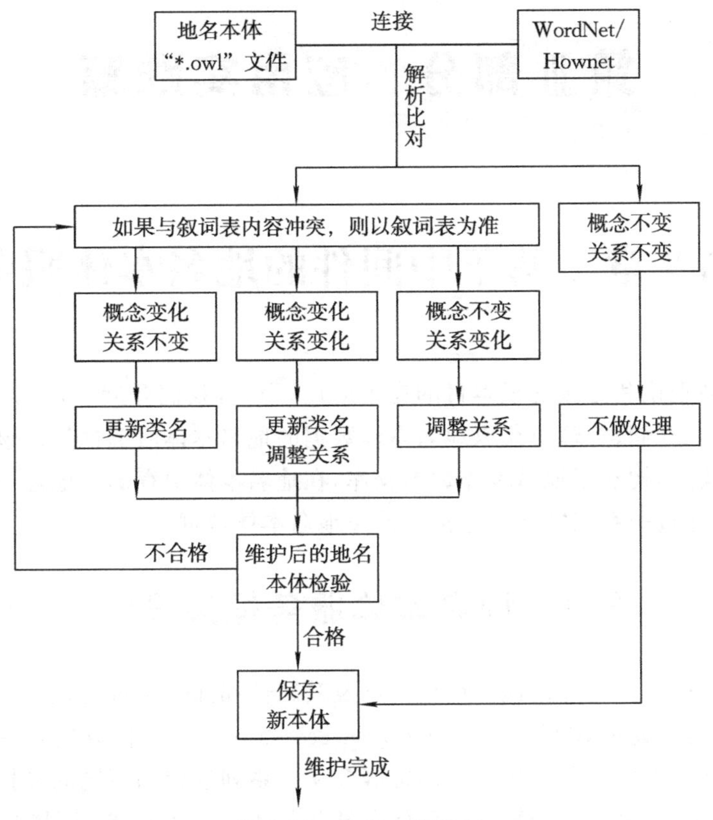

图 8.10　地名本体维护

地名本体的维护需要注意的问题有以下几点：

(1)类名更新包括类名的修改、添加和删除，基本关系调整包括关系的删除和添加，但是以上操作都要以叙词表为准，即要有专家的参与，不能随便进行更新和调整。

(2)除要维护类及基本关系外，还有属性维护及实例维护，本书地名本体将空间关系归于类的属性范围内，因此要根据实际情况及研究的范围进行空间关系及实例维护。

(3)因为 WordNet 为英文版，所以在基于它进行地名本体更新维护时，需要进行严格的中英文对照，最好连接专业地名词库，以防止因中英文翻译差异造成维护偏差。

第Ⅲ部分　应用实践篇

第9章　基于中间件的地名本体服务

研究地名本体理论和方法的根本目的在于应用，为此，我们开展了地名本体服务的研究，提出一个用于表达、存储、管理与获取地名本体数据的地名本体服务框架。该框架将空间数据与地名词典数据集成，构建了地名本体数据仓库，在地名本体中存储了地理概念和地理要素及要素间的关系，并通过一系列网络服务接口发布地名本体数据。

9.1　地名本体服务框架设计

地名本体服务的主要功能是提供地理要素及其属性和几何位置的检索。地名本体及其结构是面向服务的，可以通过SOAP(simple object access protocol)协议提供一系列基础的和高级的检索服务。地名本体服务框架通过网络服务从一系列远程的不同的异构数据源获取地名(地理要素)信息，然而，由于各个数据源可能存储的是不同类型或者不同粒度的要素信息，必须建立地名本体服务的智能中间件系统，通过智能中间件实现不同数据源的数据到统一的地名本体模型的映射，最终提供地名本体服务的统一接口。

地名本体检索框架将依照三层构架进行设计：

(1)基础层——资源管理和转换引擎。

(2)中间层——本体实例存储，包括维护引擎、索引引擎及列表引擎。

(3)应用程序层——SOAP本体服务接口。

基于中间件的地名本体服务框架设计如图9.1所示，在该框架中，地名本体服务接口提供用户和地名资源之间沟通的通道。地名本体服务维护着数据源所包含的地名信息、地理空间范围，以及地理要素的空间关系。考虑区域范围、地理要素类型以及粒度和表达的准确性，所有的信息都通过地名本体服务获取。

用户对于地名本体服务的特定请求将通过系统对服务的调用获得，一个可能的位置列表将返回给用户，这一列表基于用户定义的标准进行排序，例如细节层次、空间表现、属性类型，以及数据源的质量等。

该框架采用的是以服务为中心的方法。数据源通过网络服务查询接口触发，框架的中心是资源管理子系统，该子系统发送请求并解析从资源获得的响应，为空间信息检索提供相应的本体服务。空间信息通过资源管理子系统获取，需要建立空间和语义两个方面的索引，其中空间索引记录了包含特定区域的地名信息的资源列表，而语义索引指出该资源所包括的位置信息的类型。

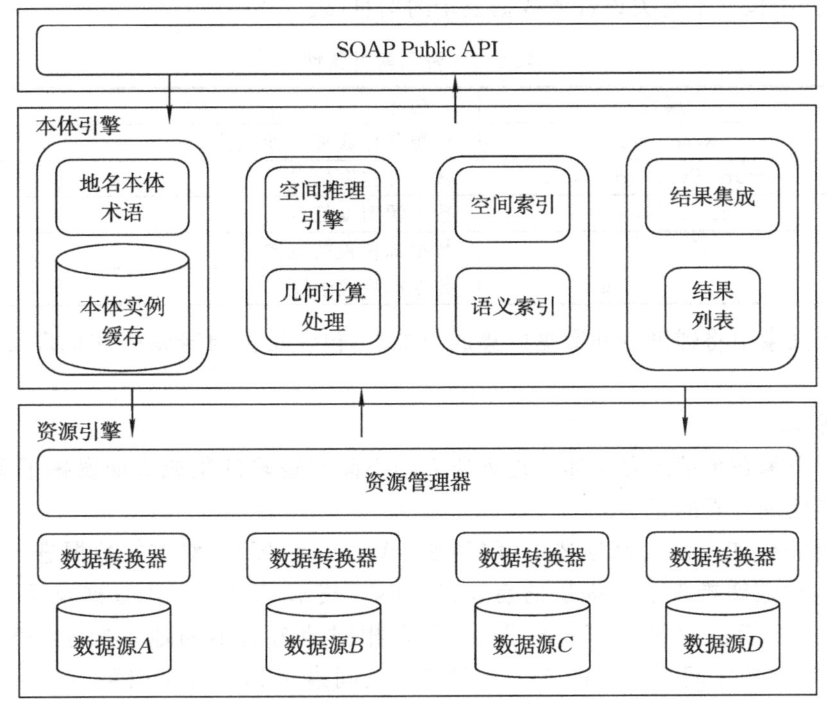

图 9.1　地名本体服务框架

1. 资源管理子系统

资源管理子系统是网络服务请求和各个独立资源的智能中间件。资源管理子系统利用了包含在本体引擎中的资源索引,对于新的地理要素服务请求,该系统将根据先前的匹配(空间或语义)结果集推出选取数据的数据源。伴随每个搜索请求,系统会持续对新的资源建立索引。可以预见,资源管理子系统的准确度将会随着时间不断改善。

重复或是相同的查询请求将会直接从索引引擎中选取,并且将会触发相应的地名本体服务。而结果集将会被返回给本体引擎,从而方便后期的处理并返回给使用者。

中间件框架需要管理多种数据源,这些数据源存储了大量的地名信息。虽然传统的基于中间件的框架可以处理独立、多样的数据源,但地名本体服务中间件需要满足一系列独特的需求,如必须能够有效地处理重复信息,即存在可能的相同资源时,需要根据数据资源的属性,实现资源的智能选取,如根据以下属性:

(1)考虑各个数据源的覆盖范围和完整性。

(2)数据源的粒度层次及存储数据的类型(道路、行政区划、城市、乡村等)。

(3)空间表达(点、线、多边形)。

(4)属性,包括父要素、相关要素、统计信息(人口等)。

(5)精确度。

2. 索引引擎

本体索引与资源管理器一样,在数据源的智能选取中处于重要的位置。地名本体服务通过资源管理器获取和返回信息,而索引模块同时在空间和语义上建立了索引,包含的空间索引将用于记录某一资源包含于特定位置的地理要素信息,而语义索引则将会追踪不同类型的地理要素信息，其中包含了有关该资源数据质量的信息(表9.1)。

表9.1 资源索引属性

属性	描述
ResourceID	资源名称或唯一标识符
Feature Type Granularity	数据源粒度信息
Souece Accuracy	数据源精度信息
Coverage	数据源覆盖的范围
Response Time	数据源响应速度

空间和语义索引将辅助空间数据的集成与维护，包含维护自身索引和地理要素本体中的实例信息。

3. 维护引擎

集成维护引擎在维护地名本体中地理要素的空间和逻辑的集成方面发挥了重要的作用，同时也维护了地理要素的索引。

维护引擎需要使用语义网描述语言(例如OWL或者RDF)对本体数据进行编码，从而，该引擎可以运用逻辑推理引擎提供的启发式(规则)技术来维护本体数据及逻辑的一致性，例如：各个资源可能包含相同的地理要素(包含相同地名的不同地理要素)却有不同的位置，这种情况将导致空间索引中的不一致现象。空间索引和语义索引可以用来确定这些错误的地理要素，可以通过空间索引发现。而语义索引可以去除那些引用频率较少的数据源的要素信息。

4. 结果排序

如果地名本体服务返回的结果是模糊的，即使经过了解疑处理，仍然需要按照以下尺度返回结果的排序信息：

(1)细节层次。

(2)空间表现。

(3)非空间属性的类别。

(4)空间属性的类别。

(5)数据提供者的信息质量(位置精度、覆盖等)。

现阶段地名本体服务将直接返回模糊结果集，但在地名本体服务框架设计中提供了扩展的接口，为未来扩展创造了条件。结果的排序将是地名本体服务扩展的重要研究工作之一。

5. 地名本体服务接口

地名本体服务接口通过一系列的SOAP网络服务提供，本体服务接口维护资源引擎中包含的地理信息的统一视图，将各个不同数据源的地名信息集成到地名本体模型中，从而提供了数据检索的一致接口，这是通过数据转换获得的，经过转换层操作(通常在传统基于中间件的结构中称为基础层)，使各个资源的原始数据格式映射到地名本体模型中。

9.2 地名本体服务功能组件设计

基于中间件的地名本体服务框架可以拆分为以下子模块：

(1)本体服务接口(Service Interface)：

——网络接口(Web Interface)；

——本地接口(Local Interface)。

(2)资源管理引擎(Resource Manager)：

——资源选择模块(Resource Selection)；

——资源接口(Repository Interfaces)；

——格式转换模块(Format Translation)。

(3)地名本体引擎(Toponym Ontology Engine)：

——存储与检索模块(Ontology Store, DB Engine)；

——列表模块(Ranking)；

——索引模块(Indexing Engine)；

——维护模块(Maintenance Engine)。

地名本体服务框架划分为三个核心的模块，即地名本体服务接口、资源管理引擎，以及地名本体引擎。

1. 地名本体服务接口

我们基于SOAP通信协议构建了地名本体服务，提供地名本体数据发布接口，地名本体接口将公开一组基本和高级网络服务，发布的相关地名本体服务将在后续章节详细讨论。

2. 资源管理引擎

资源管理引擎负责根据地名或者位置信息从一系列分布式异构的资源中获取地理要素，资源管理引擎是整个基于中间件框架的核心。

资源管理引擎的功能仅提供硬编码的简单资源选取，尚未实现资源的自动选取功能。每个外部资源提供各自数据集的若干网络服务，而每个网络服务将接收不同的参数(搜索查询)并返回各自格式的数据集。为处理这些问题，资源引擎将同时采用网络服务接口和转换处理器，每个资源都需要构建各自相应的转换器和网络服务接口，转换模块实现原始格式向地名本体格式(模型)的转换，这种转换通过手工方式对各个资源进行定义。通过转换，将维护统一的地名本体数据模型，提供获取异构数据源的标准化方式。

3. 地名本体引擎

地名本体引擎包含地名本体存储检索、排序、索引、维护等核心模块。

(1)存储检索模块。地名本体服务按照中间件框架设计。本体实例库存储在基于Geodatabase的数据集中，并通过AO函数实现地名本体数据的检索。

(2)排序模块。排序模块实现检索返回的模糊数据集的排序，按照以下指标实现排序功能：①细节层次；②空间表达；③非空间属性；④数据提供者的服务质量(位置精确度、覆盖等)。

(3)索引模块。索引模块包含空间索引和资源(语义)索引，而排序模块则同时支持基于空间和资源索引的排序。空间索引记录中间件构架中要素的位置，而资源索引则维护各个资源的索引信息。

(4)维护模块。维护模块建立在推理规则的基础上，该规则用以确定新检索的要素信息与以前的要素信息(包含在空间和资源索引中)的空间一致性问题，使用语义网技术(逻辑本体、规则语言及推理机)及定性的空间关系推理技术(9交集模型)实现(谭喜成 等，2006)。索引可用于确定要素实例中的错误，如空间索引可以用来探测空间不一致问题，而语义索引可用来去除不一致的属性信息及质量较差的数据。集成维护模块系统结构如图 9.2 所示。

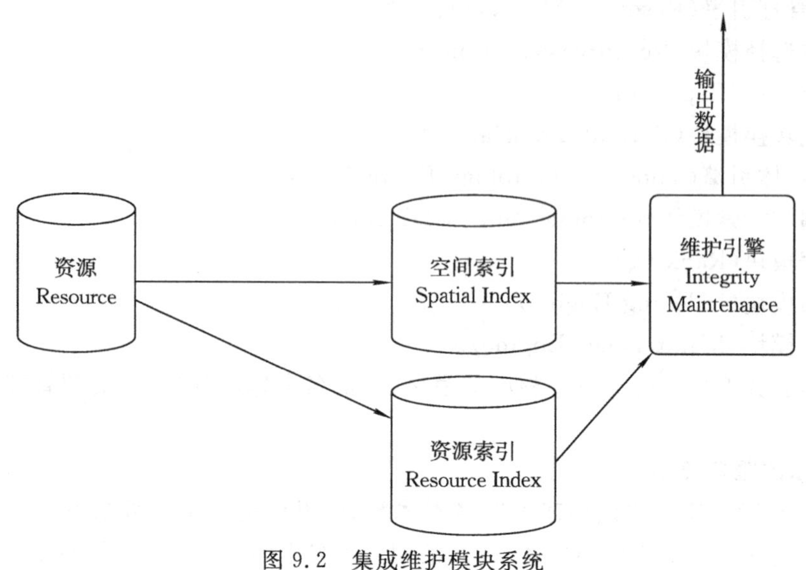

图 9.2 集成维护模块系统

9.3 地名本体服务实现

9.3.1 地名本体服务接口实现

整个地名本体服务框架采用 SOAP 作为所有内部服务的通信协议，实现地名本体检索服务的发布。SOAP 是开放式网络服务标准，它定义了一种统一的方式进行远程过程调用，使用 HTTP 作为底层的通信协议，并基于 XML 标记语言实现数据描述。检索服务返回的地理要素以 GML/XML 格式返回，而该文件基于嵌入在 XML/SOAP 消息中的 GML 要素模式文件定义。GML 是纯文本的格式，基于 XML 标准定义，允许更高层次的交互性。GML 文档以 XML 的形式编码，同时 GML 文档可以包含自定义的词汇，本书定义了用以表达地名本体模型的 GML/XML 模式。

地名本体服务接口参数通过 TQuery 定义。TQuery 是抽象的高层接口类型对象，包含了对地名查询有用的重要属性(该类型不能实例化)，而该接口又扩展为 TQRequest 类，定义对属性(如地名、几何要素类型)等地理要素信息的查询。地名本体服务接口如图 9.3 所示。

查询请求通过网络服务接口传递给地名本体模块，进而返回查询的结果。

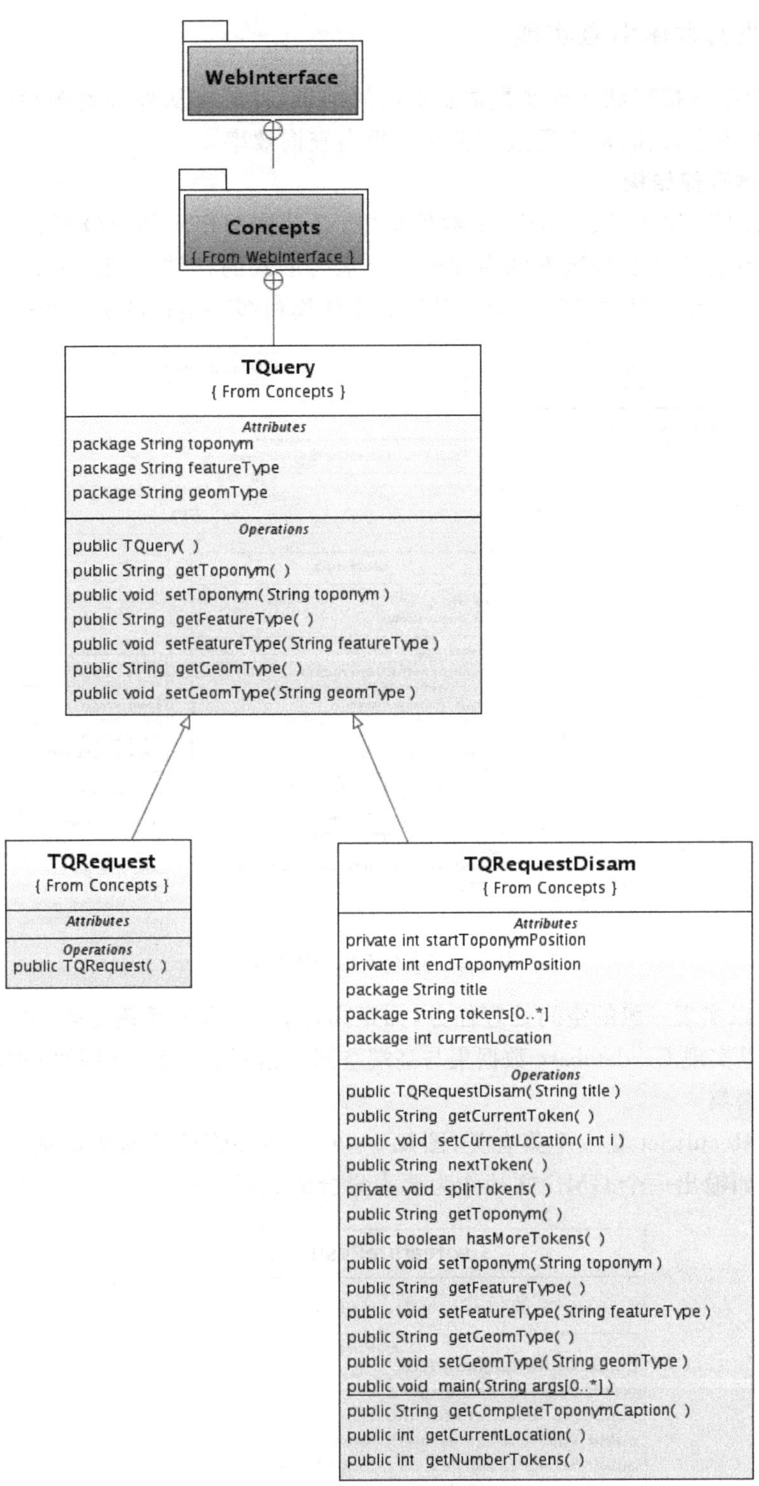

图 9.3　地名本体服务接口

9.3.2 地名本体引擎实现

地名本体模型直接存储地理要素请求返回的结果，将所有从外部资源检索的要素格式化并添加到地名本体中，同时可以通过实例缓存提高查询效率。

1. 地名本体存储结构

地名本体数据存储于 Geodatabase 数据集中，并且使用相应的 AO 类函数实现数据的检索与更新，从而允许本体实例数据的内存读取及永久形式的存储。相应的地名本体存储实例 C#类库如图 9.4 所示，模式和类结构是对地名本体模型缓存结构的进一步表达。

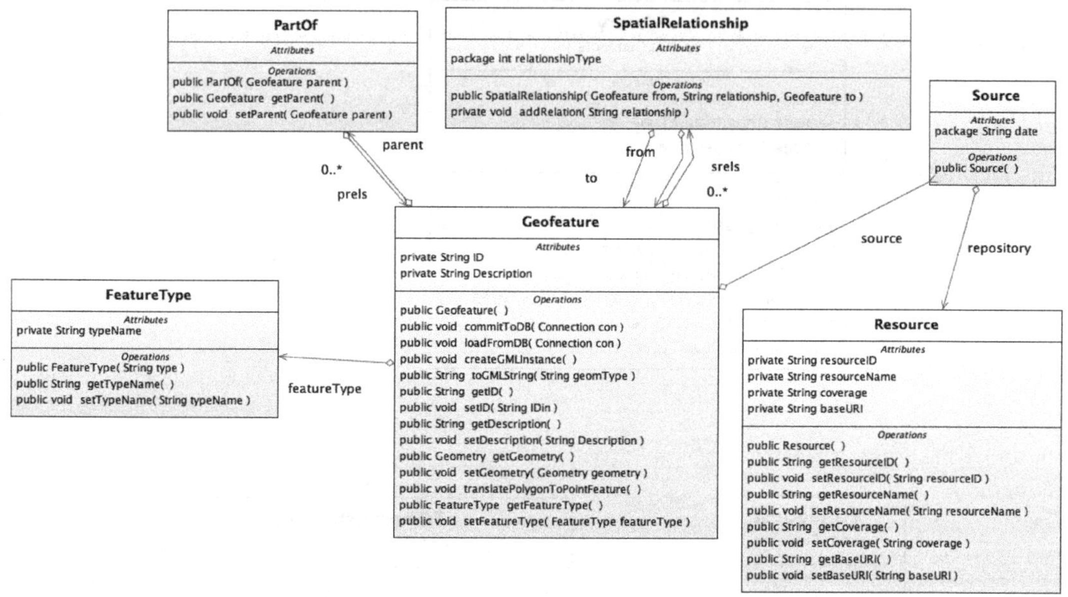

图 9.4 地名本体缓存结构

AO 函数可以实现一般的空间处理任务，如距离计算、包含关系确定等，并包含全部的空间数据库功能，可以实现 Geodatabase 数据集与高端空间数据库管理系统(例如 ORACLE)的集成。

2. 地理要素集

GeofeatureResultSet 是一个集合类(图 9.5)，它封装并管理地理要素集合，并且包含了某些常用的方法，如输出一个 GML 文档作为要素集合的表示形式。

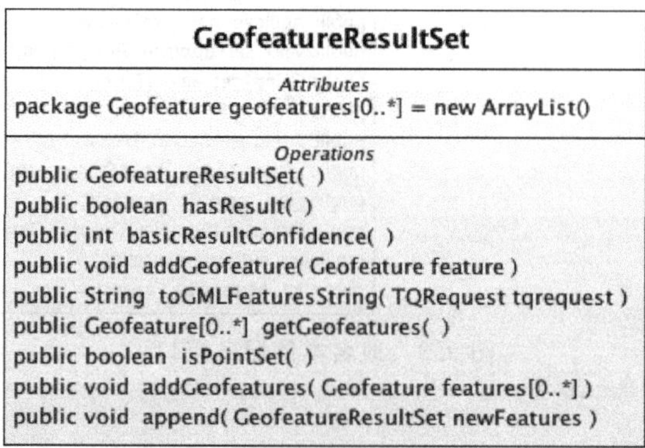

图 9.5 地理要素结果集

3. **索引引擎**

(1)空间索引。

空间索引使用 Geodatabase 数据集内置数据索引结构，采用 R 树的形式建立。总体上，R 树按照以下的方式工作：各个几何要素通过其最小外包矩形(MBR)粗略表示，MBR 可以组合为一个更大的 MBR，各个组合都通过一个树形结构的节点表示(每个节点下面包括一个或者多个 MBR)。叶子节点表示了实际的物理区域的 MBR，而空间索引 R 树则通过使用在地名本体查询请求中获取的地理要素的几何信息建立。显然，空间索引包括存储在实例缓存中的地理要素。

地理要素的空间索引必须考虑存储及检索的效率，因而仅存储了地理要素的 MBR、ID 值以及资源 ID，空间索引建立在 MBR 属性之上。

重要的是，如果索引的地理要素的几何形状发生了改变，那么要素空间索引必须更新，R 树也必须重新创建。

(2)资源索引。

资源索引包含可获取资源的列表，资源选取引擎通过这一列表实现资源的选取。

9.3.3　资源管理引擎实现

资源管理引擎负责选取数据源(资源选取模块)，响应服务请求。该模块分两个阶段实施：简单的选取模块，通过手工配置从某个资源获取数据；半自动或者全自动的资源选取。资源一旦被选取，资源管理工具通过网络服务接口与资源通信。图 9.6 说明了资源管理引擎工作的信息流。

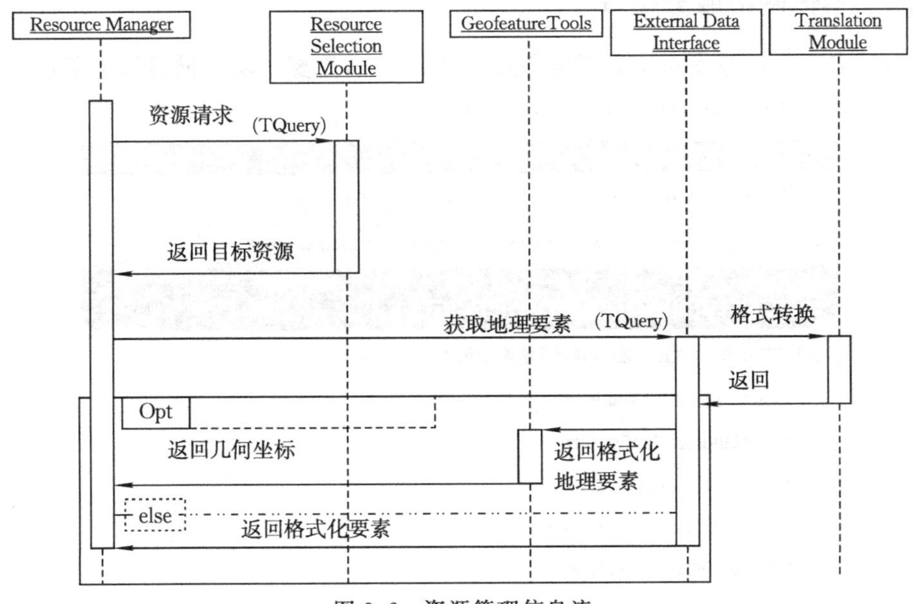

图 9.6　资源管理信息流

总体来说，对于地名本体服务的请求不会直接通过实例缓存获取，而是发送到资源管理引擎，而外部的资源服务请求通过资源管理 API 请求传递给所选取的资源，结果以地名本体的形式返回给请求者。

本书资源管理引擎包含以下功能：

(1)各个资源通过手工(硬编码)的方式顺序排列，依据覆盖、粒度及数据质量等信息排列。实际上，列表存储在一个资源数组中，例如 reporitoriew[0]比 reporitoriew[1]更为优先，以此类推。

(2)资源的选取基于两个简单算法：

——线性资源选取，首先查询排序最高的资源，如果结果集合包含至少一个要素，那么返回结果，如果没有返回任何结果，则按照资源排列的顺序，逐一对各个资源查询；

——基于资源可信度的资源选取算法。

9.4 地名本体服务发布

基于地名本体服务框架模型，定义了一系列用于获取、查询及处理存储在地名本体中的地理数据的操作。需要强调的是，我们所定义的操作仅包含已经实现的地名本体服务接口，而其他的更为高级的地名本体服务可以通过这些基础的操作构建，从而完成更复杂的任务。

9.4.1 网络服务规范

SOAP 作为所有内部服务的通信协议，本质上是一个公开的标准，它定义了一种统一的方式进行远程过程调用，使用 HTTP 作为底层的通信协议，并且基于 XML 标记语言实现数据描述。公开的 SOAP 服务接口调用细节通过 WSDL 文件定义。

9.4.2 本体网络服务接口

现阶段地名本体服务发布了以下服务接口(图 9.7)，简要的功能描述如下所示：

(1)GetAlternativeToponym，获取别名信息。

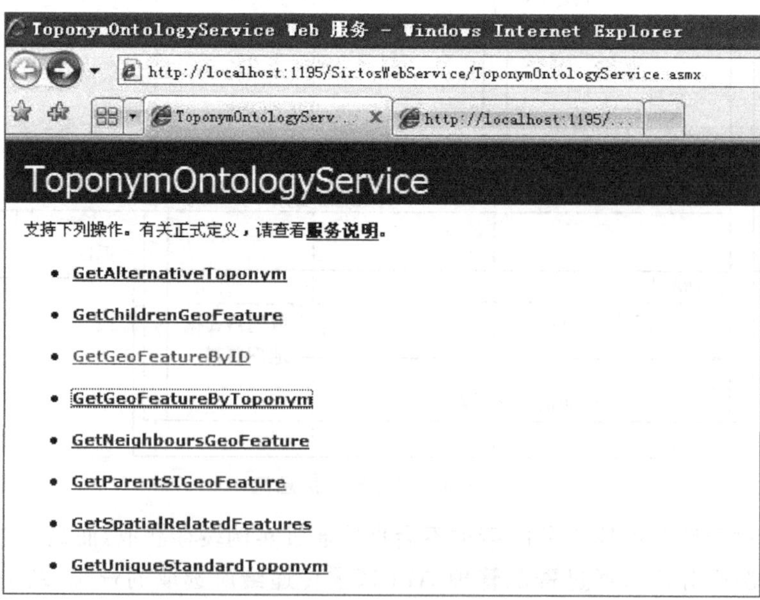

图 9.7 地名本体服务发布

(2)GetChildrenGeoFeature，获取子要素信息。

(3)GetGeoFeatureByID，通过要素 ID 获取地名本体元素。

(4)GetGeoFeatureByToponym，通过名称获取地名本体元素。

(5)GetNeighboursGeoFeature，获取要素邻接要素信息。

(6)GetParentSIGeoFeature，获取要素父要素信息。

(7)GetSpatialRelatedFeatures，获取要素空间关系关联要素。

(8)GetUniqueStandardToponym，获取要素的标准名称。

地名本体服务从本质上说是一种数据服务，通过一系列的服务接口，利用地名本体实例库中存储的本体实例信息、地名信息、地理要素的空间关系信息、行政层次的整体—部分信息等，实现对地名的专题信息、空间范围、地理要素空间关联的一系列查询，并返回 XML/GML 描述的地理要素数据，为下一步界面化的图形显示奠定基础，并为最终空间语义扩展查询提供相应的术语扩展功能。本节将分别讨论各个地名本体服务接口的详细功能，以及本体服务接口的调用、以 XML 描述的结果返回。

1. GetAlternativeToponym (L1)

该地名本体服务接口支持存储于本体实例库中的地理要素别名信息的检索，参数 L1 限定了描述要素的属性，例如，GetAlternativeToponym(<GeoFeatureID ="44">)将检索本体实例库中要素 ID 值为“44”的要素的别名信息。具体服务的调用与返回的别名信息如图 9.8 所示，在这里要素 ID 为“44”的要素(指代了地名为“须水镇”的地理要素)，通过调用别名服务，返回了 XML 描述的别名信息，即“须水乡”。这一基础服务接口可以通过与后面接口的组合，提供更多复杂的功能。

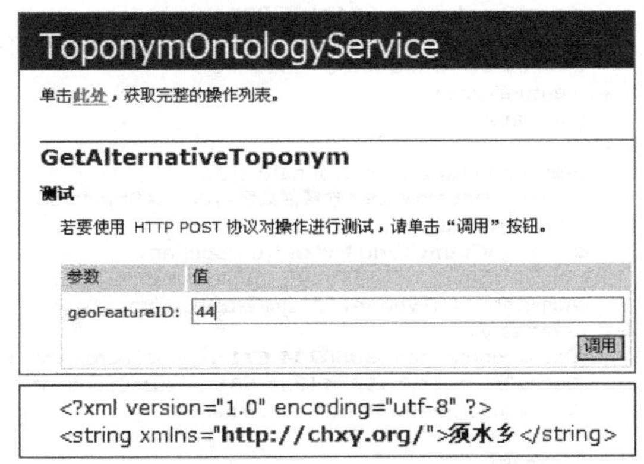

图 9.8　GetAlternativeToponym 服务调用与响应(别名)

2. GetChildrenGeoFeature (L1,L2)

这一地名本体服务接口利用地名本体实例库中存储的地理要素实例之间空间语义的包含关系，支持地理要素关联的行政子要素信息检索，其中可选参数 L1 用于限定感兴趣的地理要素，而可选的参数 L2 则用于指定需要的子要素层次。例如，GetChildrenGeoFeature(<GeoFeatureID ="129">)返回标准名称为“郑州”的城市包含的子要素类型，包含“金水区”“中原区”等地理要素，这里默认仅返回一个层次的子要素信息。相关的查询实例及返回的 XML 描述的地理要素信息如图 9.9 所示。这一操作主要关注与行政层次的要素整体—部分关系。

ToponymOntologyService

单击此处，获取完整的操作列表。

GetChildrenGeoFeature

测试

若要使用 HTTP POST 协议对操作进行测试，请单击“调用”按钮。

参数	值
geoFeatureID:	129

调用


```
- <GeoFeature>
    <GeoFeatureID>569</GeoFeatureID>
    <UniqueStandardName>中原区</UniqueStandardName>
    <AlternativeName />
    <Spelling>Zhongyuan Qu</Spelling>
    <AdministrationCode>410102</AdministrationCode>
    <AdministrationType>AF</AdministrationType>
  + <Geometry>
    <GaussCoordinateX>3850001.851</GaussCoordinateX>
    <GaussCoordinateY>19738672.65</GaussCoordinateY>
    <MapNumber>9490483</MapNumber>
  + <FeatureType>
  </GeoFeature>
- <GeoFeature>
    <GeoFeatureID>566</GeoFeatureID>
    <UniqueStandardName>二七区</UniqueStandardName>
    <AlternativeName />
    <Spelling>Erqi Qu</Spelling>
    <AdministrationCode>410103</AdministrationCode>
    <AdministrationType>AF</AdministrationType>
  + <Geometry>
    <GaussCoordinateX>3847185.025</GaussCoordinateX>
    <GaussCoordinateY>19741236.248</GaussCoordinateY>
    <MapNumber>9490483</MapNumber>
  + <FeatureType>
  </GeoFeature>
- <GeoFeature>
    <GeoFeatureID>567</GeoFeatureID>
    <UniqueStandardName>管城回族区</UniqueStandardName>
    <AlternativeName />
    <Spelling>Guancheng Huizu Qu</Spelling>
    <AdministrationCode>410104</AdministrationCode>
    <AdministrationType>AF</AdministrationType>
  + <Geometry>
    <GaussCoordinateX>3850734.671</GaussCoordinateX>
    <GaussCoordinateY>19744756.581</GaussCoordinateY>
    <MapNumber>9490483</MapNumber>
  + <FeatureType>
  </GeoFeature>
- <GeoFeature>
    <GeoFeatureID>576</GeoFeatureID>
    <UniqueStandardName>金水区</UniqueStandardName>
    <AlternativeName />
    <Spelling>Jinshui Qu</Spelling>
    <AdministrationCode>410105</AdministrationCode>
    <AdministrationType>AF</AdministrationType>
  + <Geometry>
    <GaussCoordinateX>3855799.181</GaussCoordinateX>
    <GaussCoordinateY>19742879.573</GaussCoordinateY>
    <MapNumber>9490483</MapNumber>
  + <FeatureType>
  </GeoFeature>
</ArrayOfGeoFeature>
```


图 9.9 GetChildrenGeoFeature 服务调用与响应(子要素)

3. GetGeoFeatureByID (L1)

该地名本体服务接口提供了标准的地理要素信息获取方式，即通过地名本体实例库中地理要素的ID值获取相应的地名本体实例，包括地名专题信息及空间范围信息。这一操作可以作为一个元操作，实现与其他服务接口的绑定，从而提供更复杂高效的地名本体实例检索服务，具体检索实例如图9.10所示。GetGeoFeatureByID (<GeoFeatureID ="621">)获得了地名为"郑州高新技术开发区"的地理要素的XML描述的地名专题及空间范围数据。这一操作与地名本体实例库密切相关，是一种基础的内部数据查询接口。

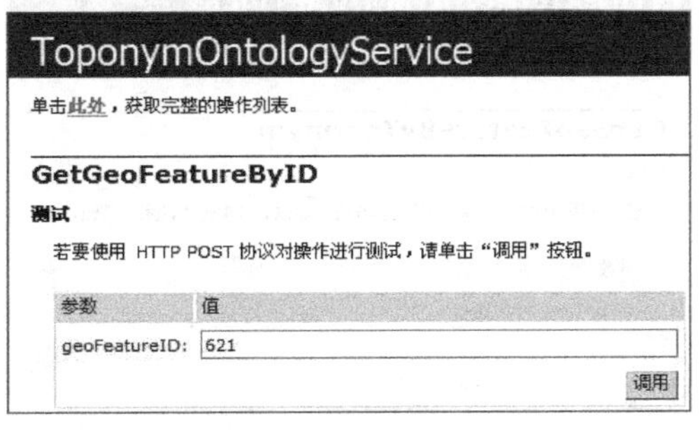

```
<?xml version="1.0" encoding="utf-8" ?>
- <GeoFeature xmlns:xsi="http://www.w3.org/2001/XMLSchema-instance" xmlns:xsd="http://ww
    <GeoFeatureID>621</GeoFeatureID>
    <UniqueStandardName>郑州高新技术开发区</UniqueStandardName>
    <AlternativeName />
    <Spelling>Zhengzhou Gaoxinjishu Kaifaqu</Spelling>
    <AdministrationCode>410101</AdministrationCode>
    <AdministrationType>CG</AdministrationType>
  - <Geometry>
    - <Geometry xmlns:q1="http://www.esri.com/schemas/ArcGIS/9.2" xsi:type="q1:PointN">
        <X xmlns="">19733870.78</X>
        <Y xmlns="">3855925.7200000007</Y>
      </Geometry>
    - <Geometry xmlns:q2="http://www.esri.com/schemas/ArcGIS/9.2" xsi:type="q2:PolygonN">
        <HasID xmlns="">false</HasID>
        <HasZ xmlns="">false</HasZ>
        <HasM xmlns="">false</HasM>
      + <Extent xsi:type="q2:EnvelopeN" xmlns="">
      - <RingArray xmlns="">
        - <Ring>
          - <PointArray>
            - <Point xsi:type="q2:PointN">
                <X>19734298.78</X>
                <Y>3856888.7200000007</Y>
              </Point>
            - <Point xsi:type="q2:PointN">
                <X>19734286.78</X>
                <Y>3856420.7200000007</Y>
              </Point>
            - <Point xsi:type="q2:PointN">
                <X>19734390.78</X>
                <Y>3856420.7200000007</Y>
              </Point>
            - <Point xsi:type="q2:PointN">
                <X>19734402.78</X>
                <Y>3856112.7200000007</Y>
              </Point>
            - <Point xsi:type="q2:PointN">
                <X>19734606.78</X>
                <Y>3856108.7200000007</Y>
              </Point>
            - <Point xsi:type="q2:PointN">
                <X>19734602.78</X>
                <Y>3855676.7200000007</Y>
              </Point>
            - <Point xsi:type="q2:PointN">
                <X>19734414.78</X>
                <Y>3855669.7200000007</Y>
              </Point>
            - <Point xsi:type="q2:PointN">
                <X>19734414.78</X>
                <Y>3855641.7200000007</Y>
```


图9.10　GetGeoFeatureByID服务调用与响应(由ID获取本体实例)

4. GetGeoFeatureByToponym (L1)

这一操作提供对特定地理要素信息的获取，可以通过提供地理要素的名称实现(包括标准名称和别名)。由于地名本体实例库实现了地名信息与其详细的空间范围的关联，因而除了获取其较为粗略的经纬度坐标外，还得到了更为详细的空间范围信息。例如，GetGeoFeatureByToponym (<StandardName＝"十里铺村" or AlternativeName＝"十里铺村">)的具体检索实例如图 9.11 所示，得到了两个名称为“十里铺村”的地理要素信息。

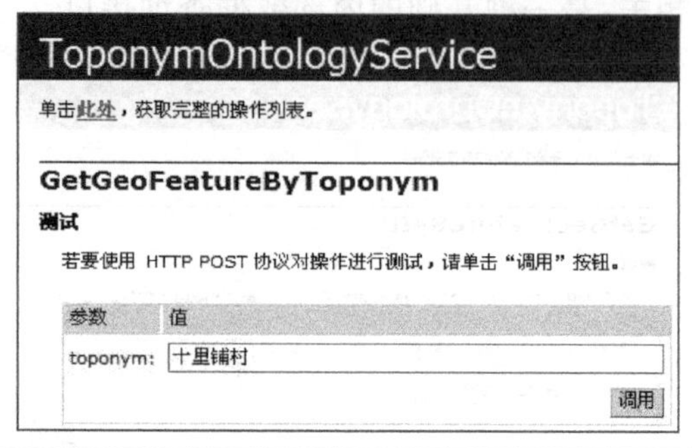

```
<?xml version="1.0" encoding="utf-8" ?>
- <ArrayOfGeoFeature xmlns:xsi="http://www.w3.org/2001/XMLSchema-instance" xmlns:xsd="http://
  - <GeoFeature>
      <GeoFeatureID>147</GeoFeatureID>
      <UniqueStandardName>十里铺村</UniqueStandardName>
      <AlternativeName />
      <Spelling>Shilipucun</Spelling>
      <AdministrationCode>410104</AdministrationCode>
      <AdministrationType>AK</AdministrationType>
    + <Geometry>
      <GaussCoordinateX>3845152.389</GaussCoordinateX>
      <GaussCoordinateY>19745630.903</GaussCoordinateY>
      <MapNumber>9490483</MapNumber>
    - <FeatureType>
        <TypeName>圈形居民地</TypeName>
        <TypeCode />
      </FeatureType>
    </GeoFeature>
  - <GeoFeature>
      <GeoFeatureID>111</GeoFeatureID>
      <UniqueStandardName>十里铺村</UniqueStandardName>
      <AlternativeName>东十里铺</AlternativeName>
      <Spelling>Shilipucun</Spelling>
      <AdministrationCode>410105</AdministrationCode>
      <AdministrationType>AK</AdministrationType>
    - <Geometry>
      - <Geometry xmlns:q13="http://www.esri.com/schemas/ArcGIS/9.2" xsi:type="q13:PointN">
          <X xmlns="">19745629.78</X>
          <Y xmlns="">3845150.7200000007</Y>
        </Geometry>
      - <Geometry xmlns:q14="http://www.esri.com/schemas/ArcGIS/9.2" xsi:type="q14:PointN">
          <X xmlns="">19749582.78</X>
          <Y xmlns="">3850312.7200000007</Y>
        </Geometry>
      - <Geometry xmlns:q15="http://www.esri.com/schemas/ArcGIS/9.2" xsi:type="q15:PolygonN">
          <HasID xmlns="">false</HasID>
          <HasZ xmlns="">false</HasZ>
          <HasM xmlns="">false</HasM>
        + <Extent xsi:type="q15:EnvelopeN" xmlns="">
        - <RingArray xmlns="">
          - <Ring>
            - <PointArray>
              - <Point xsi:type="q15:PointN">
                  <X>19745181.78</X>
                  <Y>3845170.7200000007</Y>
                </Point>
              - <Point xsi:type="q15:PointN">
                  <X>19745233.78</X>
                  <Y>3845166.7200000007</Y>
                </Point>
              - <Point xsi:type="q15:PointN">
                  <X>19745229.78</X>
```


图 9.11 GetGeoFeatureByToponym 服务调用与响应(由地名获取本体实例)

5. GetNeighboursGeoFeature (L1, L2)

这一操作支持特定要素相邻要素的检索，通过相关要素可传递的相邻关系可以推出特定要素相邻或者间接相邻的要素，必选参数 L1 用于定义目标要素，通过显式的指定要素的 ID 值实现，而可选参数 L2 则用于指定需要的临近层次。例如，GetNeighboursGeoFeature (<Feature−ID="569">)获取与特定要素相邻的要素类型，默认情况下仅获得一个层次的相邻要素信息，如图 9.12 所示，获得了要素 ID 为“569”(即中原区)相邻的同层次的要素二七区、管城回族区等。这一操作主要关注与行政层次的要素相邻关系。

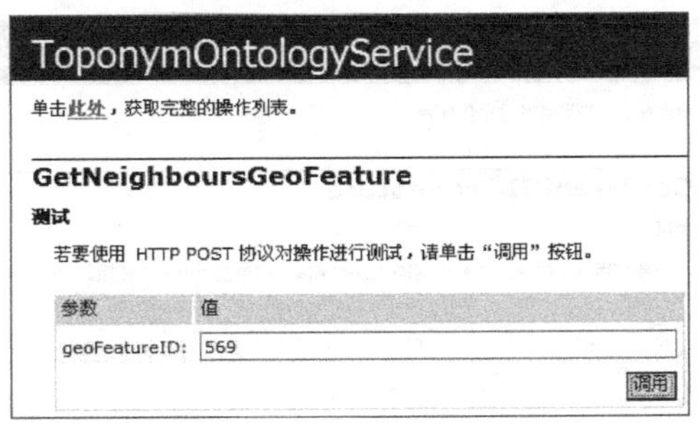


```
<?xml version="1.0" encoding="utf-8" ?>
- <ArrayOfGeoFeature xmlns:xsi="http://www.w3.org/2001/XMLSchema-instance" xmlns:xsd="http:
  + <GeoFeature>
  + <GeoFeature>
  - <GeoFeature>
      <GeoFeatureID>566</GeoFeatureID>
      <UniqueStandardName>二七区</UniqueStandardName>
      <AlternativeName />
      <Spelling>Erqi Qu</Spelling>
      <AdministrationCode>410103</AdministrationCode>
      <AdministrationType>AF</AdministrationType>
    - <Geometry>
      - <Geometry xmlns:q35="http://www.esri.com/schemas/ArcGIS/9.2" xsi:type="q35:PointN">
          <X xmlns="">19741237.78</X>
          <Y xmlns="">3847185.7200000007</Y>
        </Geometry>
      </Geometry>
      <GaussCoordinateX>3847185.025</GaussCoordinateX>
      <GaussCoordinateY>19741236.248</GaussCoordinateY>
      <MapNumber>9490483</MapNumber>
    + <FeatureType>
    </GeoFeature>
  - <GeoFeature>
      <GeoFeatureID>567</GeoFeatureID>
      <UniqueStandardName>管城回族区</UniqueStandardName>
      <AlternativeName />
      <Spelling>Guancheng Huizu Qu</Spelling>
      <AdministrationCode>410104</AdministrationCode>
      <AdministrationType>AF</AdministrationType>
    - <Geometry>
      - <Geometry xmlns:q36="http://www.esri.com/schemas/ArcGIS/9.2" xsi:type="q36:PointN">
          <X xmlns="">19744754.78</X>
          <Y xmlns="">3850732.7200000007</Y>
        </Geometry>
      </Geometry>
      <GaussCoordinateX>3850734.671</GaussCoordinateX>
      <GaussCoordinateY>19744756.581</GaussCoordinateY>
      <MapNumber>9490483</MapNumber>
    + <FeatureType>
    </GeoFeature>
  - <GeoFeature>
      <GeoFeatureID>576</GeoFeatureID>
      <UniqueStandardName>金水区</UniqueStandardName>
      <AlternativeName />
      <Spelling>Jinshui Qu</Spelling>
      <AdministrationCode>410105</AdministrationCode>
      <AdministrationType>AF</AdministrationType>
    - <Geometry>
      - <Geometry xmlns:q37="http://www.esri.com/schemas/ArcGIS/9.2" xsi:type="q37:PointN">
          <X xmlns="">19742878.78</X>
          <Y xmlns="">3855799.7200000007</Y>
        </Geometry>
```


图 9.12　GetNeighboursGeoFeature 服务调用与响应(邻近关系)

6. GetParentSIGeoFeature (L1, L2)

这一操作支持特定要素的父要素层次的检索，可以通过相关要素可传递的 part-of 或者 contain 关系推出高层的要素，这些要素被特定的要素包含或者从属，必选参数 L1 用于指定感兴趣的要素，通过提供地理要素 ID 实现，可选参数 L2 用于定义需要的要素层次，如果没有提供，1 会作为默认值。例如，GetParentSIGeoFeature (<GeoFeatureID ="566">)获取的地理要素 ID 为"566"，即"二七区"的父要素层次，如图 9.13 所示。这一操作主要关注与行政层次的要素整体一部分关系。

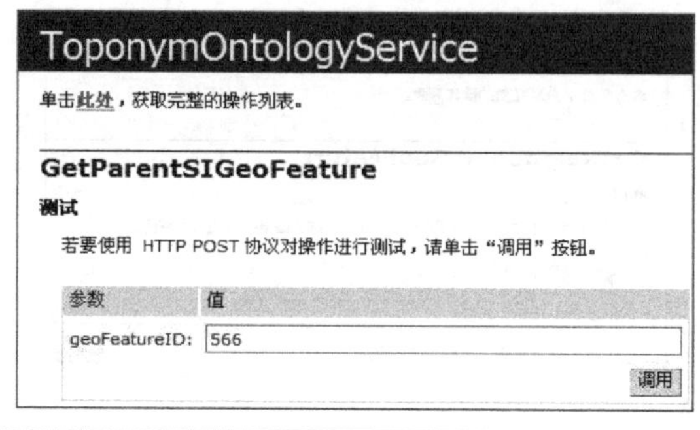

```
<?xml version="1.0" encoding="utf-8" ?>
- <ArrayOfGeoFeature xmlns:xsi="http://www.w3.org/2001/XMLSchema-instance" xmlns:xsd="htt
  - <GeoFeature>
      <GeoFeatureID>566</GeoFeatureID>
      <UniqueStandardName>二七区</UniqueStandardName>
      <AlternativeName />
      <Spelling>Erqi Qu</Spelling>
      <AdministrationCode>410103</AdministrationCode>
      <AdministrationType>AF</AdministrationType>
    - <Geometry>
      - <Geometry xmlns:q1="http://www.esri.com/schemas/ArcGIS/9.2" xsi:type="q1:PointN">
          <X xmlns="">19741237.78</X>
          <Y xmlns="">3847185.7200000007</Y>
        </Geometry>
      </Geometry>
      <GaussCoordinateX>3847185.025</GaussCoordinateX>
      <GaussCoordinateY>19741236.248</GaussCoordinateY>
      <MapNumber>9490483</MapNumber>
    + <FeatureType>
    </GeoFeature>
  - <GeoFeature>
      <GeoFeatureID>129</GeoFeatureID>
      <UniqueStandardName>郑州市</UniqueStandardName>
      <AlternativeName />
      <Spelling>Zhengzhou Shi</Spelling>
      <AdministrationCode>410100</AdministrationCode>
      <AdministrationType>AD</AdministrationType>
    + <Geometry>
      <GaussCoordinateX>3849712.584</GaussCoordinateX>
      <GaussCoordinateY>19740003.068</GaussCoordinateY>
      <MapNumber>9490483</MapNumber>
    + <FeatureType>
    </GeoFeature>
  - <GeoFeature>
      <GeoFeatureID>130</GeoFeatureID>
      <UniqueStandardName>河南省</UniqueStandardName>
      <AlternativeName />
      <Spelling>Henan Sheng</Spelling>
      <AdministrationCode>410000</AdministrationCode>
      <AdministrationType>AB</AdministrationType>
      <Geometry />
      <GaussCoordinateX>3849712.584</GaussCoordinateX>
      <GaussCoordinateY>19740003.068</GaussCoordinateY>
      <MapNumber>9490483</MapNumber>
    </GeoFeature>
  </ArrayOfGeoFeature>
```


图 9.13 GetParentSIGeoFeature 服务调用与响应(父要素)

7. GetSpatialRelatedFeatures (L1, L2, L3)

这一操作提供与特定要素存在空间关联要素的获取。该服务接口主要用于复杂的空间关系查询,利用明确的存储于地名本体实例库中的空间关系信息,并与相应空间关系操作算子相结合,实现对特定地理要素空间关联要素的获取。除了包含重叠关系之外,还包含了其他类型的空间关系。必选的参数 L1 用于指定目标要素,且可以通过提供地理要素 ID 值实现,而 L2 则描述了空间关系的类型,而 L3 则说明了查询的要素类型。例如,GetSpatialRelatedFeatures(<StandardName="郑州">,<SpatialRelatationType ="通过">,<FeatureType ="国道">)检索与特定要素重叠的那些要素。该地名本体服务需要定义复杂的查询接口类,无法实现界面化操作。

8. GetUniqueStandardToponym (L1)

这一操作提供通过标准名称获取特定地理要素信息。标准名称与要素 ID 同样是地名本体实例的唯一性标识,但由于在数据库内部采用 ID 的查询比标准地名文本信息的查询效率更高,在以上操作中都采用了获取要素 ID 的方式实现地名本体服务的调用,这一操作实现了通过 ID 查询要素的唯一标准名称,便于对地理要素的常识认知。这一操作可以与以上操作组合,生成更为直观、高效的复杂查询。例如,GetUniqueStandardToponym(<GeoFeatureID="129">)获得要素 ID 为“129”的要素的标准名称为“郑州市”,具体检索实例如图 9.14 所示。

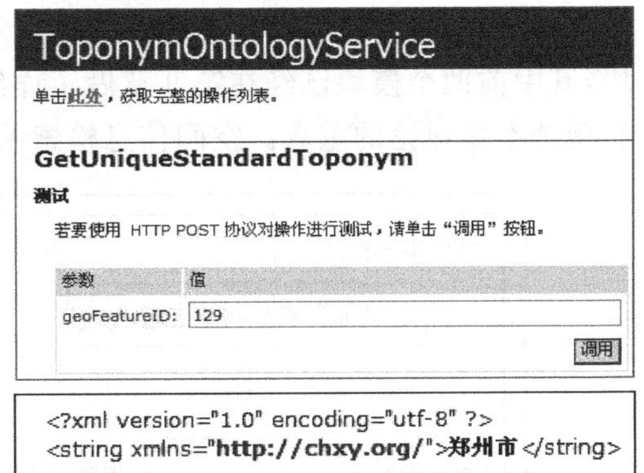

图 9.14　GetUniqueStandardToponym 服务调用与响应(标准名称)

在各个服务函数中包含对发布的地名本体网络服务的 WDSL 描述,在此仅包含了部分服务的 SOAP 描述文件。

总结地名本体服务的整个过程,可以勾画出基于中间件的地名本体服务的信息流工作图(图 9.15)。

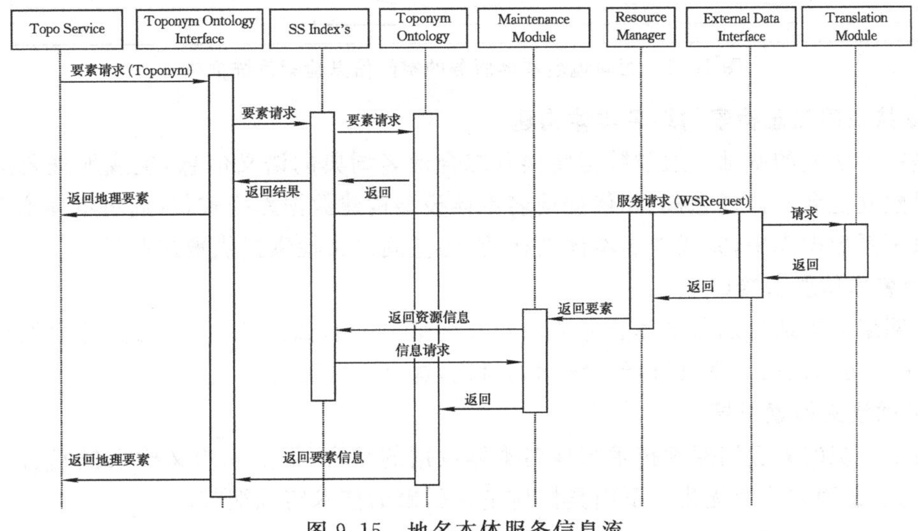

图 9.15　地名本体服务信息流

第10章　面向地名本体服务的空间信息检索系统

10.1　空间信息检索系统总体框架

面向地名本体服务的空间信息检索系统设计，从数据基础、功能基础、系统实现三个方面考虑，系统包括支持空间信息检索的地名本体构建、地名本体服务发布及检索原型建立三大模块，其中前两个模块已经在第9章做了详细的论述，空间信息检索引擎、空间信息检索系统的实现是本章讨论的重点。空间信息检索系统实现的整体框架如图10.1所示。

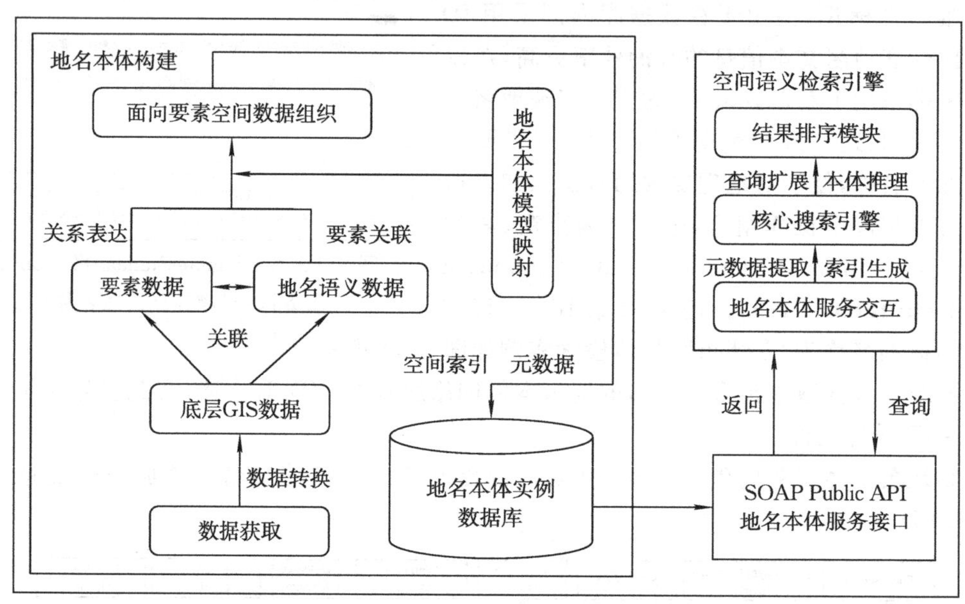

图10.1　面向地名本体服务的空间信息检索系统框架

1. 支持空间信息检索的地名本体构建

这是本书研究的基础。通过数据转换及综合地名词典的语义信息，生成地理要素基础数据。同时建立地名本体概念模型，依据地名本体模型构建数据库模式，从而将本体实例数据存储于对象关系数据库中，完成地名本体的构建，为空间语义检索提供数据基础。

2. 地名本体服务接口

处理网络或本地的地名本体服务请求与查询结果的返回，是整个空间信息检索功能实现的基础，这一功能在第9章已进行了详细的讨论，这里不再赘述。

3. 空间语义检索引擎

实现了传统的关键词搜索技术与地名本体数据的结合，将空间语义检索技术引入传统的搜索，实现了查询方式的优化。下面具体讨论该引擎的技术实现细节。

10.2　空间语义检索引擎架构及其关键技术实现

提供制图文本信息和地名的保障是地名本体服务的重要功能之一，其中一个需要关注的方面是研究出新的方法，以建立、管理、更新、校验现有的地名服务，并对发布的服务进行精确性评估，包括现有的地名本体实例库及其相应的应用服务。远期的考虑是研发数据挖掘和探查工具，从而实现地名信息的持续获取与更新。例如：情报报告可用于“发掘”地理名称，还包括在上下文搜索中显示相关的地名；军事行动中涉及的地名顺序可以连接起来，作为流动地图或者动画进行显示，还能以此为基础，将行进路线与历史相似路线进行匹配比对等。

互联网已成为传递地理名称的主要方法，文本位置、标签、定位等问题都需要关注，本书地名本体服务包含部分的解决方案，提供的地名本体服务需要根据应用的需求进行重新的封装、组合，从而满足在实际中的需求。

地名本体服务存在众多的应用形式，但有关地名和先进搜索工具之间关系的研究很少，有发展前景的领域包括地理信息检索方法和地理语法分析，这是最终实现自然语言理解和地名服务应用的重要通道之一。地名本体服务提供了地名信息建模工具及存取分布式、异构的地名信息资源的手段，为地名信息的进一步应用奠定了功能基础。同时，需要进一步研究的内容包括空间语义网检索、资源描述框架(RDF)及语义标记语言，如可扩展标记语言(XML)和地理标记语言(GML)等。与此相关的还包括对地理名称分类的研究和对不同分类方法之间的一致性研究等。

地名本体服务为地名信息的进一步利用提供了数据服务与功能接口，我们着重讨论空间信息检索技术在网络环境下的应用。空间信息检索(GIR)与地理信息系统(GIS)之间有着密切的联系，但两者的侧重点不同，GIR 主要侧重于网络环境中地理信息的获取，而 GIS 主要侧重于空间分析等功能。同时网络环境下的空间信息检索是地理信息服务的重要组成部分，图 10.2 说明了它们之间的关系。

地名本体为空间信息检索提供了丰富的语义信息，定义了地理要素之间的空间及语义关联，一定程度上解决了空间信息检索中长期存在的语义异质问题。在这里通过在空间信息检索中引入地名本体，丰富了地名的语义信息，在一定程度上解决了关键词检索技术存在的弊端，从而提高信息的查准率、查全率。同时，利用 GIS 所提供的功能，为地理信息检索提供了空间范围的图形显示。同时 GIS 软件提供的交互功能，可以实现更直观的查询范围的定义，拓展了 GIS 在网络环境下处理空间信息的方式(图 10.3)。

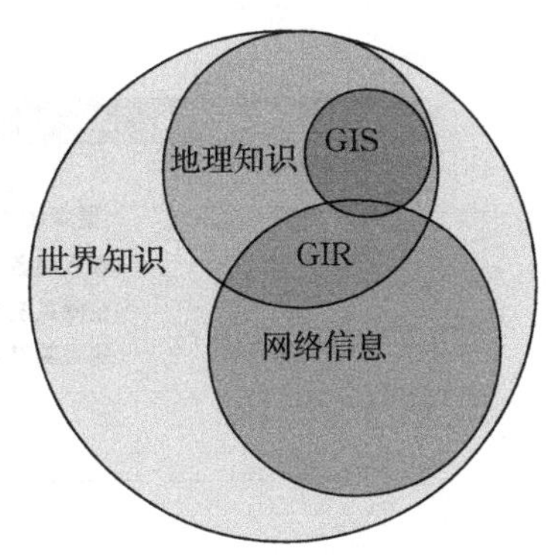

图 10.2　GIR、GIS 之间的关系

通过引入地名本体语义信息，在这里提出空间语义检索的概念。设计的空间语义检索引擎由以下几个部分构成：用户接口、地名本体服务交互、索引构建、核心搜索引擎、相关度排序、元数据提取等(图 10.4)。下面介绍实现空间语义检索的相关功能模块及构建过程中的关键技术。

1. 用户接口

用户接口允许用户指定一系列的兴趣点及地理位置，用户界面中提供了结构化查询输入窗口(图 10.5)。结构化文本接口允许用户指定查询主题、要素类型、地名及地名之间的关系等,在原型系统中查询主题术语可以使用地名类型,例如道路、城市等要素类型术语。系统支持包含、通过、重叠、内部、交叉,以及方向与邻近等空间关系类型。

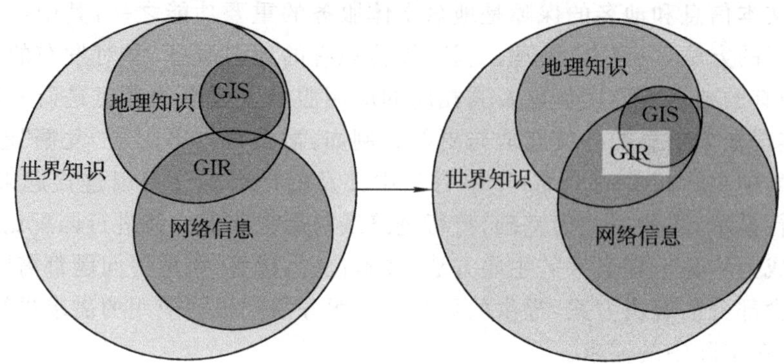

图 10.3 地名本体服务中 GIR、GIS 之间关系

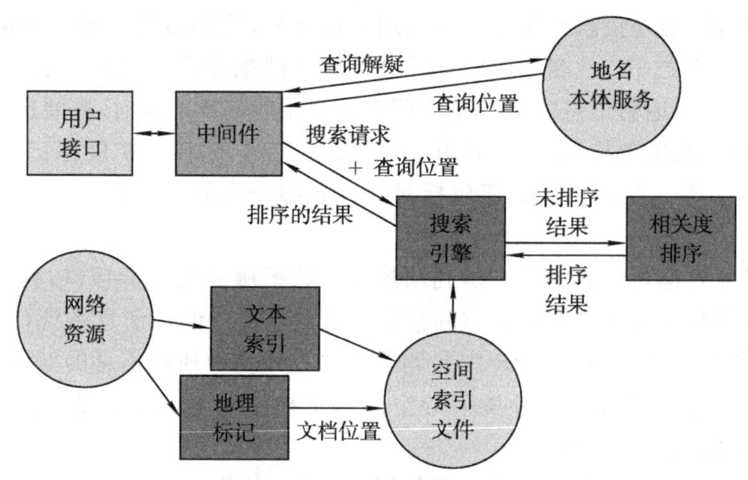

图 10.4 空间语义检索构架

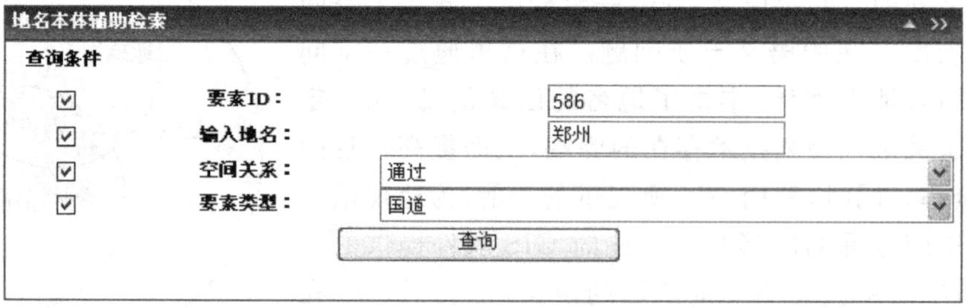

地名本体辅助检索

查询条件

☑ 要素ID: 586

☑ 输入地名: 郑州

☑ 空间关系: 通过

☑ 要素类型: 国道

查询

图 10.5 结构化查询输入窗口

用户输入查询之后,通过引入别名信息、解疑模糊地名,在查询提交到搜索引擎前实现地名的扩展搜索(扩展方式如图 10.6 所示)。空间关系可以用于确定空间查询的地理范围信息。同样,可以通过用户接口中提供的地图交互功能,获取空间查询的位置。如图 10.7 所示,利用横线标注的工具可以实现图上点、线、面位置的选择,并利用提供的格式化文本输入框,输入查询的内容及查询的定量的范围信息,最终通过图形交互实现了用户查询范围的定义。用户确定系统对查询的解释及扩展后,查询处理结果被提交到核心的搜索引擎中,而返回的检索结果

按照相关度排序列表返回给用户，这些结果将会通过文本列表及地图符号的形式给出，从而在用户接口中实现查询结果在地图中的图形可视化表达。

图 10.6　地名扩展搜索条件设置

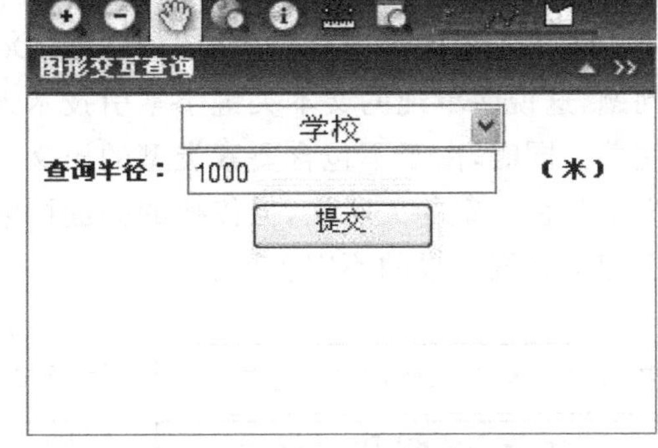

图 10.7　用户交互查询工具栏

2. **地名本体服务交互**

地名本体服务通过一系列网络服务提供了地名本体术语表模型及包含空间要素信息的地名本体数据，地理本体服务在用户查询解疑、系统查询生成、空间索引建立及相关度排序和元数据提取的过程中都有着重要作用。

地名本体服务接口实现在传统的空间信息检索中引入语义信息描述，并利用地名本体实例库中存储的空间范围、地理要素之间的空间关系、要素类型分类的概念语义关联、地名行政层次整体—部分关系等信息，拓展了空间信息检索包含的信息领域，提高了信息的查准率与查全率，对空间语义检索的实现具有重要作用，地名本体服务在空间语义检索引擎中的地位如图 10.8 所示。

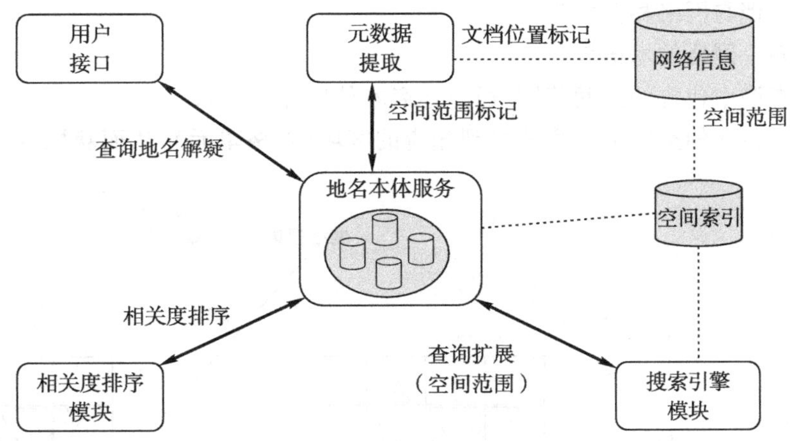

图 10.8　地名本体服务功能

3. **索引构建**

传统的基于关键字的文本索引，利用从文献中直接选取、能够反映文献主题概念、具有实际搜索意义的关键词作为主题词，从而实现了文本索引的自动构建，方便易行，成本低，因而在网络中被广泛采用。目前基于关键词的检索方法是几乎所有的搜索引擎都采用的方法。搜索引擎利用自动跟踪索引工具，自动从网页中提取关键词，并建立相应的索引数据库。关键词索引技术，降低了编制、维护和检索的成本，但由于无法处理语义信息，在某种程度上已无法满足用户在语义和知识上的需求。例如:图 10.9 说明了传统的文本关键字索引方式,当搜索“位于郑州的旅馆”时,传统的搜索引擎利用在文本关键字索引库中存储的“位于”“郑州”“旅馆”三个术语关键字,发现了文档“Doc19”“Doc37”。但是,由于“郑州”在空间上包含了“二七区”,更为全面的信息应包含二七区内的旅馆信息,如文档“Doc22”。传统的文本关键字索引技术,无法解决上述问题,这说明单纯的文本关键字索引技术无法处理空间关联的地名信息,造成了检索结果的不完善。同时,由于不包含要素类型的语义信息,如在上述查询中,“酒店”和“旅馆”的分类在语义上存在一定的关联性,但传统的关键词索引技术无法处理语义信息,因而在另一种程度上也引起了查询结果的不完善性。

文本关键字	包含关键字的资源列表
苹果	Doc 79, Doc 89, Doc 822 ……
郑州	Doc 2, Doc 19, Doc 37 ……
门	Doc 16, Doc 49, Doc 112 ……
酒店	Doc 1, Doc 2, Doc 23 ……
位于	Doc 22, Doc 7, Doc 19 ……
二七区	Doc 22, Doc 35, Doc 150 ……
酒吧	Doc 9, Doc 11, Doc 100 ……
旅馆	Doc 19, Doc 22, Doc 37 ……
⋮	⋮

图 10.9 传统文本关键字索引

因而为实现扩展关键字索引技术,引入对空间及概念语义关系的描述,必须在传统的文本索引的基础上引入空间索引技术。本书设计的空间语义检索引擎索引的建立主要包括两个方面的内容:空间索引和文本索引。

(1)空间索引。空间索引在现有文本索引机制的基础上添加,一种方式是提供术语索引过滤,识别文档中包含的内容与用户检索的相关度,而另外还可以采用 SPIRIT 项目中提出的空间索引构建方法(图 10.10)(Studer et al,1998),主要包含以下步骤:

——将空间区域网格化(网格的大小取决于区域的大小及关联的数据量的大小);

——建立文档与网格相关的列表;

——构建各个网格的术语表;

——获取查询中包含的空间范围(通过地名本体服务获取);

——查询中包含的空间范围将映射到相应的区域(网格单元),从而获取与查询网格一致的文档集合。

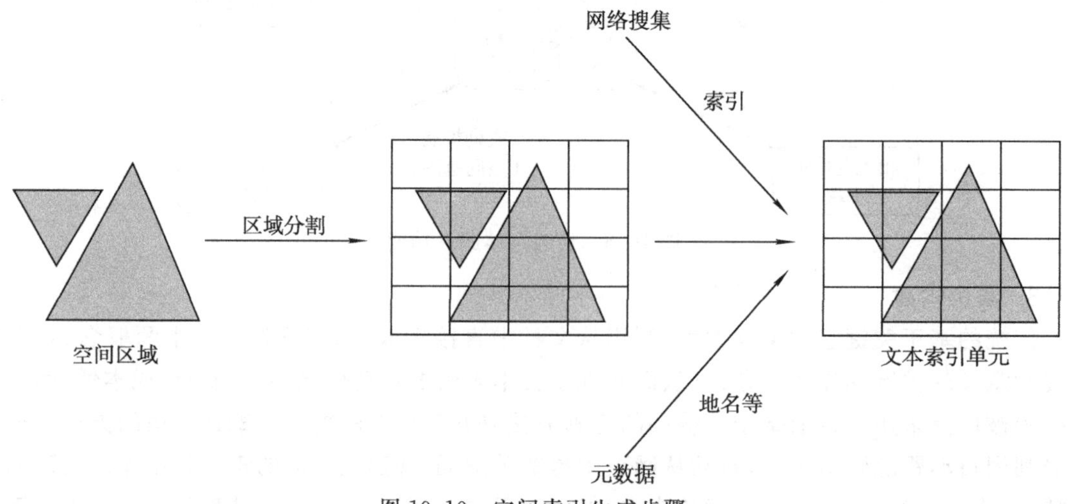

图 10.10 空间索引生成步骤

(2)文本索引。文本索引使用传统信息检索系统中内建的索引,需要进行适当的修改,从而实现与提出的空间索引的融合。

4. 核心搜索引擎

该模块主要负责获取文档集及生成索引,基于开源全文搜索引擎 Lucence. net 构建,并将之扩展,从而支持空间语义检索的原型系统建设。

核心搜索引擎提供核心的信息检索功能,通过用户接口输入的查询内容将会发送到搜索引擎中,匹配文本索引及空间索引发现目标文档集合,其中索引生成将对最终的检索效率产生重要影响。

需要注意的是原型系统也是为了说明不同的索引方式对搜索引擎的影响,因此,将会引入不同的索引方式,在现有的文本索引的基础上实现空间索引。引入空间索引的途径包含以下几种:

(1)空间索引作为文本索引之前的过滤器,文本索引将只会检索空间匹配的文档,这种方式下文档索引与空间索引是分开进行的。

(2)采用并行的文本—空间索引的方式,从而实现基于空间相关度的结果排序。

在开源搜索引擎 Lucence. net 索引模块的基础上,根据空间信息检索的应用需求,着重实现对地名及空间相关词汇的索引构建,包括空间关系描述词(位于、包含、相交等)、地名本体实例库中地名相关信息、地理要素类型叙词(学校、道路等),从而更加符合空间信息检索的应用需求。具体的索引生成模块主界面如图 10. 11 所示。

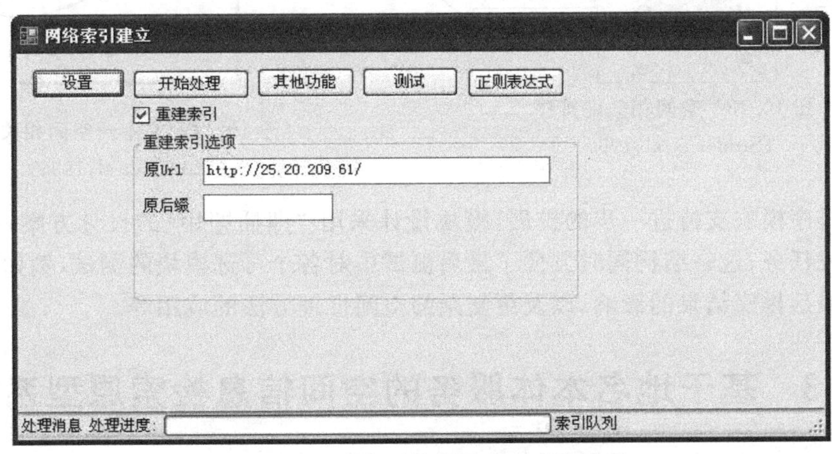

图 10. 11　搜索引擎索引建立功能界面

通过设置初始搜索的网络地址,可以利用蜘蛛程序实现对网络文档索引的构建,具体的索引建立的其他详细设置如图 10. 12 所示。

5. 相关度排序

相关度排序模块获取从核心搜索引擎查询而得到的结果,实现依据查询结果基于空间及非空间相关度的排序。文本相关度排序算法基于 BM25 算法,而空间相关度排序则基于查询位置标记与文档位置标记的距离测量算法(图 10. 13),在方向性的查询之中则采用相应的角度测量算法。有一系列的技术实现文本与空间索引的集成存储,除了合并独立的文本及空间数据之外,也可以考虑查询术语与空间术语之间的相似度问题(图 10. 14)。

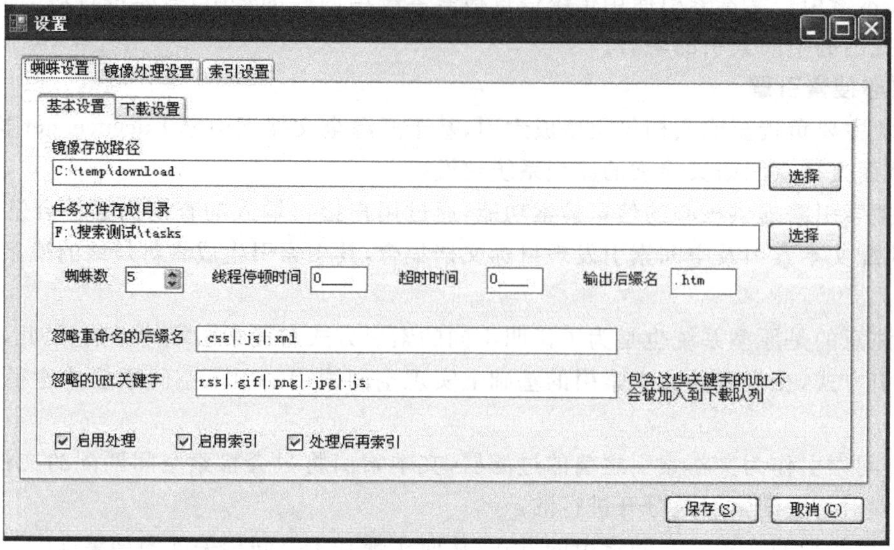

图 10.12 搜索引擎网络索引设置界面

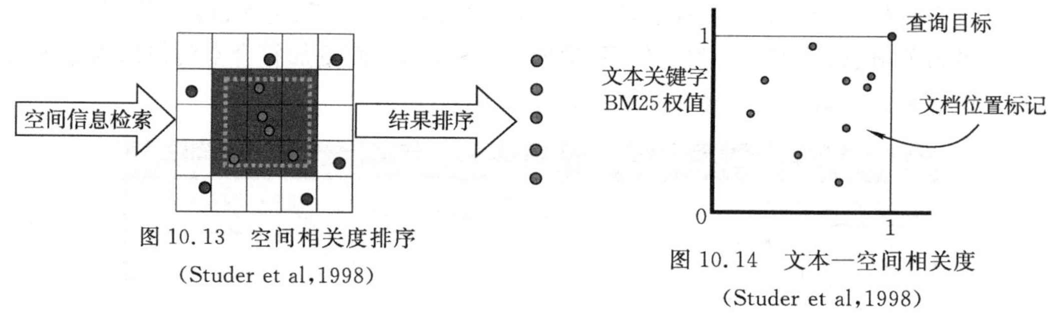

图 10.13 空间相关度排序
(Studer et al,1998)

图 10.14 文本—空间相关度
(Studer et al,1998)

相关度排序模块支持进一步的扩展,模块设计采用“即插即用”的设计方案,从而允许实现阶段性开发任务,这一结构同时方便了最后测试中对各个可选模块的测试,例如不同排序技术的采用对最后排序结果的影响,以及更复杂的空间推理方法的应用等。

10.3 基于地名本体服务的空间信息检索原型系统

基于地名本体服务的空间信息检索原型系统总体界面如图 10.15 所示,包括地名信息查询、地名本体辅助空间信息检索、地名与地名关系查询、地名本体要素信息查询、父要素信息查询、子要素信息查询及邻近要素信息查询等子功能。第 7 章中实现了地名本体实例的形式化,为基于地名本体的空间信息检索的实现奠定了数据基础。由于地名本体实例数据中明确地编码了地名关联的详细空间范围信息,因而相对于传统的地名词典而言实现了更为丰富的空间表现力,而不仅仅是地名词典中的坐标点位信息。同时,在地名实例化构建过程中,利用本体实例关联的空间范围信息,在数据预处理过程中,通过空间关系算子实现了地名本体实例间空间关系信息的获取,并通过人工的干预,在地名本体实例中录入了空间关联的地理要素信息,为空间信息检索原型地理要素空间关系的查询奠定了基础。由于地名本体实例明确地存储了可获得的地理要素间的空间关系,因而在实际的查询过程中，可以实现空间关系算子与地名本体实例中明确存储的空间关系信息相结合，在一定程度上避免了复杂、耗时的空间计算过程，提高了空间查询的效率。另一方面，利用地名本体实例数据中包含的地名专题信息，实现了地名行政层次的整体—部分关系的提取，为异地同名要素明确化的实现提供了条件，辅助了模糊地名的解疑过程。

图 10.15　基于地名本体服务的空间信息检索原型界面

10.3.1　地名本体辅助检索

1. 基于地名的空间信息检索

如图 10.16 所示，通过格式化的文本输入窗口（图 10.17），输入标准名称“新密市”，可以得到相应的查询结果。该功能与传统的 GIS 地名查询存在一定的相似性，但本书主要关注地名信息的重新组织，与传统的地名词典简单的坐标点（图 10.18）形式的描述相比，本书地名本体实例库在面向要素的空间数据组织的基础上，实现了传统的地名专题信息与详细的空间范围信息的关联，在很大程度上丰富了地名词典数据的表现力，如图 10.19 所示。同时利用关联的底层 GIS 数据详细的空间范围信息，实现地名相关的空间关系的提取与存储，从而丰富地名本体空间语义信息。

2. 基于空间关系的检索获取空间相关要素信息

地名本体模型中包含地理要素类型的描述，地名本体 OWL 模式中利用《测绘学叙词表》提供的地理要素分类及分类概念语义关系，实现了地理要素类型及其概念关系的形式化。同时，地名本体实例形式化过程中，明确地录入了与部分地理要素存在空间关联的要素信息，并编码了关联的空间关系类型。因而,空间信息检索原型系统可以实现与地名存在空间关联的地理要素信息。利用地名本体中包含的地理要素类型描述,可以实现存在空间关联的要素类型的扩展。

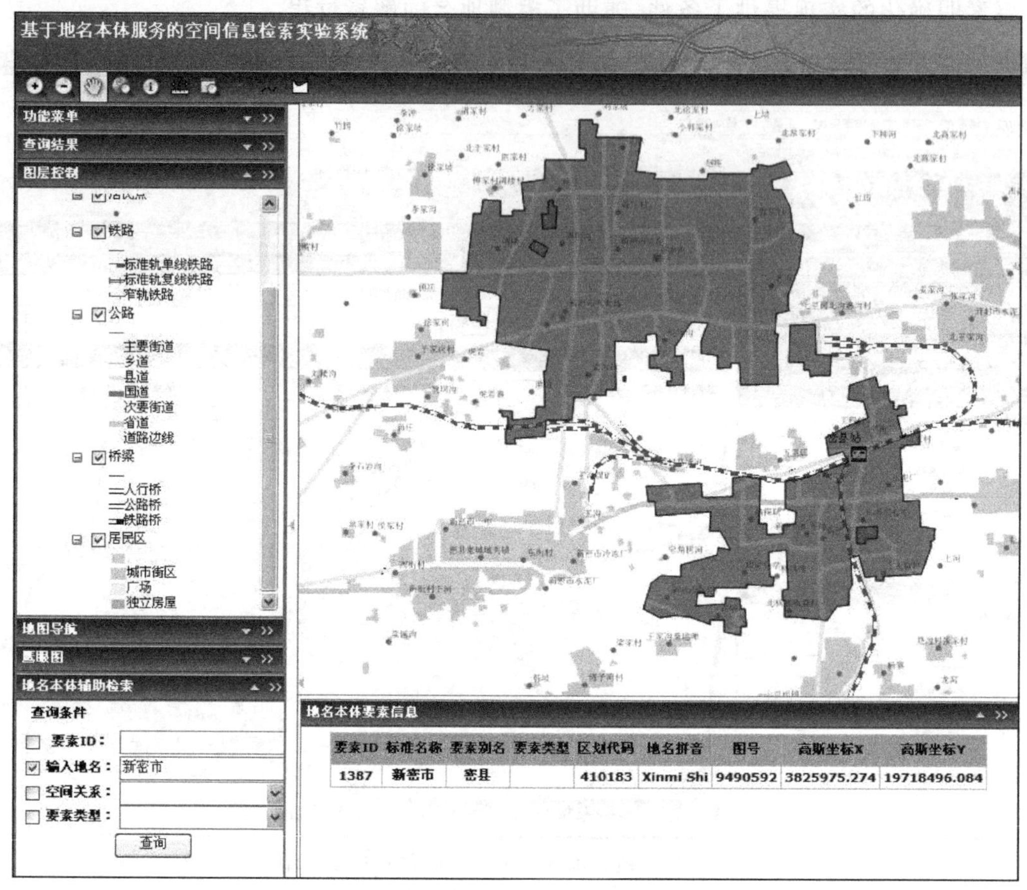

图 10.16 基于地名的空间信息检索

地名本体辅助检索

查询条件

☐ 要素ID:

☑ 输入地名: 新密市

☐ 空间关系:

☐ 要素类型:

查询

图 10.17 格式化地名查询窗口

要素ID	标准名称	要素别名	要素类型	区划代码	地名拼音	图号	高斯坐标X	高斯坐标Y
1387	新密市	密县		410183	Xinmi Shi	9490592	3825975.274	19718496.084

图 10.18 传统地名词典中地名空间范围表示

空间信息检索界面如图10.20所示，相对于传统的地名词典中存储的以经纬度或者局部坐标系描述的粗略的点位信息，由于实现了与面向要素方式组织的底层GIS空间数据的关联，地名本体实例库包含的地名信息包含了更为详细的空间范围描述形式。地名对象与详细的空间数据的关联，为数据预处理过程提取地名及地理要素间包含的空间关系信息创造了条件，从而实现地名本体实例库中对空间关系信息的明确的、形式化的存储，避免了在实际空间信息查询过程中复杂耗时的空间计算。具体检索中实现的结果与传统GIS的空间分析结果相似，但其空间关联的要素不需要实时地进行空间计算，而是直接从地名本体实例库中提取。通过形式化的文本输入窗口(图10.21)，检索地名本体实例库中的要素信息，根据选择的空间关系类型，提取地名本体实例库中存储的空间关联的地理要素(图10.22)。

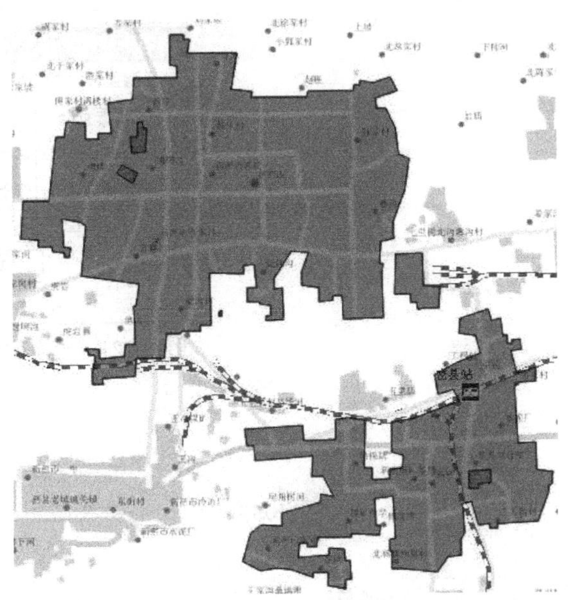

图10.19　地名本体实例库空间范围表示

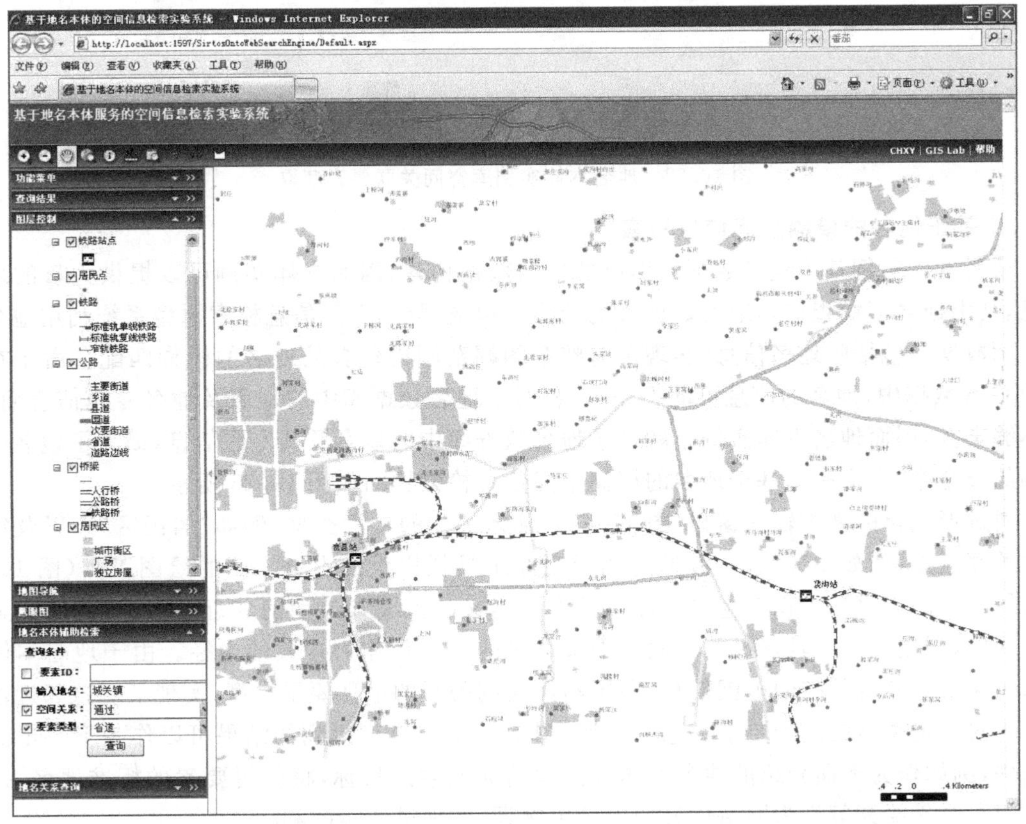

图10.20　基于空间关系的空间信息检索

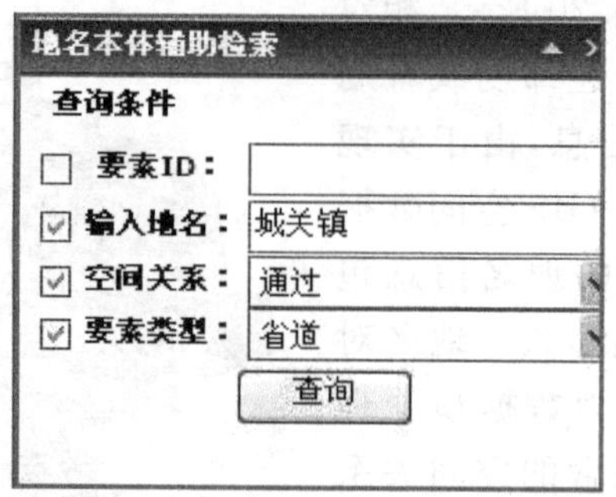

图 10.21 地名空间关系形式化查询

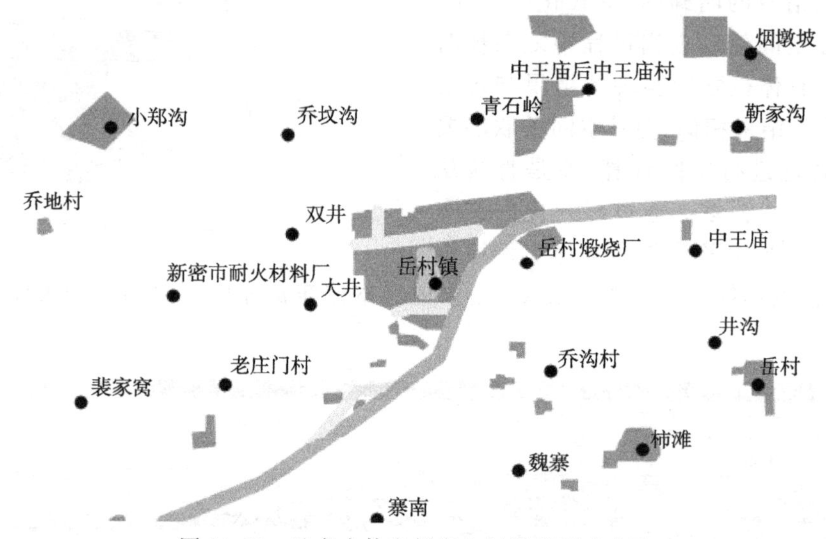

图 10.22 地名本体实例库空间关联要素获取

3. 基于地名的模糊空间信息检索

地名本体实例基于地名数据库提供的地名数据构建，因而本体实例可以提供大量的地名信息，其中地名模糊查询是地名数据查询的重要组成部分，空间信息检索原型系统利用地名本体实例数据中包括的地名信息，实现了对整个图幅范围内包含的地名的模糊匹配。由于在传统的 GIS 数据中，地名的信息可能不完全，相对于地名数据库中的地名及地名专题信息而言，还不够丰富，因而地名本体实例中融合了地名数据库中的地名及其专题信息，提高了地名模糊查询的查全率、查准率。基于地名的模糊空间信息检索界面如图 10.23 所示。

通过形式化的文本输入窗口(图 10.24)，输入关注的要素类型(例如“居民区”)，以及定量描述的邻近度(例如 1 000 m)，并通过图形交互工具栏提供的点、线、面的绘图工具(图 10.24 中横线标注的工具)，根据在地名本体实例库中定义的该要素类型的邻近度指标，例如要素范围 1.5 倍，利用交互工具选择的空间范围缓冲区的 1.5 倍作为搜索的半径。由于地名本体实例库包含了细粒度的空间范围信息，利用本体实例关联的地理要素类型，实现了对该邻近范围内包含的特定类型的地理要素信息的查询(图 10.25)。查询得到的结果可以作为下一步操作的条件，例如作为下面介绍的地名本体实例库辅助搜索的目标，将所得要素的标准地名、别名及空间和语义要素等作为网络信息搜索的关键词，实现进一步的利用。

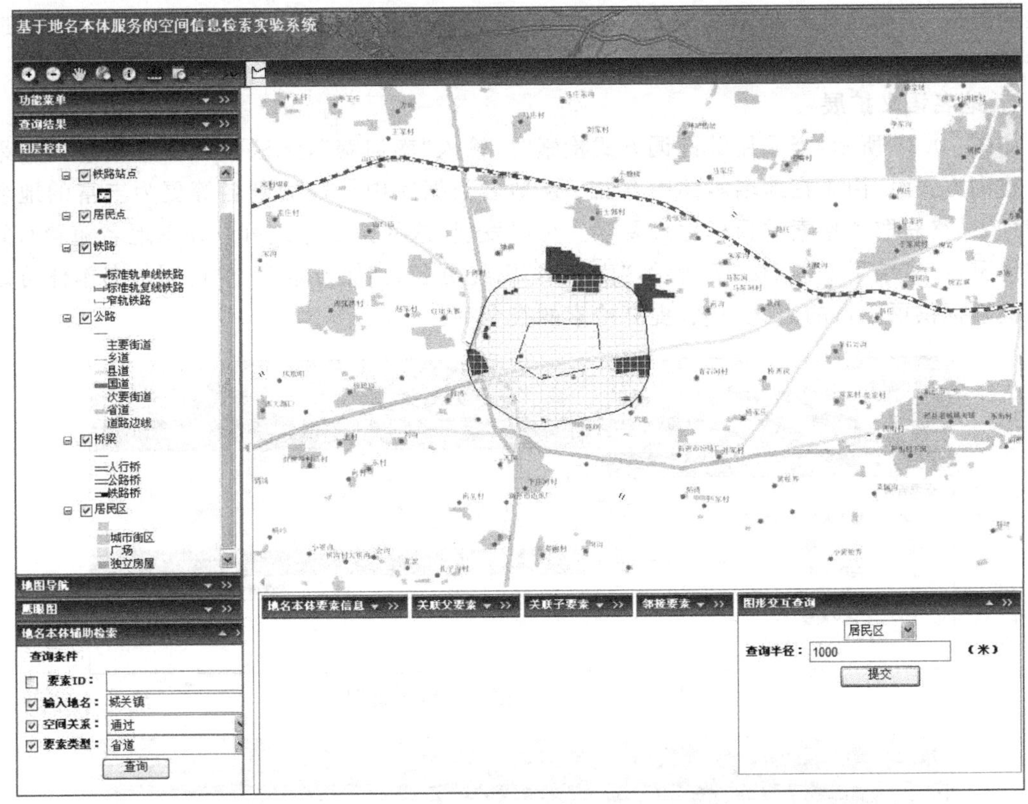

图 10.23　基于地名的模糊空间信息检索

图 10.24　交互式查询条件限定与图形交互工具栏

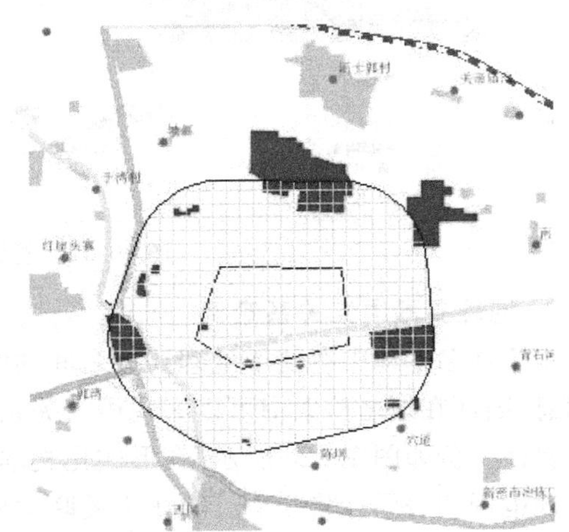

图 10.25　地名本体实例库辅助交互查询结果

10.3.2　地名本体语义扩展与语义关系查询

通过对地理要素的别名，子要素、父要素及邻近要素，要素类型等的扩展查询，扩展地名表达的语义信息，可以提高空间信息查询的查准率与查全率。同时，利用地名本体中存储的语义关系信息，可实现地名间关系的查询。

地名本体实例中引入了地名数据库中包含的地名专题语义信息，丰富了地名本体实例的语义，同时，利用地名专题信息提供的行政层次，可以实现地理要素之间行政层次整体—部分关系的提取，从而为地理要素关联的子要素信息、父要素信息、邻近要素信息的查询创造了条件。

1. 地名语义扩展

如图 10.26 所示，当采用关键词方式检索时，输入“南河寨”，无法获取要素信息。当采用语义查询方式时，由于在地名本体中存储了从地名数据库中获取的别名等更为丰富的地名专题信息，最终获取了检索的目标地理要素。可以发现，这种检索方式可以处理地名随着时间变化的情况，检索结果如图 10.27 所示，“南河寨”已经更名为“保吉寨”。这说明地名本体可以为地名检索提供更丰富的语义信息，提高检索的查全率。

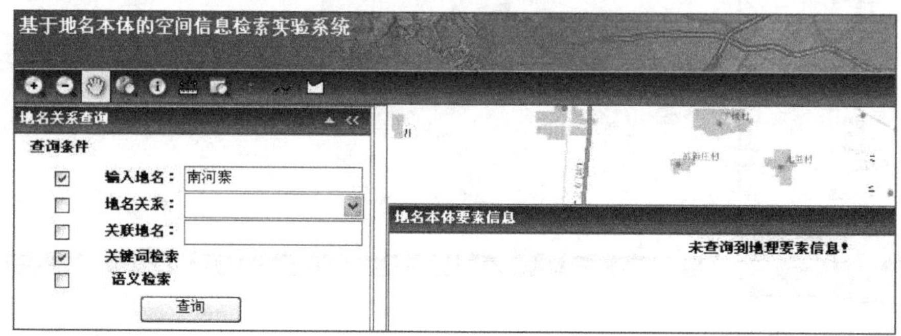

图 10.26　基于关键字的地名查询

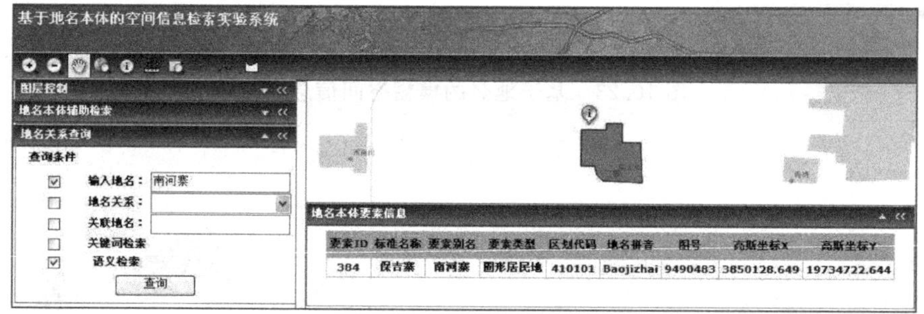

图 10.27　基于语义的地名查询

2. 地理要素语义关系查询

由于地名本体中存储了地理要素之间的空间及语义关系，例如子要素、父要素、邻近要素等信息，因而在地名检索中可以实现语义关系的查询。

具体实例如图 10.28 所示，在形式化文本输入框中输入“二七区”，得到了其地名专题信息及空间范围的表示。将“二七区”作为关联父要素查询的目标，可以检索其父要素为“二七区”“郑州市”“河南省”，检索结果如图 10.29 所示。由于从语义上讲，要素本身是自包含的，因而父要素查询也包含了“二七区”。

同样，可以实现关联子要素类型的查询。如图 10.30 所示，当检索“郑州市”的子要素时，可以得到结果为“郑州市”“二七区”“中原区”“金水区”“管城回族区”。

空间信息检索原型系统也提供了邻近要素的查询，利用地名本体实例库中存储的邻近关系，通过对目标地名邻近关联要素的获取，得到地名本体实例中包含的地名信息。如图 10.31 所示，当检索“二七区”的邻近要素时，结果包括“中原区”“管城回族区”“金水区”等。由于从语义上讲，要素本身是自包含的，因而邻近要素查询也包含了“二七区”。

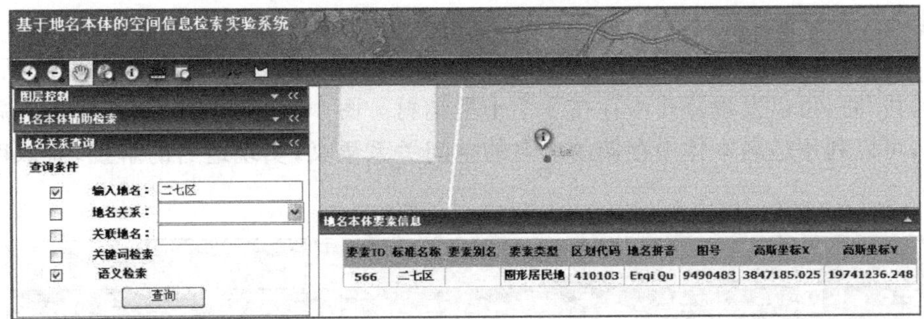

图 10.28 要素语义关联查询目标

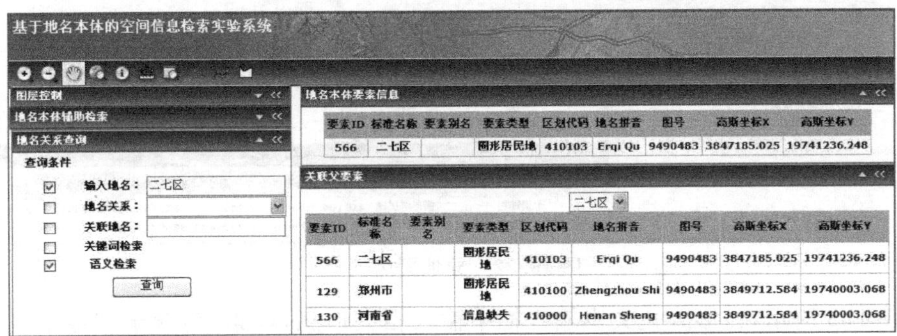

图 10.29 父要素信息

图 10.30 子要素信息

图 10.31 邻近要素信息

3. 地名关系查询

由于地理要素存在相同地名的情况，这将造成地名查询的多义性，如图 10.32 所示，当检索“十里铺村”时，可以发现郑州市存在 2 个十里铺村。图 10.32 中给出了其地名专题信息及空间范围，可以利用地名本体中存储的地名的空间关系语义，实现地名的解疑，获取明确化的地名信息。

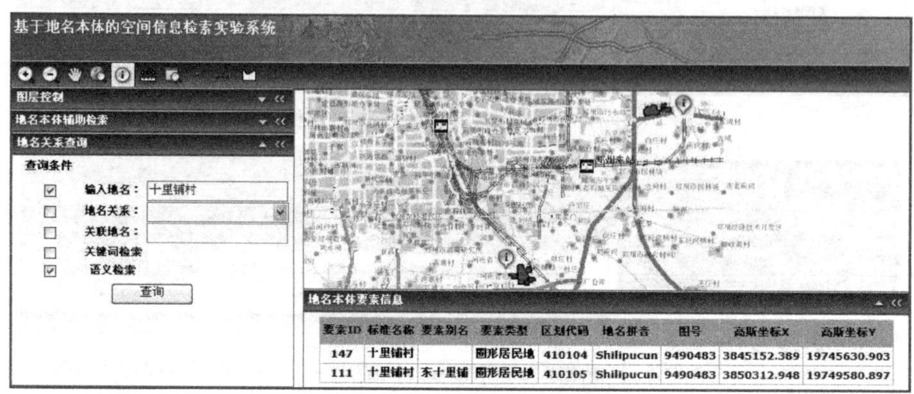

图 10.32 异地同名要素

如图 10.33 所示，在形式化文本输入框中输入相关信息，检索“包含于”“金水区”的“十里铺村”时，返回了位于金水区范围内的十里铺村，图 10.33 的地图窗口中显示了其详细的空间范围。同样，如图 10.34 所示，在形式化文本窗口中输入“十里铺村”“包含于”“管城回族区”，获得管城回族区包含的十里铺村。从而实现了异地同名地名信息的明确化。

图 10.33 本体辅助地名解疑(金水区)

图 10.34 本体辅助地名解疑(管城回族区)

10.3.3　地名本体辅助网络扩展搜索

空间语义搜索实现的前提是利用蜘蛛程序构建网络信息索引，在开源搜索引擎 Lucence.net 的基础上，利用其提供的核心类库，实现网络索引的构建。受硬件条件的限制，针对校园网内的网站构建了索引库，在索引构建过程中，将地名本体实例库中的地名(标准名称、别名)、地理要素类型、空间关系描述符(内部、包含等)作为重点的索引关键字，从而更有助于网络上地名相关空间知识的发现。具体的索引构建程序界面如图 10.35 所示。

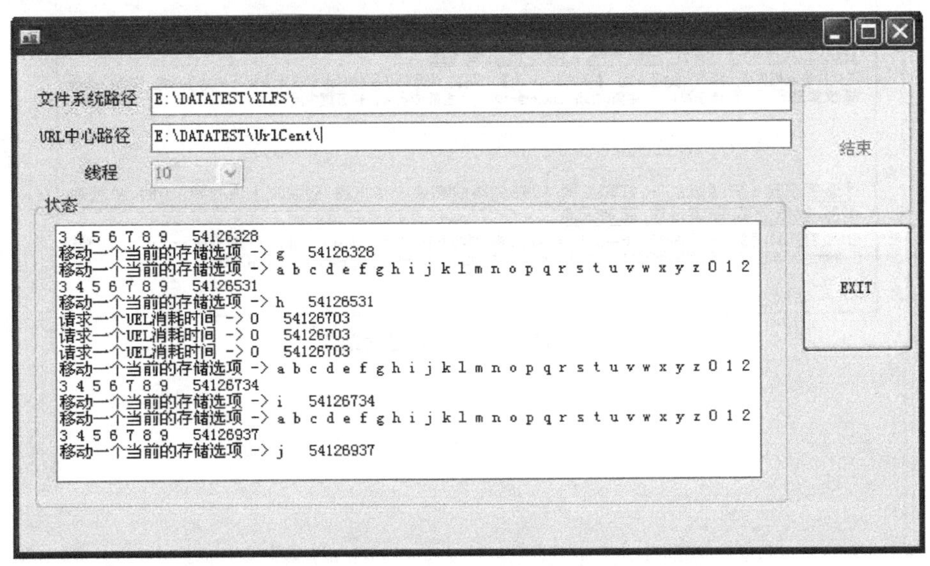

图 10.35　网络索引构建

空间语义搜索的实现首先需要设定信息查询的目标，可以通过多种方式实现，例如通过原型系统提供的形式化文本输入界面(图 10.36)，或者通过用户交互工具选取相应的要素。设定查询目标之后通过地名本体服务接口提供的数据服务，获取地理要素标准名称、别名、父要素、子要素、邻近要素等信息，通过网络扩展条件的选择(图 10.37)，实现对地理要素相关网络信息的扩展查询。如图 10.38 所示，由于地名本体服务中提供了相应的地名空间关系查询，获取了“郑州”“内部”“火车站”在实例库中的要素名称为“郑州站”，因此搜索处理中不仅包含“郑州”“火车站”两个关键字，还包含了“郑州站”这一通过地名本体服务提供的空间关系查询得到的关联地名，在一定程度上提高了信息的查准率与查全率。

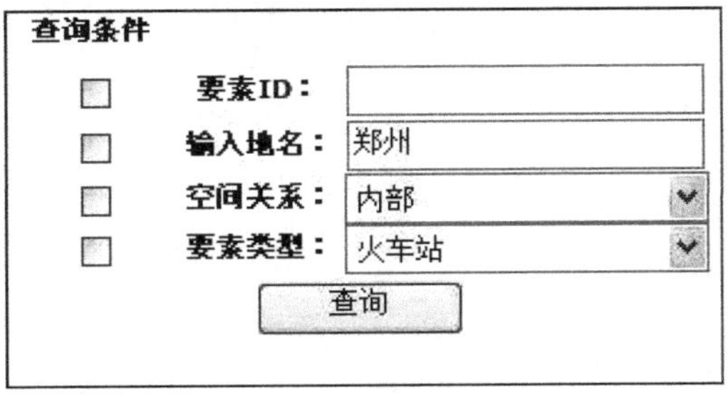

查询条件
要素ID：
输入地名：郑州
空间关系：内部
要素类型：火车站
查询

图 10.36　形式化查询条件选择

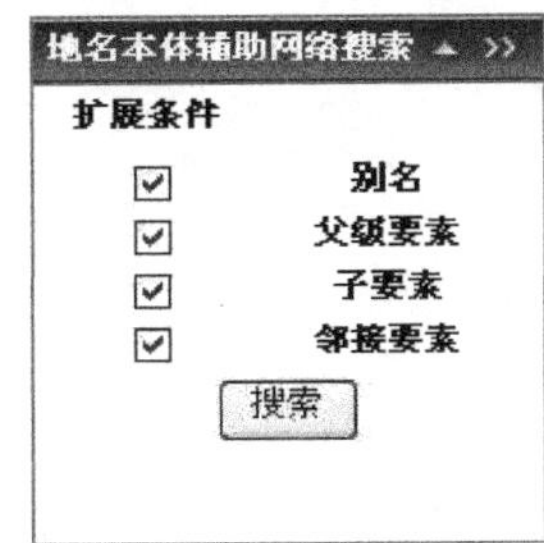

图 10.37　扩展条件选择

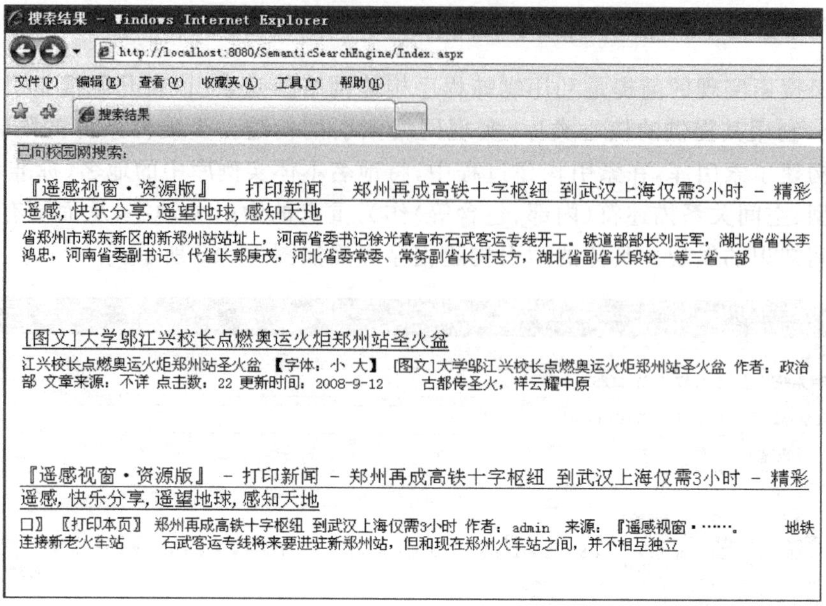

搜索结果 - Windows Internet Explorer
http://localhost:8080/SemanticSearchEngine/Index.aspx
文件(F) 编辑(E) 查看(V) 收藏夹(A) 工具(T) 帮助(H)
搜索结果

已向校园网搜索：

『遥感视窗·资源版』 - 打印新闻 - 郑州再成高铁十字枢纽 到武汉上海仅需3小时 - 精彩遥感，快乐分享，遥望地球，感知天地

省郑州市郑东新区的新郑州站站址上，河南省委书记徐光春宣布石武客运专线开工。铁道部部长刘志军，湖北省省长李鸿忠，河南省委副书记、代省长郭庚茂，河北省委常委、常务副省长付志方，湖北省副省长段轮一等三省一部

[图文]大学郧江兴校长点燃奥运火炬郑州站圣火盆

江兴校长点燃奥运火炬郑州站圣火盆 【字体：小 大】 [图文]大学郧江兴校长点燃奥运火炬郑州站圣火盆 作者：政治部 文章来源：不详 点击数：22 更新时间：2008-9-12 古都传圣火，祥云耀中原

『遥感视窗·资源版』 - 打印新闻 - 郑州再成高铁十字枢纽 到武汉上海仅需3小时 - 精彩遥感，快乐分享，遥望地球，感知天地

口】 【打印本页】 郑州再成高铁十字枢纽 到武汉上海仅需3小时 作者：admin 来源：『遥感视窗·……。 地铁连接新老火车站 石武客运专线将来要进驻新郑州站，但和现在郑州火车站之间，并不相互独立

图 10.38 地理信息搜索结果

第 11 章　地名本体的地名学应用

基于地名本体实例库进行地名本体的地名学应用研究，目前的主要工作体现在异地同名分析、地名组配查询及地名时空演变分析三个方面(图 11.1)，并建立了一个实验应用系统(图 11.2)。

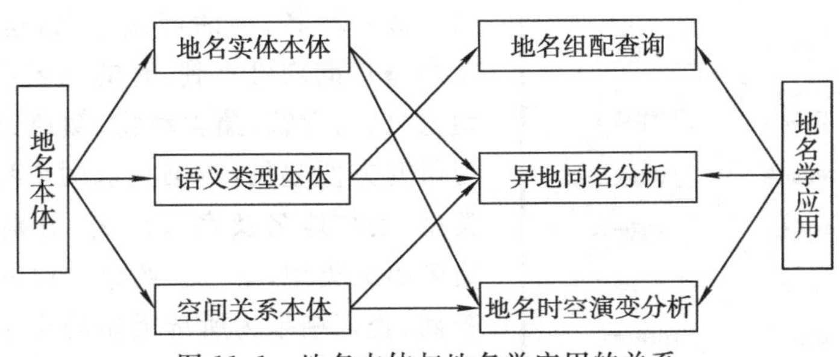

图 11.1　地名本体与地名学应用的关系

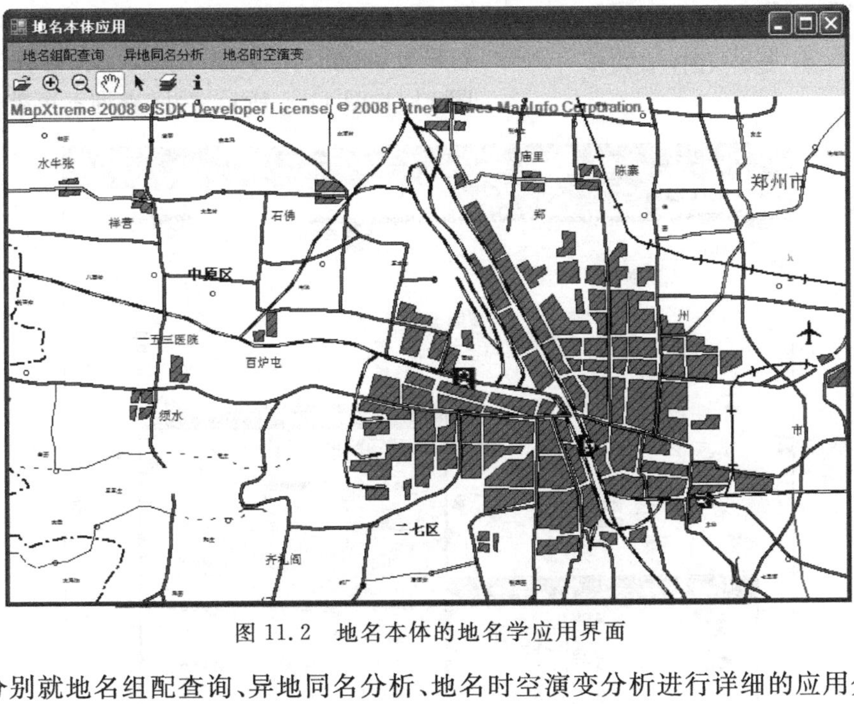

图 11.2　地名本体的地名学应用界面

下面分别就地名组配查询、异地同名分析、地名时空演变分析进行详细的应用分析。

11.1　地名组配查询

地名组配查询是基于地名语义类型本体的地名查询方式，地名语义类型是基于统计学方法确定的，书中主要借鉴华林甫所著《中国地名学源流》中的地名语义类型分类方式。地名语义类型分为自然因素及人文因素两大类，各类又详细划分为多个子类，子类在地名本体模型中

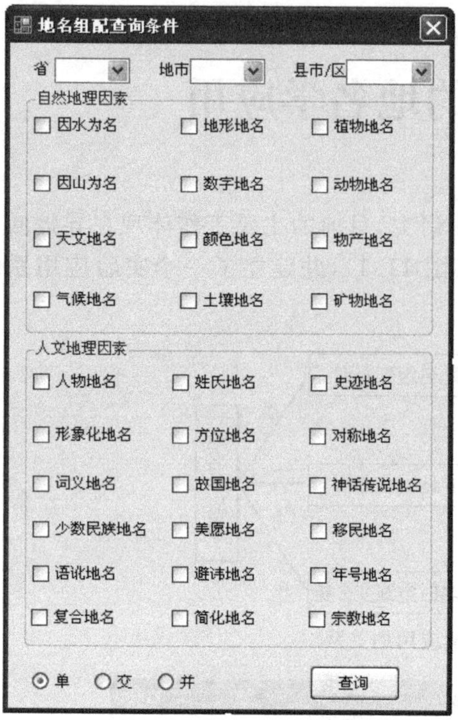

图 11.3　地名组配查询条件

已充分体现，这里不再赘述。下面以郑州市为例进行地名组配查询，查询条件如图 11.3 所示，图中下方的单选按钮为三类约束查询条件。“单”表示进行单一类型查询，为默认的约束。“并”约束为多个类型同时进行查询，可选出所选类型的所有地名，选择多种组配条件进行综合查询，该方式用于不太确定的地名查询。有些地名并不只有一种语义类型，如八陵、八面神，它们分别是数字地名、史迹地名和数字地名、神话传说地名，这类地名进行多语义类型查询均可查到，有的地名不止有两个语义类型，如白马寺镇，蕴含动物、颜色、史迹及宗教地名。为研究方便起见，本书只取两个特征较突出的语义类型，动物地名及宗教地名，分别对应地名专名及通名语义类型，故“交”约束可以同时选择两类进行查询，查询结果为所选类型的交集。如果需要更加深入地研究地名的语义类型及其信息，可以更加详细地对地名进行语义分类，并取更多的语义类型进行研究，这里不再赘述。“单”“交”查询举例分别如图 11.4、图 11.5 所示，“并”查询不再赘述。

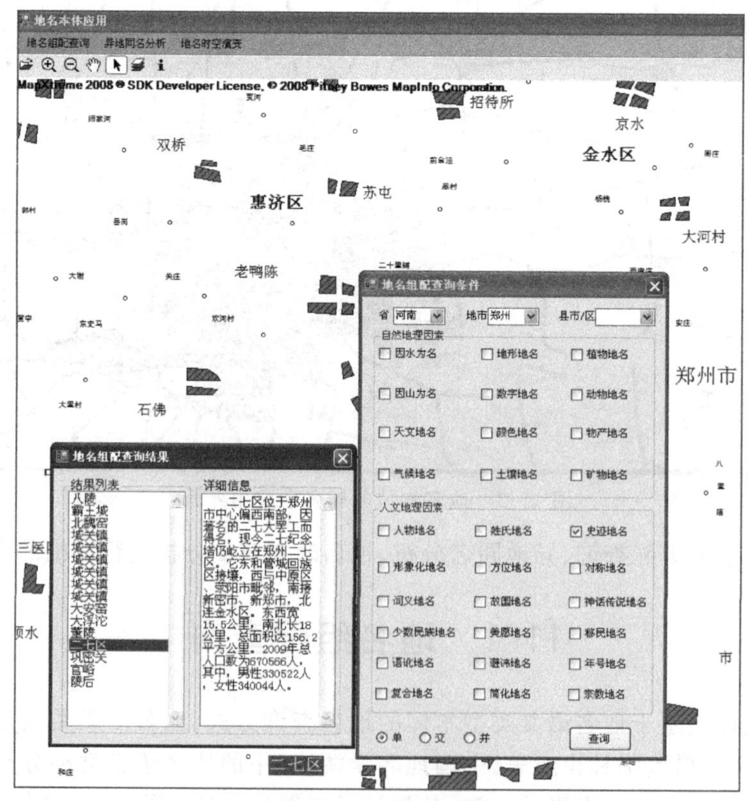

图 11.4　“单”查询举例

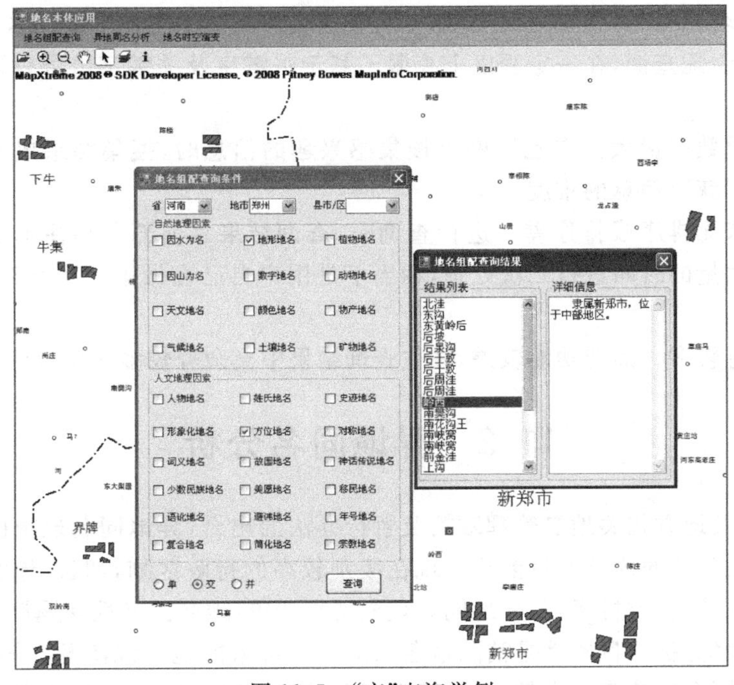

图 11.5　“交”查询举例

除可以进行区域范围信息查询外，还可以进行单点查询。单点查询针对单地物兴趣点进行信息查询，与区域范围信息查询相互补充。工具栏的 i 按钮为单点信息查询，如图 11.6 所示。【单点地名组配查询】界面如图 11.7 所示，与区域范围查询相比较，单点地名组配查询增添了语义类型、所属区划及坐标信息。以二七区为例进行地名组配查询，结果如图 11.8 所示。异地同名单点分析及单点地名演变分析与菜单功能类似，不再赘述。

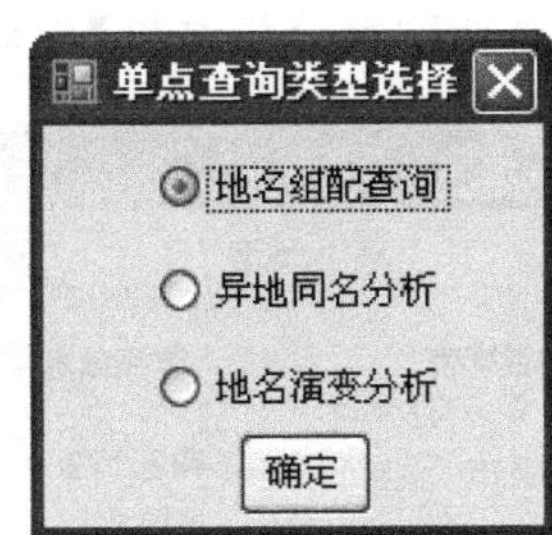

图 11.6　【单点查询类型选择】界面

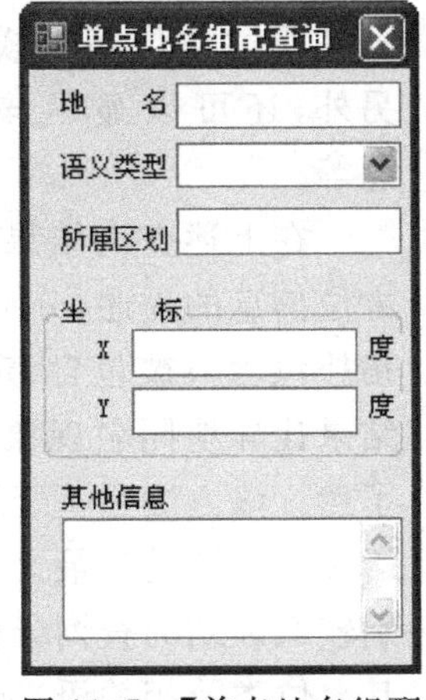

图 11.7　【单点地名组配查询】界面

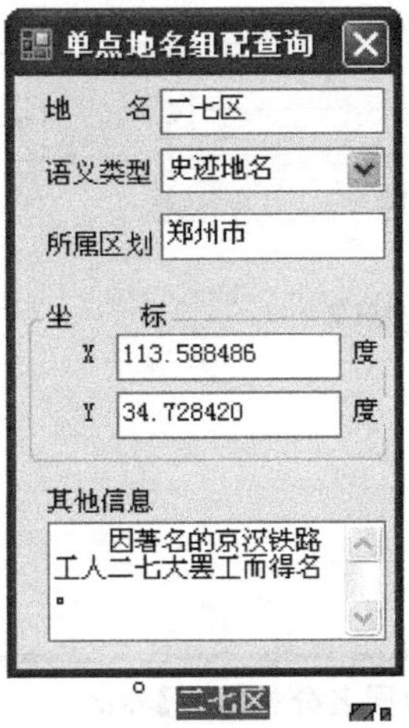

图 11.8　二七区地名组配查询

地名分为通名及专名，各有语义类型，专名较通名语义类型更加丰富。本书基于构建的地名本体进行地名组配查询，在一定程度上克服了基于关键字及关键字组合查询方式的三方面不足：

（1）查询结果数据量大。在互联网上搜集感兴趣的信息时，搜集结果成千上万条并不少见，这无疑加重了获取信息的难度。

（2）查询结果无排序或排序差。进行查询时，查询结果靠前部分往往不是用户所感兴趣的，这就需要花大量的时间进行二次处理，相当于是用户自己在做第二次查询，无疑加重了用户的负担。

（3）垃圾信息较多。筛选功能较差，往往查询结果中夹杂着较多的垃圾信息。

11.2 异地同名分析

伴随着国家及地方相关地名管理政策及暂行办法的出台，异地同名现象已经得到了有效消除和改善，但是政策的优越性目前只体现在级别较高的行政区划，如省、地级市、县级市等，在县市以下如乡、镇、行政村级别，异地同名现象特别严重，地名二义性问题严重影响了地名管理工作。异地同名分析的目的就是消除地名二义性所带来的地名混淆及含糊不清等问题，通过分析可以了解同名行政区划个数、上级行政区划、语义类型、坐标位置、方位信息及其他信息等。【异地同名分析结果】界面如图 11.9 所示。

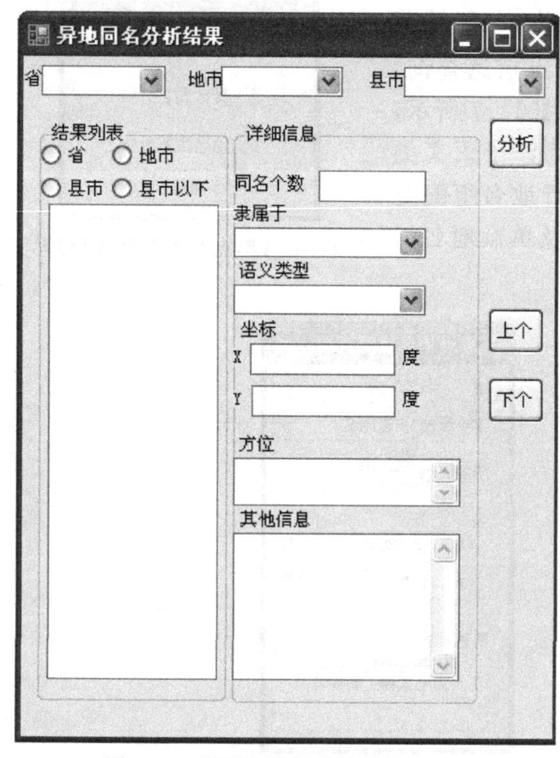

图 11.9 【异地同名分析结果】界面

以郑州市为例，进行异地同名分析。在行政村级别上，同名地名不胜枚举。例如，名字叫“陈楼”的行政村在郑州市范围内就有三处，分别位于登封市、新密市和新郑市，查询结果如图 11.10 所示，分析结果中同名个数为 3，语义类型为姓氏地名，坐标为 X：112.968°、Y：34.327°。河南登封市陈楼村位于登封市的西南方向上，该处的方位信息是通过方位矩阵模型进行计算获得的。另外，还可以显示该行政区划的相关信息等。

在上述查询结果中，隶属关系、坐标及方位信息的描述，分别体现了空间关系中的拓扑包含与被包含、定量度量和方位关系，结果让异地同名现象的行政区划信息一目了然。该方法是基于地名本体的查询方式，语义一致性是它最大的优势，在进行行政级别较低区划的查询分析时，能够查询检索出其上位类及相关语义信息，方便了地名管理工作。

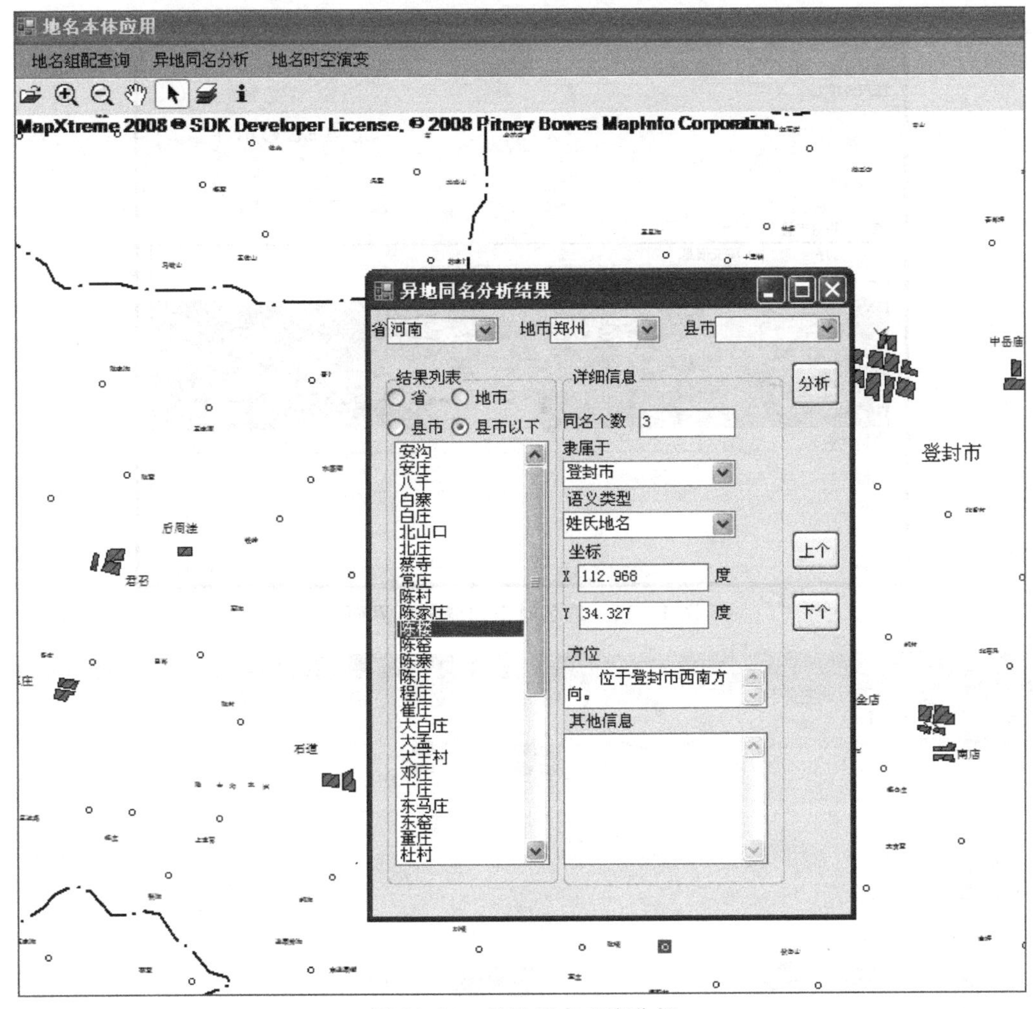

图 11.10　异地同名查询分析

11.3　地名时空演变分析

地名时空演变现象反映历史沿革、时代变迁和发展需求。自古至今，地名时空演变数不胜数。以河南省为例，许昌市的地名时空演变历史可以追溯到西周及春秋时期的许国。还有当代地名如开封市兰考县、信阳市光山县及三门峡市灵宝市，目前正在酝酿更名的新郑市（酝酿更名为轩辕市）、周口市（酝酿更名为陈州市）等。本书地名时空演变分析的数据主要来源是纸质地图及电子地图，辅助数据为地名志、地方志及统计年鉴等。演变分析界面设计如图 11.11 所示，包括演变范围设置、演变地名列表、演变过程、演变过程分步显示及其他信息显示。其中，演变过程以图形的方式直观地把感兴趣地名的历史演变信息呈现出来，演变过程分步显示将该地名的地名名称变化、地理位置变化及演变时间详细地显示出来，两者结合可以让用户形象直观地了解地名的发展过程及演变的脉络，极大地方便了用户研究地名历史演变与了解历史状态。以河南省郑州市为例，进行地名时空演变分析，结果如图 11.12、图 11.13 所示。

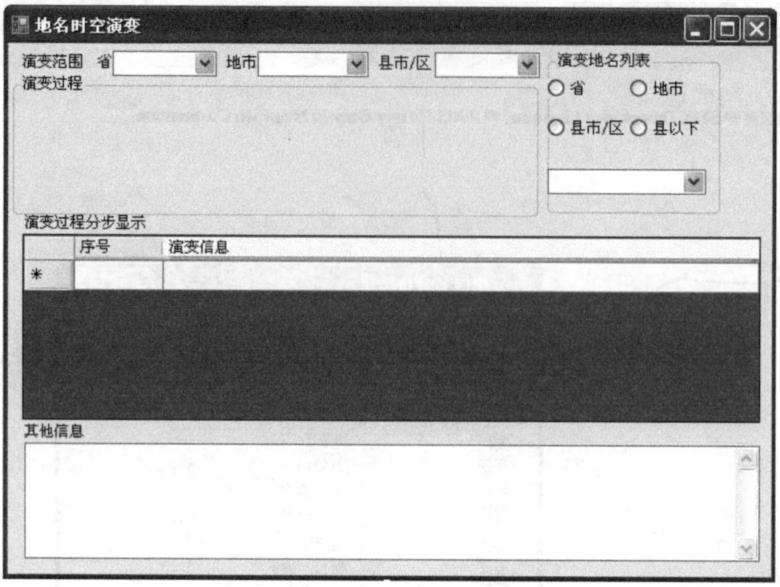

地名时空演变
演变范围 省 地市 县市/区
演变过程
演变地名列表
省 地市
县市/区 县以下
演变过程分步显示
序号 演变信息
其他信息

图 11.11 地名时空演变分析界面

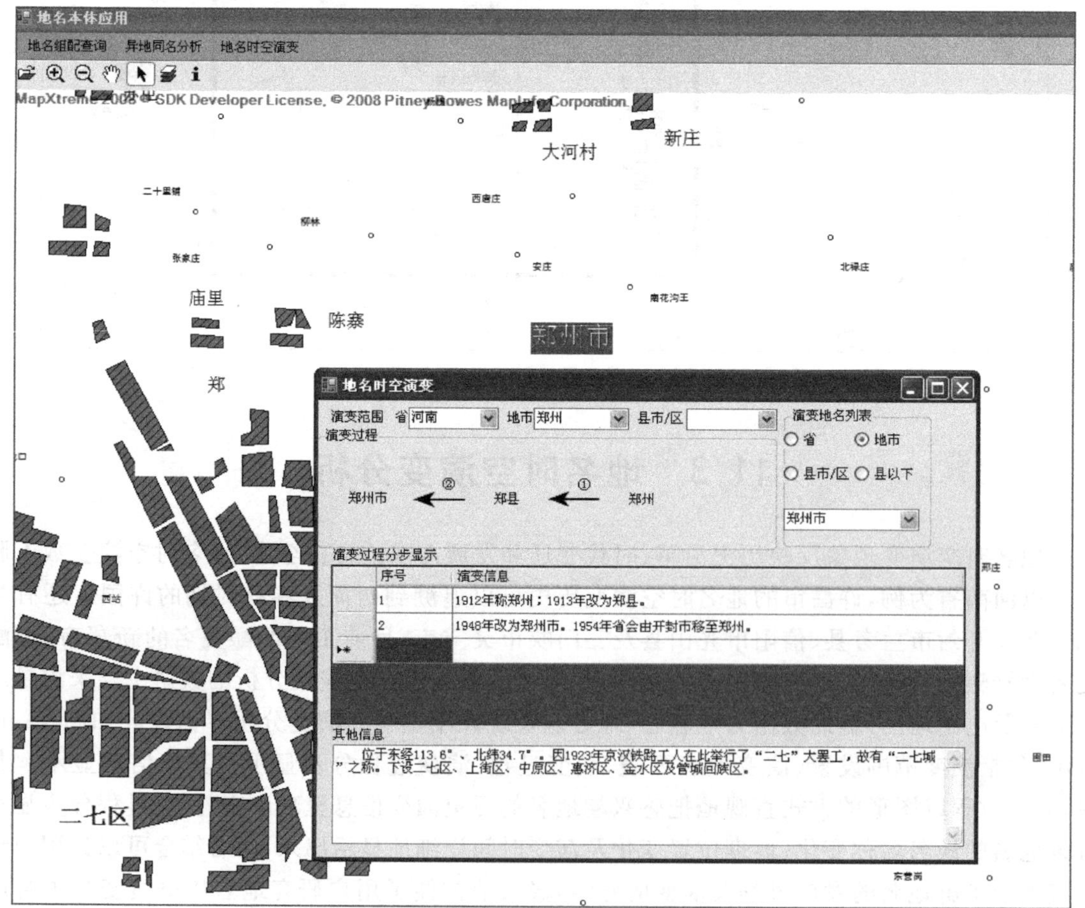

图 11.12 郑州市地名时空演变分析

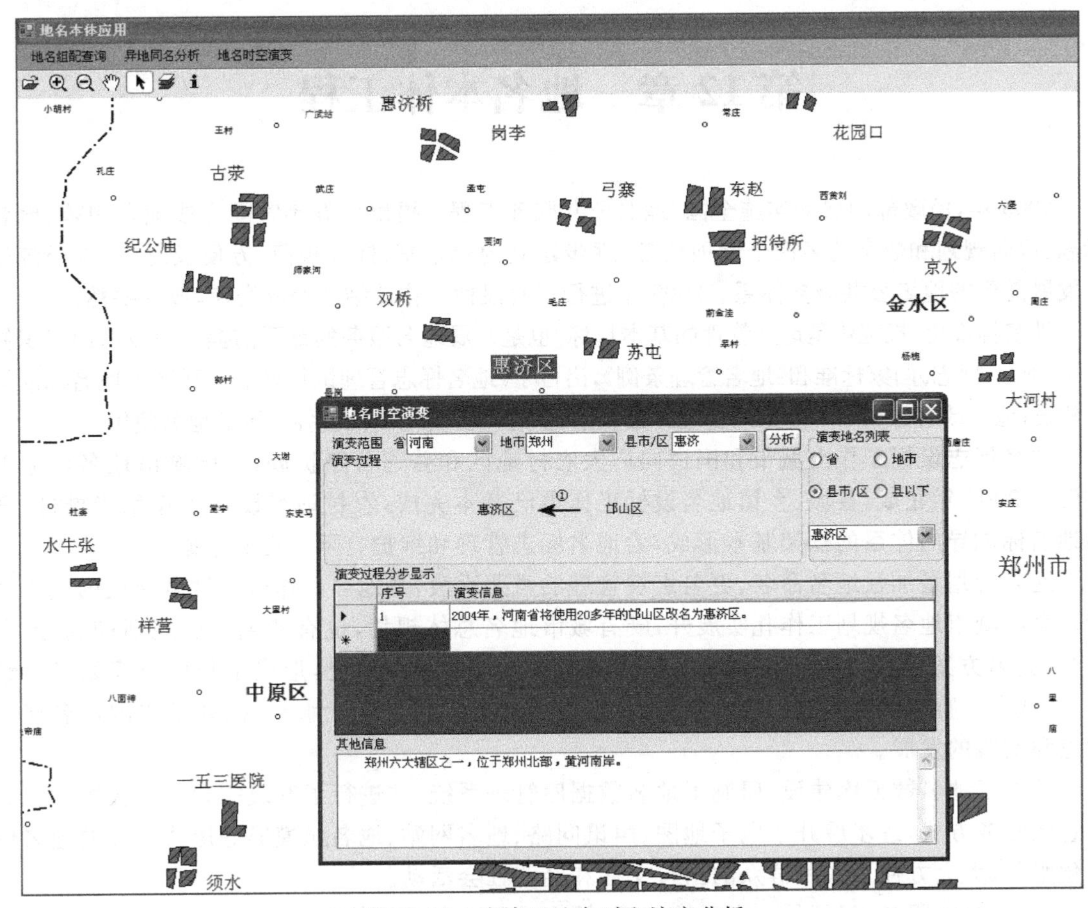

图 11.13　惠济区地名时空演变分析

综上，基于地名本体的组配查询方式从地名语义类型角度进行了地名信息的语义查询。异地同名分析的目的就是消除地名二义性所带来的地名混淆及含糊不清等，该方法是基于地名本体的查询方式，语义一致性是它最大的优势，在进行行政级别较低的区划查询分析时，能够查询检索出其上位类及相关语义信息，方便了地名管理工作。

第 12 章　地名本体工程

2005 年，民政部门启动实施全国“地名公共服务工程”，提出用五年时间完成地名规范、地名标志、地名规划和数字地名四个专项任务，逐步建立内容丰富、标准规范、方便及时、适应经济社会发展需要的地名公共服务体系。2009 年进行了阶段性工作总结和经验交流，成绩斐然。

地名标准化、规范化是地名管理的基本目标，也是开展地名服务的重要前提。民政部门组织修订了《地名 标志》国家标准和《地名管理条例》，出台了《地名标志管理试行办法》，开展了地名标准体系建设；地方政府也实施了一系列管理办法和措施，进一步规范了社会各领域的地名使用。

地名标志设标工作由城市和国道向广大农村地区和普通公路扩展，全国城市地名设标工作已于 2005 年完成，县城、乡镇地名设标工作也已基本完成，农村地名设标工作稳步推进，全国地名标志导向体系的框架基本形成，为地名标志管理和维护打下了良好基础。

地名规划是加强地名命名、更名宏观管理的重要手段，是地名工作服务城乡建设的重要举措。全国城市地名规划工作扎实展开，既有城市地名总体规划，也有特色片区规划；既有地名命名、更名方案，也有地名理论、地名管理机制等方面的系列研究，形成了与城市规划紧密结合、地域文化特色鲜明的地名规划新局面，提高了地名管理科学化水平，推动了我国地名规划理论和实践的发展。

开展了地名数据库建设，研制了地名数据库管理系统，并进行了升级完善。积极探索地名信息化服务方式，逐步展开了电子地图、声讯问路、地名网站、地名触摸屏等形式多样的地名信息化服务，大大方便了人民群众的出行交往和经济社会活动。

“地名公共服务工程”是一个系统工程，旨在满足地名管理并服务社会。在其四个专项中：地名规范化是所有后续工作的基石；地名标志设标是基于规范的物理性实体建设；地名规划体现的是宏观管理；地名信息化是借助信息技术手段提升地名服务水平，其物态表现形式是高质量软件。目前的地名信息化建设内容主要包括地名数据库、地名管理系统和地名服务系统建设，这些工作总体属于软件工程的范畴，遵循软件工程的基本原理和方法论。

12.1　软件工程方法论

软件工程是指导计算机软件开发和维护的一门工程学科，是计算机科学、数学及管理科学等学科交叉融合的产物。计算机科学、数学用于构造模型和算法，管理科学则用于计划、资源、质量、成本等管理。软件工程的物态表现形式是设计、开发、构造出包含若干个相关应用程序的“软件系统”。组成这些“软件系统”的各个相关应用程序之间通过规范的接口保持简单的通信联系。“软件系统”是动态的，随着应用的深入和需求的改变而发生功能性的变化，以有效地支持用户的工作。例如，民政部 2006 年推出了国家地名数据库管理系统 1.1 版，并下发全国试行；通过系统的深层次应用，各地反馈了一些新的问题。为此，区划地名司从 2007 年开始，先后组织多次研讨论证，广泛征求意见，确定了国家地名数据库管理系统升级方案，并于 2008 年研制完成国家地名数据库管理系统 2.0 版，既保持了系统整体框架与 1.1 版的一致，又进一步满足了地名信息化管理需求。

从方法论的视角，软件工程可以理解为方法、工具、过程的三元组。其中，方法是完成软件开发各项任务的技术方法，如结构化方法、面向对象的方法、面向服务的方法等，它回答“怎么做”的问题；工具是为运用方法而提供的自动的或半自动的软件工程支撑环境，如统一建模语言(UML)；过程是为了获得高质量的软件所需要完成的一系列任务的框架，它规定了完成各项任务的工作步骤，通常采用不同的软件过程模型来完成，如瀑布模型、增量模型、螺旋模型、喷泉模型等。

从系统设计工作流程视角，信息系统设计通常包含概念设计、逻辑设计和物理设计等几个阶段(图 12.1)。概念设计主要关心客观世界的本质信息，获得客观世界的概念范式；逻辑设计阶段，概念范式被转换为系统内部可以实现的范式；物理设计阶段，将系统内部可以实现的范式用数据结构定义，确保概念范式中的所有概念得到正确、合理的管理和表达。

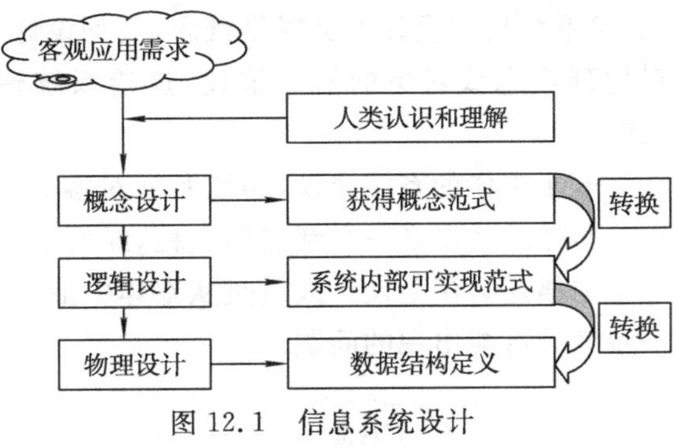

图 12.1　信息系统设计

国家地名数据库管理系统的研发采用了面向对象的程序设计方法和 UML 建模工具，其过程模型并没有严格采用某一种具体模型，而是综合运用了瀑布模型、增量演化模型，涵盖了系统需求、软件需求、设计、编码、测试、运行、更新完善、新版本发布等过程。遵循软件工程的基本原理和信息系统设计方法，民政部门设计实现的国家地名数据库管理系统由地名信息管理系统、区划管理系统、边界管理系统、数据库系统、系统维护和图形维护系统六个子系统构成(图 12.2)。

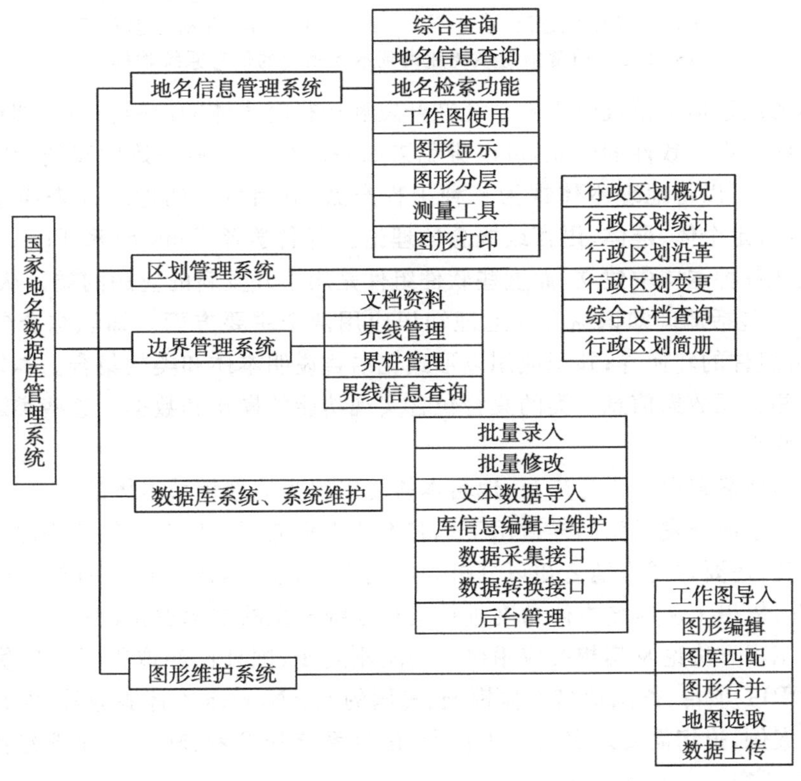

图 12.2　国家地名数据库管理系统功能设计

12.2 地名本体工程方法论

从通常人们已经习惯的信息系统建模到本体驱动的信息系统建模，体现着人类认知实践的进步。在过去的系统建模过程中，如图 12.3(a)所示，领域专家基于自身对客观世界的认知，给系统模型设计人员提供概念，模型设计人员进而抽象出概念范式。显然该建模过程缺少对地理概念或对象的语义描述，这给系统建设埋下隐患，可能会存在语义冲突或概念不一致性。

基于本体的系统建模，领域专家对客观世界认知的结果是获得地理本体如图 12.3(b)所示。本体的获得是一个渐进的过程，经历了提炼—评估—进化等过程，实现了对概念的明确、规范的描述。模型设计人员是从本体中抽象出概念的范式，这样就避免了语义冲突或概念不一致性等可能出现的问题。

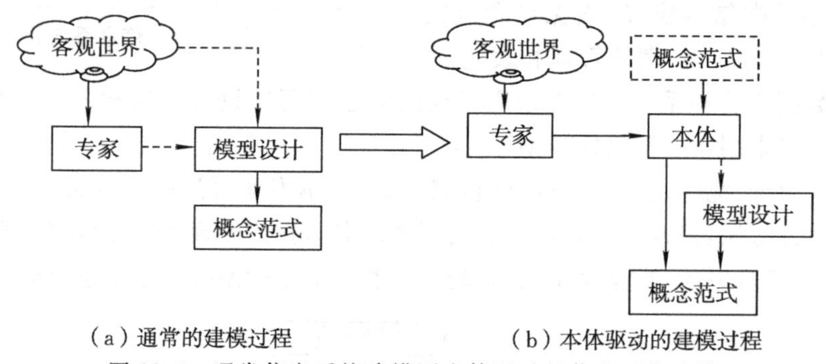

图 12.3 通常信息系统建模到本体驱动的信息系统建模

基于本体的地理信息系统体现着系统在开发和运行时本体的清晰应用。如地理本体允许空间实体和空间关系一致性的建立，可以避免诸如 GIS 中概念不一致性和概念冲突问题。在软件工程意义上，可以将地理本体视为一种工程产品，应用特定的地理词表描述某种地理客体，可以标识为特定个体、群体、语言或概念的理论。著名学者 Fonseca 和 Egenhofer 等认为，各软件组件应从各种本体中建立，而这些软件组件是用于开发新的应用的类。从结构来看，本体驱动的 GIS 应包括地理知识综合和地理知识应用两个主要方面。知识综合包含本体编辑器、本体到软件组件的转换等；知识应用以形式化语言说明本体和类的集合。本体可以为终端用户浏览提供相关元数据信息。类的集合包含实现功能的操作和数据。这些类通过中间件与地理信息源相联系。

地理领域本体涵盖内容十分广泛，地名本体可以视为地理领域本体的一个具体个例，本体驱动的地理信息系统开发思想同样适用于地名本体工程应用。地名本体工程除了遵循软件工程的基本思想外，还要体现出地名知识分析和应用以及地名本体工程如何与地理信息系统开发相关联，为此，提出了从地名本体角度进行信息系统开发的技术思路(图 12.4)。

地名本体工程方法论及其相关应用研究还刚刚起步，国外已经取得了一些优秀的应用案例，如欧洲 SPIRIT 项目、德国地名本体模型、美国的 GeoNames 本体服务等，而在国内尚未见到相应的典型案例，迫切需要地名研究工作者、信息系统开发者、软件工程研究者等多方共同努力，开展相关研究。

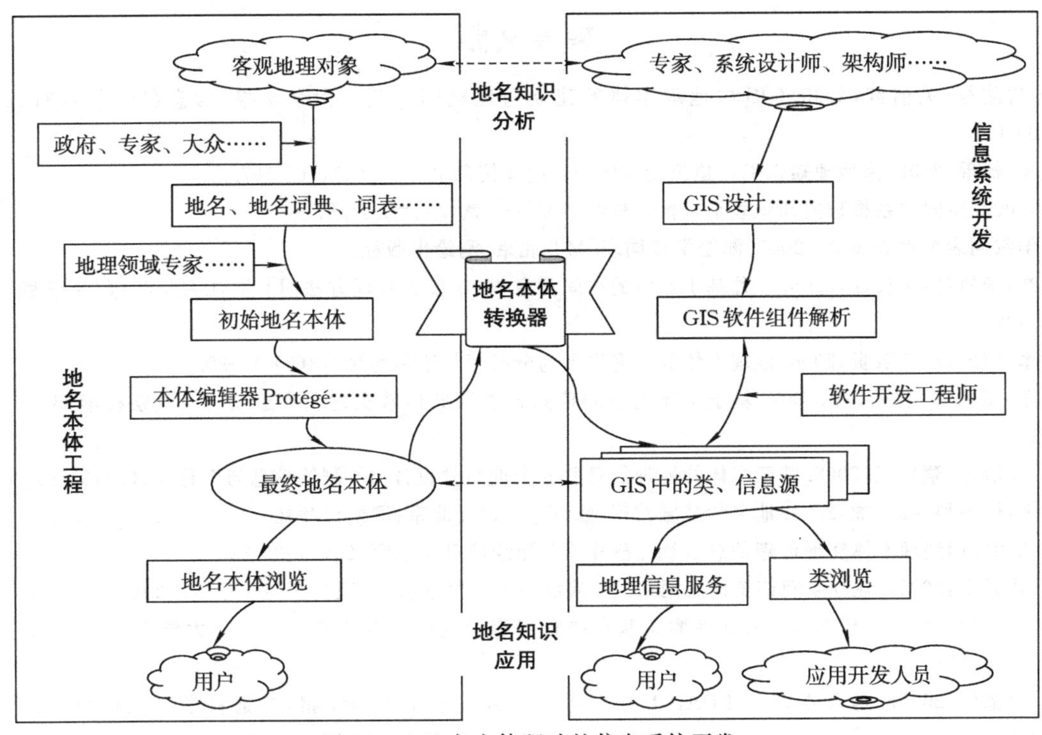

图 12.4　地名本体驱动的信息系统开发

参考文献

安杨,边馥苓,关佶红,2006. GIS 中地理本体的建立与比较[J]. 武汉大学学报(信息科学版),31(12):1108-1111.

边馥苓,梅琨,2008. 为地理知识库构建位置本体[J]. 地理信息世界,25(3):164-167.

曹菡,2002. 空间关系推理的知识表示与推理机制研究[D]. 武汉:武汉大学.

测绘学叙词表编辑委员会, 2003. 测绘学叙词表[M]. 北京:测绘出版社.

陈建杰,杨树锋,李长江,2006. 一种基于本体的空间信息 Web 服务实现方法[J]. 浙江大学学报(工学版),40(3):376-380.

陈建军,周成虎,王敬贵,2006. 地理本体的研究进展与分析[J]. 地学前缘,13(3):81-90.

陈应东,崔铁军,郭黎,等,2007. 基于本体的空间信息智能服务传输机理研究进展[J]. 测绘科学,32(6):8-9,13.

程钢,杜清运,蔡忠亮,2008. 基于本体的地理信息服务查询组件设计[J]. 测绘信息与工程,33(2):31-33.

褚亚平,伊钧科,孙冬虎,2009. 地名学基础教程(修订本)[M]. 北京:测绘出版社.

崔巍,2004. 用地理本体实现地理信息系统互操作[J]. 测绘信息与工程,29(1):20-22.

崔巍,蒋天发,2005a. 建立空间信息语义网格[J]. 武汉理工大学学报(交通科学与工程版),29(3):421-424.

崔巍,蒋天发,2007. 地理本体 Agent 在紧急状态决策过程中的语义互操作[J]. 武汉大学学报(工学版),40(1):126-129.

崔巍,李德仁,2005b. 地理本体与 LDAP 目录服务[J]. 武汉理工大学学报(交通科学与工程版),29(4):491-494.

董金祥,2009. 基于语义面向服务的知识管理与处理[M]. 杭州:浙江大学出版社.

杜云艳,张丹丹,苏奋振,等,2008. 基于地理本体的海湾空间数据组织方法——以辽东湾为例[J]. 地球信息科学,10(1):1-13.

付燕宁,金龙飞,王开锋,等,2006. 基于本体的信息检索系统的设计与实现[J]. 计算机应用研究,23(11):155-157.

龚健雅,2001. 地理信息系统基础[M]. 北京:科学出版社.

郭黎,刘灿由,陈应东,等,2008. 基于本体的水系要素数据集成方法研究[J]. 地理信息世界,6(2):42-47.

郭庆胜,杜晓初,闫卫阳,2006. 地理空间推理[M]. 北京:科学出版社.

郭仁忠,2001. 空间分析[M]. 北京:高等教育出版社.

韩春华,易思蓉,吕希奎,2006. 基于 GIS 的铁路选线智能环境及领域本体建模方法[J]. 中国铁道科学,27(6):84-90.

何建邦,李新通,毕建涛,等,2003. 资源环境信息分类编码及其与地理本体关联的思考[J]. 地理信息世界,1(5):6-11.

华林甫,2002. 中国地名学源流[M]. 长沙:湖南人民出版社.

黄茂军,2005. 地理本体形式化表达机制及其在地图服务中的应用研究[D]. 武汉:武汉大学.

黄茂军,杜清运,吴运超,等,2004. 地理本体及其应用初探[J],地理与地理信息科学,20(4):1-5.

贾君枝,2007.《汉语主题词表》转换为本体的思考[J]. 中国图书馆学报(4):41-44.

蒋玲,龚健雅,2007. 基于 OWL-S 的地理信息服务描述和发现[J]. 测绘与空间地理信息,30(5):19-22,27.

景东升,2005. 基于本体的地理空间信息语义表达和服务研究[D]. 北京:中国科学院遥感应用研究所.

乐小虬,杨崇俊,刘冬林,等,2006. 问答式移动空间信息服务中的本体实例搜索[J]. 高技术通讯,16(11):1107-1112.

李德仁,崔巍,2006. 地理本体与空间信息多级网格[J]. 测绘学报,35(2):143-148.

李宏伟,蔡畅,李勤超,2009a. 基于 Jena 和地理本体的空间查询与推理研究[J]. 测绘工程,18(5):5-9.

李宏伟,李勤超,2009b.基于本体的土地利用数据分类分级表达[J].地域研究与开发,28(1):82-85.

李宏伟,李勤超,段静,2008a.基于本体的地理信息系统工程方法[J].计算机应用与软件,25(11):69-70,127.

李宏伟,袁永华,孟婵媛,2008b.基于任务本体的地理信息 Web 服务组合研究[J].计算机应用与软件,25(7):165-166,176.

李霖,王红,2006.基于形式化本体的基础地理信息分类[J].武汉大学学报(信息科学版),6(31):523-526.

李霖,朱海红,王红,等,2008.基于形式本体的基础地理信息语义分析——以陆地水系要素类为例[J].测绘学报,37(2):230-235,242.

李勤超,2007.基于本体的地理信息检索方法研究[D].郑州:信息工程大学.

李淑霞,高俊,2008.地名本体的概念框架与构成研究[J].测绘科学技术学报,25(3):164-167.

李阳,翟军,陈燕,2005.用本体实现智能交通系统的语义集成[J].信息技术,29(6):10-13.

刘大有,胡鹤,王生生,等,2004.时空推理研究进展[J].软件学报,15(8):1141-1149.

刘继岳,1996.哲学与本体论[J].北京师范大学学报(社会科学版)(5):11-19.

刘瑜,张毅,田原,等,2007.广义地名及其本体研究[J].地理与地理信息科学,23(6):1-7.

毛军,2003.基于 RDF 的叙词表研究[J].情报学报,22(4):163-168.

闵敏,谭传凤,蒋玲,等,2006.地理时空本体研究进展[J].华中师范大学学报(自然科学版),40(1):132-137.

饶炜,刘鹏,2007.基于本体的 GridGIS 服务发现框架研究[J].地理信息世界,5(4):45-48.

石崧,宁越敏,2005.人文地理学"空间"内涵的演进[J].地理科学,3(5):340-345.

史忠植,2000.智能主体及其应用[M].北京:科学出版社.

苏里,朱庆伟,陈宜金,等,2007.基于地理本体的空间数据库概念建模[J].计算机工程,33(12):87-89.

孙敏,陈秀万,张飞舟,2004.地理信息本体论[J].地理与地理信息科学,20(3):6-11,39.

谭喜成,边馥苓,2006.用贝叶斯分类方法和本体实现空间信息语义互操作[J].武汉大学学报(信息科学版),31(8):724-727.

王阿川,李丹,2006.基于 Ontology 的地理信息系统构建中的信息共享[J].东北林业大学学报,34(6):107-109.

王刚,边馥苓,2008.语义 Web 的地理信息服务自动发现与组合研究[J].科技资讯,12(6):100-102.

王欢,曹菡,2007.基于本体和 SWRL 的空间关系的表示与推理方法[J].微电子学与计算机,24(7):166-168,172.

王际桐,1993.地名学概论[M].北京:中国社会出版社.

王家耀,2000.空间信息系统原理[M].北京:科学出版社.

王敬贵,苏奋振,杜云艳,等,2004.基于 Ontology 的空间知识查询方法及其应用[J].地球信息科学,6(4):93-98.

王艳慧,孟浩,2006.道路网多尺度表达实体和关系的本体研究[J].中国矿业大学学报,35(5):689-694.

吴立新,徐磊,陈学习,等,2006.基于主体人与地学本体的人-地关系讨论[J].地理与地理信息科学,22(1):1-6.

吴孟泉,宋晓东,崔伟宏,2007.基于本体的异构空间数据的集成研究[J].武汉大学学报(信息科学版),32(10):915-918.

徐力斌,刘宗田,周文,等,2007.基于 WordNet 和自然语言处理技术的半自动领域本体构建[J].计算机科学,34(6):219-222.

徐薇,黄厚宽,秦勇,2005.时空本体研究及在地理信息系统中的应用[J].铁道学报,27(4):119-124.

许金川,赵政,2007.基于本体论的地理信息系统体系结构研究[J].微处理机,28(4):100-103.

闫浩文,2001.空间方向关系的概念、计算和形式化描述模型研究[D].武汉:武汉大学.

杨骏,李永树,蔡国林,2007.面向本体的启发式空间数据库设计研究[J].计算机应用研究,24(5):24-26.

虞为,曹加恒,陈俊鹏,2007.基于地理空间语义网的异构地理信息查询[J].计算机工程与应用,42(30):6-9.

张力果,1990. 地图学[M]. 北京:高等教育出版社.

张勇,门涛,2007. 基于 WORDNET 的领域本体半自动构建研究[J]. 渤海大学学报(自然科学版),12(4):381-384.

郑茂辉,冯学智,蒋莹滢,等,2006. 基于描述逻辑本体的 GIS 多重表达[J]. 测绘学报,35(3):261-266.

中国大百科全书编辑委员会,2009. 中国大百科全书(地理卷)[M]. 北京:中国大百科全书出版社.

ABDELMOTY A, SMART P D, JONES, et al, 2005. A Critical Evaluation of Ontology Language for Geographic Information Retrieval on the Internet[J]. Journal of Visual Languages and Computing(8): 331-358.

ADL,2002a. Alexandria Digital Library Project[DB/OL]. http://www. alexandria. ucsb. edu/.

ADL,2002b. ADL Gazetteer Content Standard[S]. http://alexandria. sdc. ucsb. edu/lhill/adlgaz/.

ADL, 2002c. ADL Feature Type Thesaurus [DB/OL]. http://www. alexandria. ucsb. edu/gazetteer/FeatureTypes/.

ALEMAN-MEZA B,2002. SWETO: Large-Scale Semantic Web Test-bed[C]. In Proceedings of the Tenth ACM International Symposium on Advances in Geographic Information Systems, McLean, Virginia.

ALLEN J F, FERGUSON G, 1994. Actions and Events in Interval Temporal Logic[J]. Journal Logic and Computation,4(5):531-579.

ASSEM M V, 2004. A Method for Converting Thesauri to RDF/OWL[C]. International Semantic Web Conference(ISWC).

BETH D, RANDALL F, 2006. National Geospatial-Intelligence Agency and United States Board on Geographic Names[C]. In Workshop on Digital Gazetteer Research and Practice Santa Barbara, California: 92-97.

BITTERS B, 2005. A Geographical Ontology of Objects in the Visible Domain[D]. The Florida State University.

BORST W N,1997. Construction of Engineering Ontologies for Knowledge Sharing[D]. University of Twente, Enschede.

CHAVES M S, SILVA M, MARTINS,2005. A Geographic Knowledge Base for Semantic Web Applications [C]. Proc. of the 20th Brazilian Symposium on Databases:40-54.

DAHLBERG I,1981. Conceptual Definitions for Interconcept[J]. International classification,8(1).

EGENHOFER M, FRANZOSA R,1991. Point-Set Topological Spatial Relations[J]. International Journal of Geographic Information Systems,5(2):161-174.

EGENHOFER M, HERRING J, 1994. Categorizing Topological Spatial Relations between Point, Line and Area Objects[R]. The 9-Intersection Formalism and its Use for Natural-Language Spatial Predicates. Santa Barbara, CA: National Center for Geographic Information and Analysis.

EGENHOFER M, MARK D M, FRANK A, et al, 1995. Spatial Information Theory: Theoretical Basis for GIS[C]. International Conference COSIT'95. Berlin: Springer-Verlag.

EGENHOFER M, Max J, 2002. Toward the Semantic Geospatial Web[C]. Proc. of the Tenth ACM International Symposium on Advances in Geographic Information Systems, McLean, Virginia.

EMAN J,2005. Owl Exports From a Full Thesaurus[J]. Bulletin of the American Society for Information Science and Technology,32(1).

ERIKSSON H, FERGERSON R, SHAHAR Y, et al, 1999. Automatic Generation of Ontology Editors[C]. Proc. of the 12th Banff Knowledge Acquisition Workshop, Banff, Alberta, Canada.

ESCRIG M T, TOLEDO F,1998. Qualitative Reasoning: Theory and Practice[M]. Netherlands IOS Press.

FARQUHAR A, FIKES R, RICE J, 1997. The Ontolingua Server: A Tool for Collaborative Ontology Construction[J]. International Journal of Human-Computer Studies,46(6):707-727.

FONSECA F, EGENHOFERM, et al, 2002. Using Ontologies for Integrated Geographic Information System[J]. Transactions in GIS(3).

FONSECA F T,2001. Ontology-Driven Geographic Information[D]. The University of Maine.

FRANK A,1996. Qualitative Spatial Reasoning: Cardinal Directions as An Example[J]. GISs,10(3): 269-290.

FU F, JONES C, ABDELMOTY A,2002. Building a Geographical Ontology for Intelligent Spatial Search on the Web[C]. In Proceedings of the Tenth ACM International Symposium on Advances in Geographic Information Systems, McLean, Virginia.

FU G, ABDELMOTY A I, JONES C, 1998. Design of a Geographical Ontology. Technical Report[J]. Spatially-Aware Information Retrieval on the Internet,SPIRIT.

GETTY RESRARCH INSTITUTE,2002. Getty Thesaurus of Geographic Names[DB/OL]. http://www.getty. edu/research/tools/vocabulary/tgn/.

GOODCHILD M F,2007. The Alexandria Digital Library Project: Review, Assessment and Prospects[J]. D-Lib Magazine.

GOOGLE GROUPS,2012. Geonames[DB/OL]. http://www. geonames. org/.

GOYAL R K, 2000. Similarity Assessment for Cardinal Directions[D]. Department of Spatial Information Science and Engineering,University fo Maine.

GRUBER T R,1993. A Translation Approach to Portable Ontologies[J]. Knowledge Acquisition,5(2): 199-220.

GRUBER T R,1995. Towards Principles for the Design of ontologies Used for Knowledge Sharing[J]. International Journal of Human Computer Studies,43:907-928.

GRUNINGER M,FOX M S,1995. Methodology for the Design and Evalution of Ontologies[C]. Inproceeding of the Workshop on Basic Ontologies Issues in Knowledge Sharing, held in conjunction with IJCAI-95, Montreal,Canada.

GUARINO N,1998. Formal Ontology in Information System[M]. Amsterdam: IOS Press.

HAARSLEV, VLUTZ C, MOLLER R, 1998. Foundations of Spatial Terminological Reasoning with Description Logics[J]. Principles of Knowledge Representation and Reasoning:112-123.

HERNANDEZ D,CLEMENTINI E,FELICE P D,1995. Spatial Information Theory: a Theoretical Basis for GIS[M]. LNCS. Berlin: Springer Verlag:45-58.

HILL L, GOODCHILD M,1999. Digital Gazetteer Information Exchange[R]. Final Report of Workshop.

HILL L L,2001. Core Elements of Digital Gazetteers: Placenames, Categories and Footprints. Research and Advanced Technology for Digital Libraries[M]. Lisbon,Portugal.

HORROCKS I,2005. OWL rules[J]. Rule Languages for Interoperablity.

HORROCKS I, PATEL-SCHNEIDER P F, TABET H B S, et al, 2004. SWRL: Asemantic Web Rule Language Combining Owl and Ruleml [R/OL]. http://www. w3. org/Submission/2004/SUBM-SWRL-20040521/.

ISO19112,2002. Geographic Information-Spatial Referencing by Geographic Identifiers[S].

JONES C B, ALANI H, TUDHOPE D,2002. Geographical Terminology Servers: Closing the Semantic Divide[J]. Perspectives on Geographic Information Science:201-218.

KNUBLAUCH H, FERGERSON R W, NOY N F, et al, 2004. The Protégé OWL Plugin: An Open Development Environment for Semantic Web Applications [C]. Proc. Third ISWC (ISWC 2004), Hiroshima, Japan:229-243.

LEE B T,1998. Semantic Web Road map[R/OL]. http//www. w3. org/Design Issues/Semantic. html.

LEE B T,2001. HENDLER JAMES. The Semantic Web[J]. Scientific American,2001(5):29-37.

MARK D M, FREKSA C, STEPHEN C,et al,1999. Cognitive Models of Geographical Space[J]. Geographical Information Science,13(8),747-774.

MCGUINNESS D L, ABRAHAMS M K, RESNICK L A, et al, 1994. Classic Knowledge Representation System[Z]. http://www. bell-labs. com/project/classic/papers/ClassTut/ClassTut. html.

NAGEL S,2005. An Ontology of German Place Names[C]. Corela Cognition, Représentation, Langage Numéros spéciaux, Le traitement lexicographique.

NECHES R,FIKES R E,GRUBER T R, et al,1991. Enabling Technology for Knowledge Sharing[J]. AI Magazine, 12(3):36-56.

PEUQUET,ZHAN C,1987. An Algorithm to Determine the Directional Relationship between Arbitrarily-Shaped Polygons in the Plane[J]. Pattern Recognition,20(1):65-74.

RENZ J, NEBEL B,1997. On the Complexity of Qualitative Spatial Reasoning: A Maximal Tractable Fragment of the Region Connection Calculus[C]. Proceedings of the 15th International Joint Conference on Artificial Intelligence(IJCAI'97)(8):522-527.

RODRIGUEZ A,EGENHOFER M,2003. Determing Semantic Similarity among Entity Classes from Different Ontologies[J]. IEEE Transactions on Knowledge and Data Engineering,15(2):442-456.

SMITH B, MARK D,1998. Ontology and Geographic Proceedings[C]. The 8th International Symposium on Spatial Data Handling (SDH'98). International Geographical Union, Vancouver:308-320.

SMITH B,MARK D, 2001. Geographical Categories: An Ontological Investigation[J]. International Journal of Geographical Information Science. 15:591-612.

SMITH T R, FREW J,1995. Alexandria Digital Library[C]. ACM,38(4):61-62.

STUDER R,BENJAMINS V R,FENSEL D,1998. Knowledge Engineering, Principles and Methods[J]. Data and Knowledge Engineering,25(12):161-197.

SURE Y, ERDMANN M, ANGELEJ, et al, 2002. OntoEdit: Collaborative Ontology Development for the Semantic Web[C]. In Proceedings of the International Semantic Web Conference 2002 (ISWC 2002), Sardinia, Italia.

TUDHOPE D, ALANI H, JONES C,2001. Augmenting Thesaurus Relationships: Possibilities for Retrieval [J]. Journal of Digital Information,1(8),256-261.

USCHOLD K,1998. Description of Methodologies[J]. Overview of Methodologies for Building Ontologies.

USCHOLD M, GRUNINGER M, 1996. Ontologies: Principles, Methods and Applications[J]. Knowledge Engineering Review,11(2):58-64.

VISSER U, KLEIN M, 2002. The Semantic Web Challenge [C]. In Proceedings of the TenthACM International Symposium on Advances in Geographic Information Systems, McLean, Virginia.

VÖGELE T, HÜBNER S, SCHUSTER,et al, 2003. A Information Broker for the Semantic Web[J]. KI-Künstliche Intelligenz,3:31-34.

W3C,2002. Ontology Development:A Guide to Create Your First Ontology[Z]. http://protege. stanford. edu/publications/ontology_development/ontology101.

W3C,2012. OWL Web Ontology Language Guide. [EB/OL] http://www. w3. org/TR/owl-features/. 2012. 11.

WIELINGA B,SCHREIBER J,WIELEMAKER J A,2002. From Thesaurus to Ontology[Z]. http://www. cs. vu. nl/guus/papers/Wielinga. pdf.

WINSTON M,CHAFFIN R,HERNNANN D,1987. A Taxonomy of Part-Whole Relations[J]. Cognitive Science:417-444.

附　录　TopBraid Composer™(TBC)企业级语义集成环境

附录介绍 TopBraid Composer™ 企业集成环境。该集成环境适用于定义、测试及管理利用 W3C 标准语言 RDFS、OWL、SWRL 和 SPARQL 描述的语义模型。

附录使用的术语 TopBraid Composer™、TBC 及 Composer 表达的意义相同。

附录 1.1 介绍了 TBC 的详细安装步骤及配置说明，包括如何打开已有本体、如何从网络下载本体、如何建立虚拟文件夹以共享外来本体。

附录 1.2 介绍了如何建立简单本体(限于 RDFS 词表)并运行测试查询，包含 RDFS 语言推理实习。

附录 1.3 介绍了如何共享多重本体的输入特征和方法问题。

附录 1.4 介绍了包含约束的 OWL 关键句法。

附录 1.5 描述了 TBC 支持的各种标准语言，包括 RDF、RDFS、OWL、SPARQL 及 SWRL 等。这对那些不太熟悉相关语言的读者而言，可以先熟悉第 1.5 节中的相关语言描述，然后再学习第 1.1 节。

Composer 提供了完整的帮助文件。附录中没有覆盖到的特征在帮助文件中进行了说明。点击 TopBraid Composer 菜单，选择 Help→Help Contents 选项即可获得帮助说明。

约定如下：

(1)类(class)、属性(property)和个体命名使用无衬线字体。

(2)用户界面程序和菜单项使用加粗斜体字。

(3)键入到 TBC 中的练习信息使用宋体。

(4)练习及相关步骤使用黑体字。

1.1　安装说明

1.1.1　需　求

TBC 是用 Eclipse 语言编写的应用程序。Eclipse 是一个强大的开源平台，适合于各种建模与编程语言。TBC 与 Eclipse 的融合意味着开发者可充分利用 Eclipse 的开发环境优势。同时，Eclipse 提供了一种更新机制，允许用户方便地更新插件，如发布 TBC 新版本。

TBC 系统需求与 Eclipse 3.2 平台的环境需求相同，虽然 TBC 在 Eclipse 3.1 平台下也能运行，但是本书还是极力推荐用户使用 Eclipse 3.2 版本。

1.1.2　安　装

1. Windows 环境下安装

TBC 安装包可从网址 http://www.topbraidcomposer.com/download.html 下载。

TBC 安装包包含适配的 Java 虚拟机，用户只需运行安装文件便可完成 TBC 的安装。

2. Mac OS X 环境下安装

对于 Mac OS X 平台环境，用户需要从网址 http://www.topbraidcomposer.com/download.html 下载预先配置好的 Eclipse 3.2 安装包，包括 TBC.zip 压缩包。解压 zip 压缩包，例如解压到/Applications/TopBraidComposer 目录下，然后运行 eclipse.exe。

默认情况下，工作空间目录为 TBC/workspace，也可通过选择 File → Switch Workspace 选项改变工作空间目录。

3. 非 Windows 平台下安装

如果在非 Windows 平台下安装 TBC，或者添加 TBC 插件到 Eclipse 安装包，只要按照网址 http://www.topbraidcomposer.com/download.html 描述的步骤执行即可。

1.1.3 工作空间配置

1. 创建 Eclipse 工程

当 Eclipse 和 TBC 安装好后，开始创建 Eclipse 工程。

> 贴士 1：工程是 Eclipse 中的概念。TBC 除了以.rdf 或.owl 文件形式存储所有本体外，也提供了后台数据库存储形式。应用后台数据库，本体可以存储在很多支持 DBMS 系统的数据库中，TBC 仅存储用户自定义的信息。
>
> 即便 TBC 不使用.project 文件，用户仍然需要为工作空间创建至少一个可以执行的工程。

当第一次运行 Eclipse 时，会出现一个欢迎界面，不需要理会，只要关闭它即可。

(1)选择 Window→Open Perspective→Other 选项，然后从对话框中选择 TopBraid，如图附 1 所示。

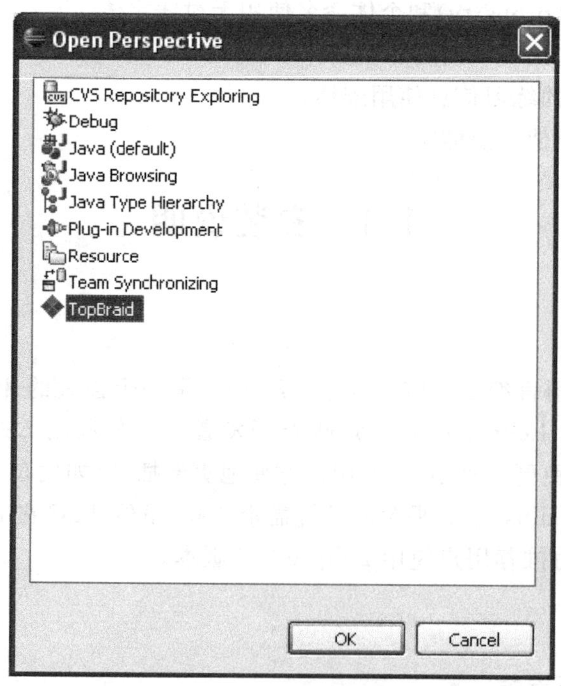

图附 1 选择 TopBraid Perspective

(2)从菜单中选择 File→New → Project,如图附 2 所示。

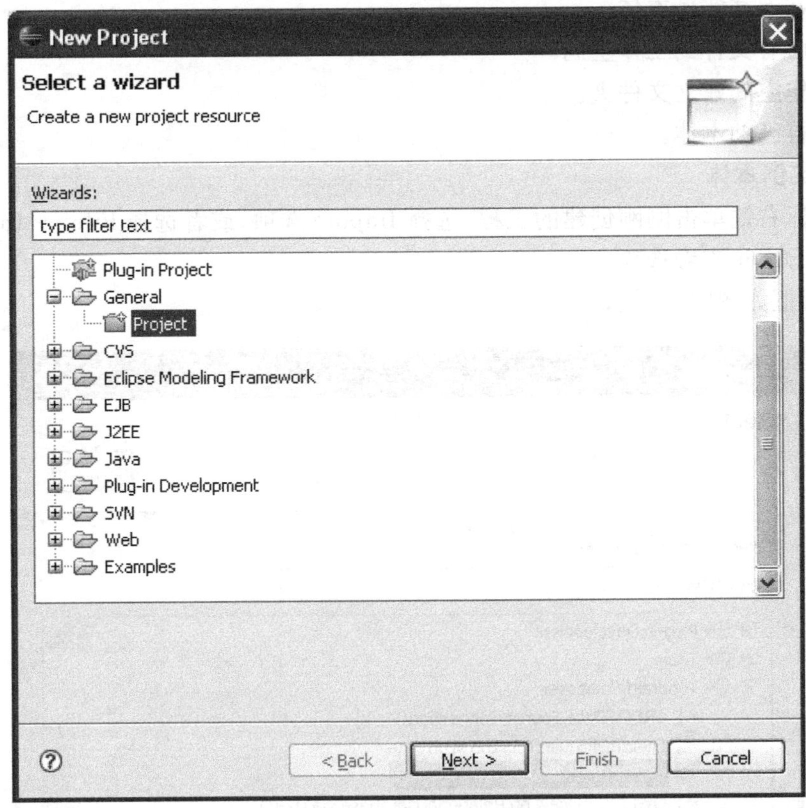

图附 2　创建 Eclipse 工程—步骤 1

(3)在弹出窗口中选择 General/Project 或在 Eclipse 3.1 中选择 Simple/Project,然后输入一个合适的工程名,如图附 3 所示。

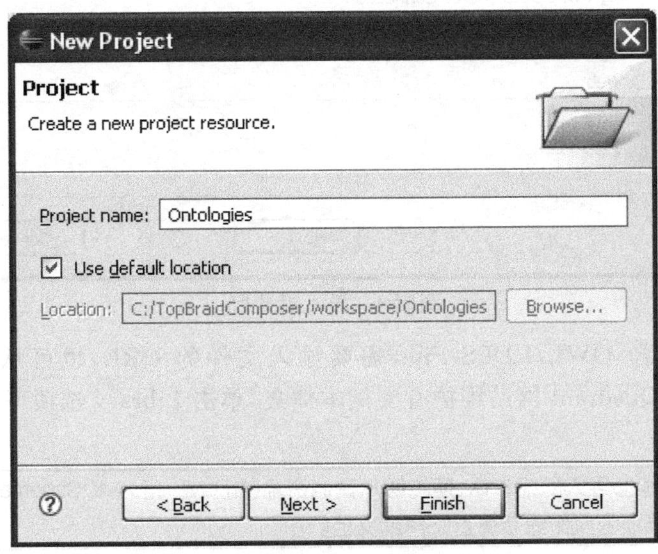

图附 3　创建 Eclipse 工程—步骤 2

接下来：

(1)从网站下载实例本体。

(2)复制已有文件到工作空间。

(3)在工作空间建立文件夹。

(4)创建自己的本体。

2. 下载实例本体

(1)用鼠标右键单击刚刚创建的工程，选择 Import 选项，或者选择 File → Import 菜单。

(2)展开 Other 查看选项。

导入对话框如图附 4 所示。

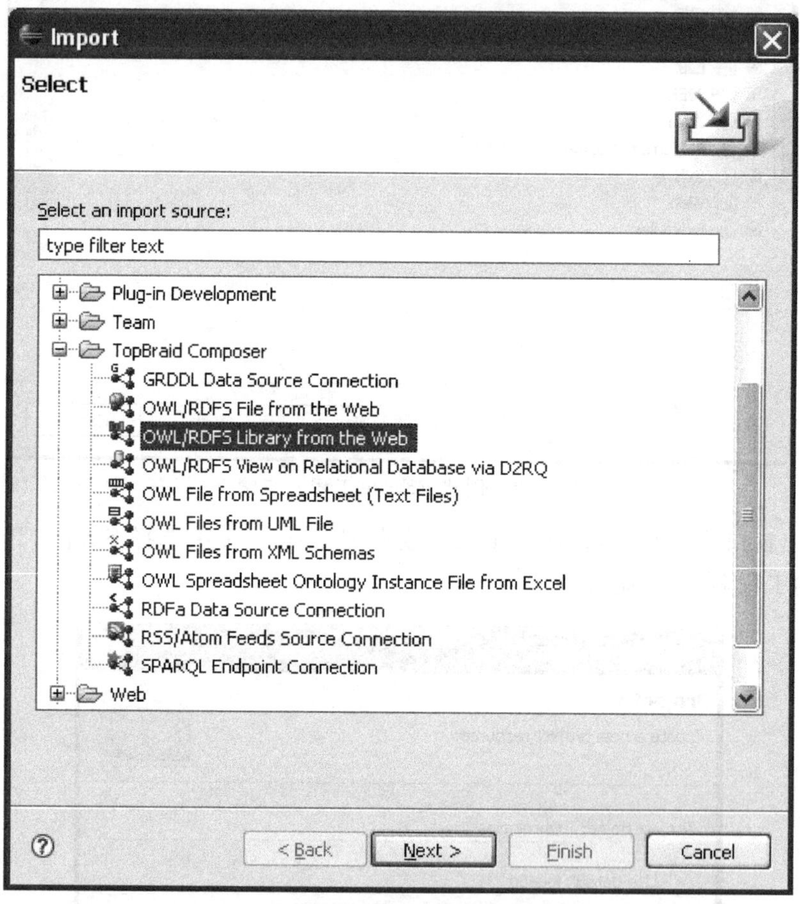

图附 4　导入对话框

如果从 Web 选择 OWL/RDFS File，需要输入文件的 URL，也可从 Web 选择 OWL/RDFS Library，TopQuadrant 网站维护有实例本体集，单击 Library 选项可以下载这些本体集文件，如图附 5 所示。

贴士 2：TBC 不仅能够导入网络本体，还能够从其他资源(如 UML 和 XML Schema 文件)中导入或转换信息。关于具体导入选项的操作细节请查阅帮助文档。

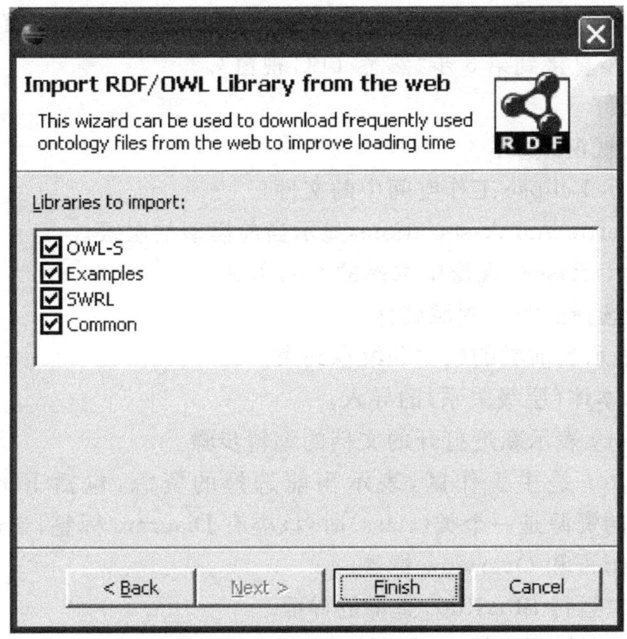

图附 5　下载 OWL/RDFS 实例库

文件库下载完之后，进入 Navigator 视图，打开实例文件夹，双击任意一个实例文件，例如打开 geotravel. owl 或 travel. owl，即可看到如图附 6 所示的界面。

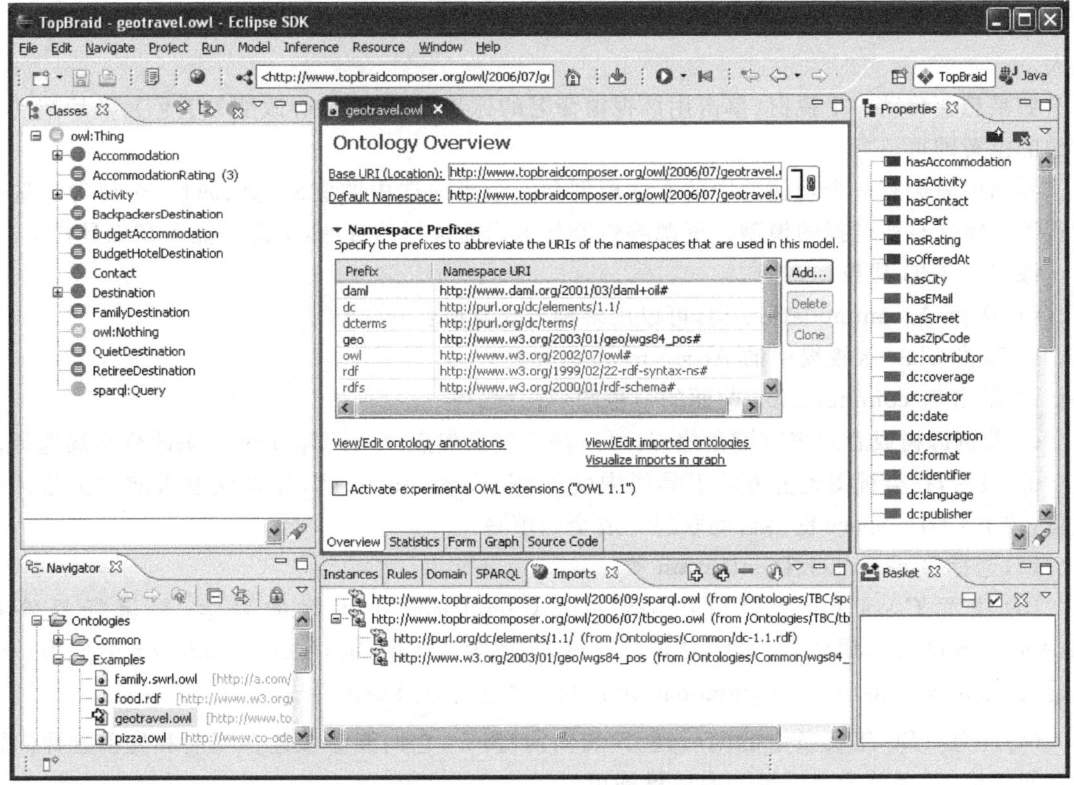

图附 6　TopBraid Composer 中的 geotravel. owl

对于 Windows 安装包和 Mac OS X 的 zip 压缩包，工作空间初始配置按照上述两步实施。当然也可以跳过这两步直接到第 3 步“熟悉 TBC 视窗”。

3. 熟悉 TBC 视窗

TBC 由以下主要视窗组成：

(1) Navigator 表示 Eclipse 工作空间中的文件。

(2) Classes, Propertie and Associations 显示当前模型的层级。

(3) Instances 表示 Classes 视窗中选择的类的实例。

(4) Domain 表示选择的类的领域属性。

(5) Inheritance 表示当前类的超类和继承约束。

(6) Imports 表示本体(层级关系)的导入。

(7) Change History 表示新近打开的文档的编辑步骤。

(8) Resource Editor 是主工作区，表示当前选择的资源，包括 Form，Graph 和 Source Code 的标签；当选择的资源是一个类(class)时，该类有 Diagram 标签；当选择的资源是一个本体时，该本体有 Statistics 和 Overview 标签。

(9) SPARQL 提供运行 SPARQL 查询的界面。

(10) Rules 表示模型的所有规则，规则解析既可用 SWRL，也可用 Jena 格式。

(11) File Registry 表示包括命名空间的所有文件列表。

(12) Basket 作为一个灵活的拖放区域，有许多应用。

在默认设置下，并非所有视窗都显示。选择 Window→Show View 可以显示一个隐藏的视窗。如果有必要，所有的 TBC 视窗都可以拖动或者重新布局，也可以调整大小，如缩小或者放大。

如果想要移动一个视窗，单击用该视窗命名的标签(这时标签会改变为蓝色)，然后拖动到想放的位置即可。

界面中总会有一个当前选中的本体模型和一个当前选中的资源(类、属性、个体等)，选择的资源一定来自所选择的模型。资源编辑器显示当前选择的资源，资源会显示在工具栏上。

练习 1：TBC 导航

(1) 选择 Accommodation 类，可以用多种方式导航：

a. 双击 Classes 视窗中的 Accommodation 类。

b. 单击 Accommodation 前面的金色圆形图标。

c. 若资源树或者列表有键盘焦点，可以按下键盘焦点 Alt+Up/Down 来改变全局选择。

d. 最后，在类视图正上方的工具栏中输入“Accommodation”，如果仅输入前面少数几个字符，按下 Ctrl+Space 键会自动联想完成全名填写。

(2) 选择 BackpackersDestination 类。

(3) 注意 Class Form 视窗中 owl: equivalentClass 小程序的表达，将鼠标悬停在 hasAccommodation 属性上，然后按下 Ctrl 键，如图附 7 所示，hasAccommodation 会成为一个超链接，单击该链接，hasAccommodation 属性就可显示在 Form 中。

(4) 注意 TBC 工具条中的向后键⇦和向前键⇨，它们能够快速在当前和先前选择的资源之间切换，只要单击向后键和向前键即可。

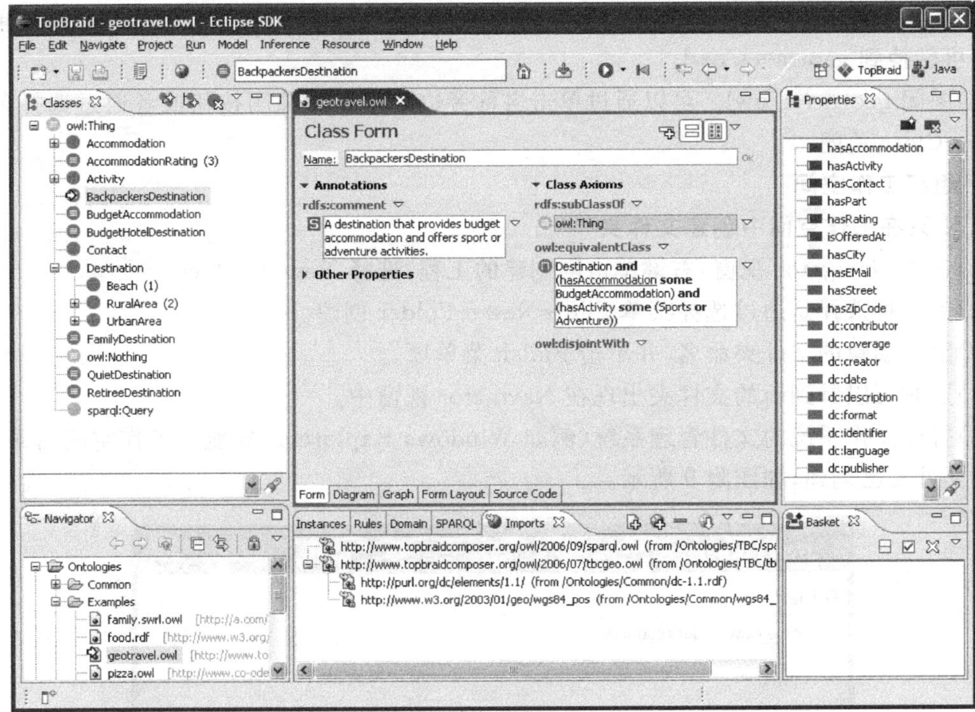

图附 7　用超链接导航

练习 2:本体之间的转换

(1)进入 Navigator 视窗,然后打开 Pizza 本体(pizza. owl),看到如图附 8 所示的界面。

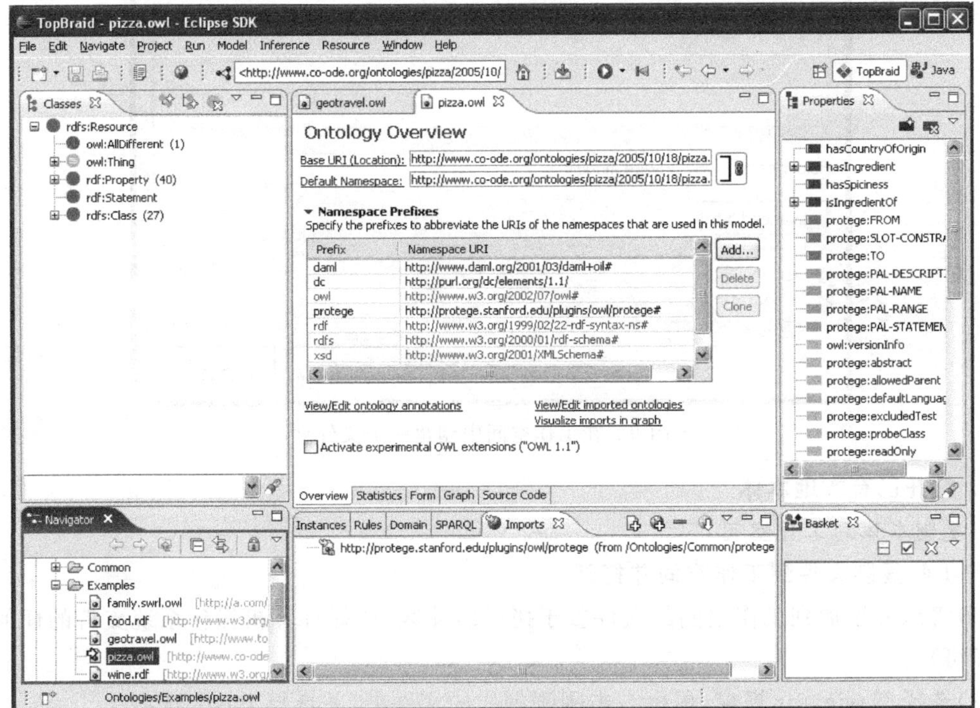

图附 8　打开多个本体

(2)注意 pizza.owl 是当前选择的本体,而 geotravel.owl 仍然处于打开状态。通过单击名称标签可转换到 geotravel.owl。

(3)关闭 geotravel.owl。可以通过单击名称旁边的十字形关闭按钮或者通过选择菜单栏的 File→Close 关闭。

4. 组织工作空间

练习 3:在工作空间中创建文件夹

(1)选择 Navigator 视窗,右键单击刚创建的工程,选择 New→Folder。

(2)另一种选择是通过选择菜单 File→New→Folder 创建。

(3)给新创建的文件夹命名,并单击 Finish 菜单项。

(4)这时可以看到新的文件夹出现在 Navigator 视窗中。

(5)打开操作系统的文件管理系统(例如 Windows Explorer),导航到工作空间目录,会看到新的文件夹已创建,如图附 9 所示。

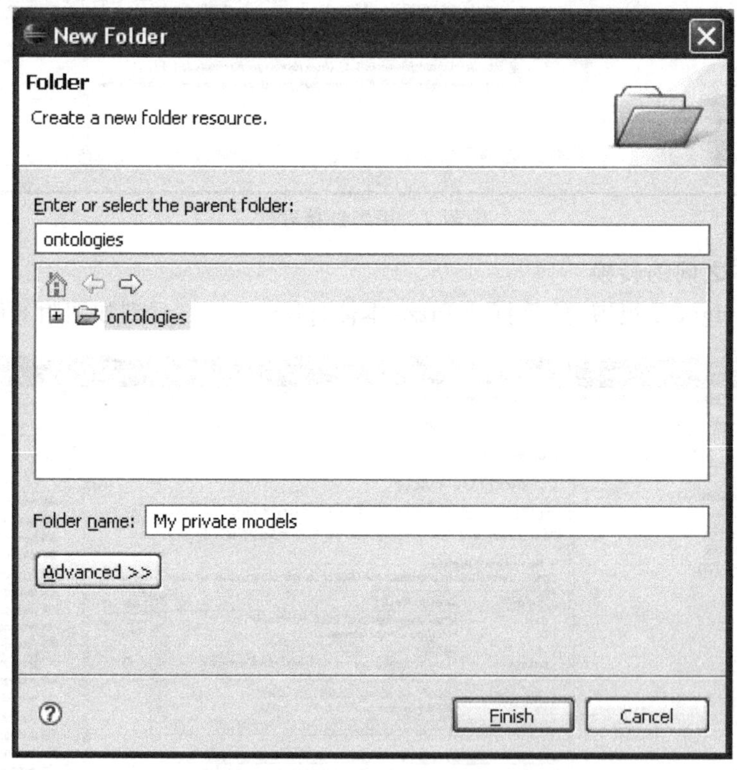

图附 9　在工作空间中创建一个文件夹

5. 打开已有本地本体

1)复制本体到工作空间

练习 4:复制文件到工作空间并打开

(1)将想要添加到工作空间的文件置于拷贝缓冲区(选择计算机操作系统支持的任何拷贝命令即可)。

(2)选择 Navigator 视窗,鼠标右击刚刚创建的文件夹,并选择 Paste 选项。

(3)双击打开该文件。

> 贴士 3:也可以利用计算机文件管理系统复制文件到任意工作空间文件夹,但是在该过程中,只有刷新相应的文件夹后,才能在 Navigator 视窗中看到该文件。
>
> 方法:鼠标右键单击选中的文件夹选择 Refresh 选项。
>
> 如果用其他程序更改了文件,则只有在刷新后,TBC 才能知道文件版本已经改变。

2)创建链接文件夹

有时,用户想操作存储在工作空间以外的其他文件,例如,要与其他团队成员共享 CVS 文件或其他版本控制系统,那么可以通过链接文件夹来访问这些文件,而不是复制工作空间中的这些文件。

练习 5:创建一个链接文件夹

(1)选择 Navigator 视窗,鼠标右键单击刚创建的工程并选择 New→Folder。

(2)或者在菜单栏中选择 File→New→Folder。

(3)给新建文件夹命名并单击 Advanced 按钮。

(4)在文件系统中检查 Link to folder。

(5)单击 Browse 按钮。

(6)选择任意文件夹。

(7)单击 Finish 按钮,操作完成。

这时用户可以像操作工作空间里的文件夹一样,查看和使用该文件夹,如图附 10 所示。

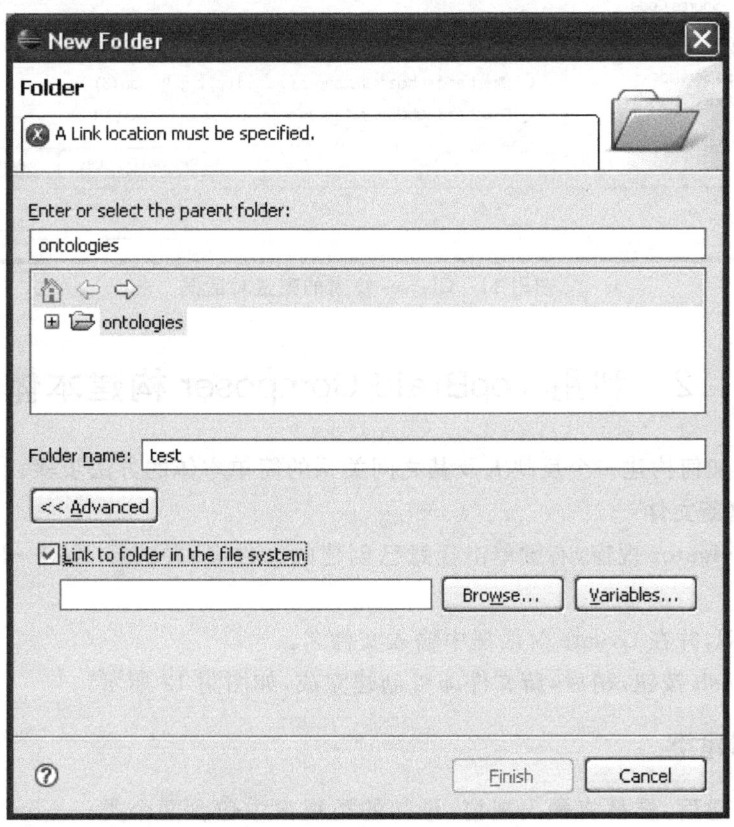

图附 10　创建一个链接文件夹

6. 建立配置

TBC 可以灵活配置。从菜单栏 Window→Preferences 菜单进入，展开 TopBraid Composer 的树状列表可以查看可用的配置对话框，对于 Classes 视窗，其对话框设置如图附 11 所示。

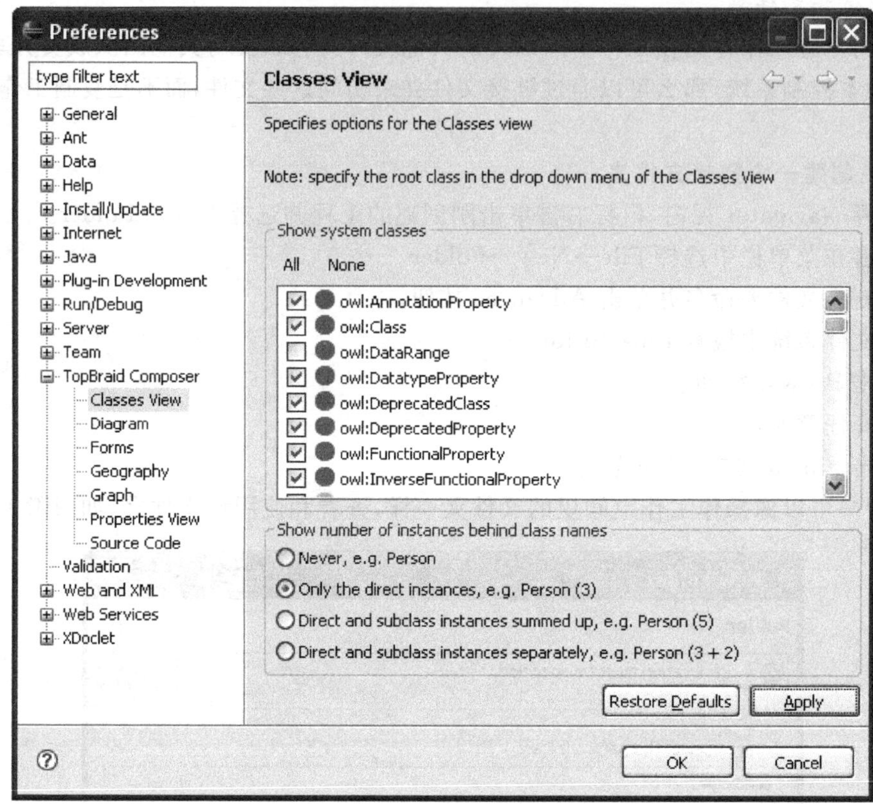

图附 11 Classes 视窗的配置对话框

1.2 利用 TopBraid Composer 构建本体

本小节描述如何构建一个反映人及其之间关系的简单本体的方法步骤。

练习 6:创建新文件

(1)选择 Navigator 视窗，右键单击任意已创建的文件夹，并选择 New→RDF/OWL 文件选项。

(2)输入 URI，并在 Greate 对话框中输入文件名。

(3)单击 Finish 按钮，稍后，新文件即可创建完成，如图附 12 所示。

1.2.1 创建类

当新文件创建后，屏幕将弹出视窗，最初的类视窗中包含两个类——owl:Thing 和 owl:Nothing，如图附 13 所示。rdfs:Resource 可以是它的根类，也可以在类视窗下拉菜单中改变设置。

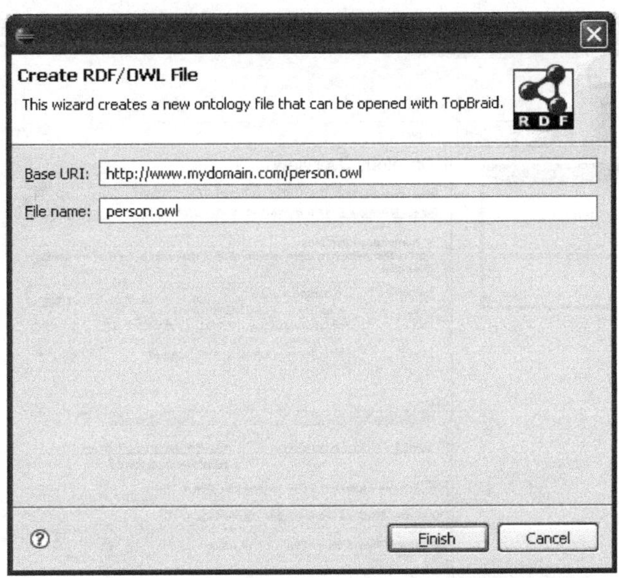

图附 12　创建 RDF/OWL 文件对话框

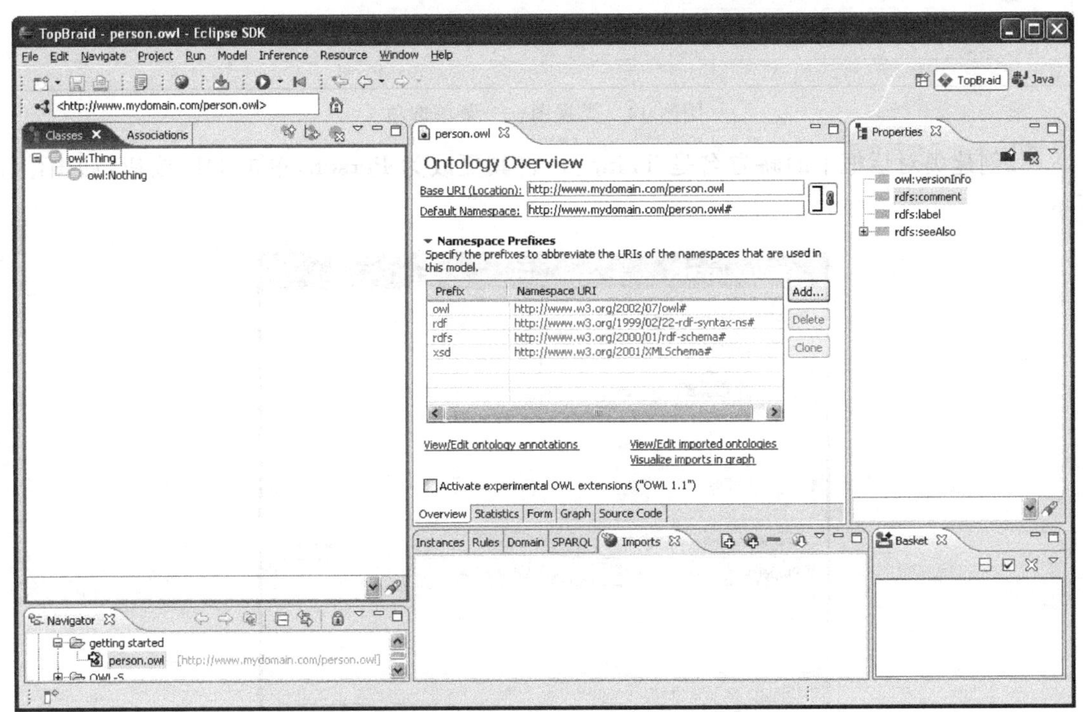

图附 13　创建 person 本体后的初始视图

OWL 类通过个体集(或对象集)解释,类 owl:Thing 表示包含所有个体的集合,因为所有这些类都是 owl:Thing 的子类。接下来可以添加更多的类到本体中。

练习 7:创建类 Person、FeamalePerson 和 MalePerson

(1)右键单击 owl:Thing。

(2)单击如图附 14 所示的 Create subclass 按钮,该按钮用于创建一个新的子类,作为选择的类的子类(在此,我们打算创建 owl:Thing 的一个子类)。

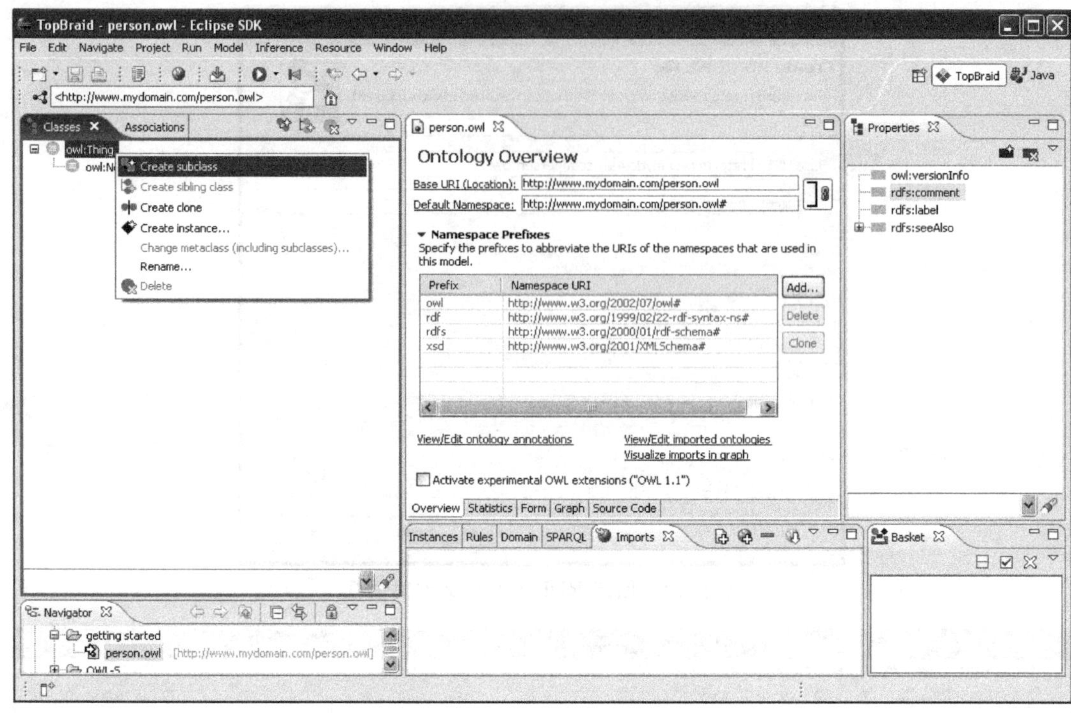

图附 14　类视图——菜单选项

(3)创建类对话框中的缺省名是 Thing_1，将其更改为 Person，单击 OK 按钮，如图附 15 所示。

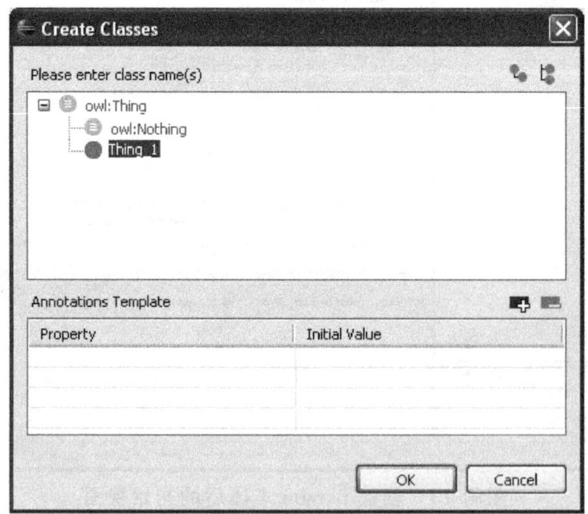

图附 15　创建第一个类

(4)从 Properties 视窗中拖拽 rdfs:comment 到 Class Form 的 Annotations。

(5)在 rdfs:comment 小程序中输入“Human being”，单击 OK 按钮或者直接按 Enter 键。

(6)改变 Human being 的数据类型。单击紧邻 Human being 的菜单按钮，选择 Change datatype，在 Change datatype 对话框中选择 xsd:string 并单击 OK 按钮，Human being 的数据类型将改变为 xsd:string。

(7)重复步骤(2)和步骤(3),添加 FemalePerson 和 MalePerson 类,在 Create subclass 按钮按下之前,要确保 Person 类处在选中状态,以便所有创建的类都是 Person 类的子类。

(8)在 Classes 视窗中单击 MalePerson 类显示其 Class Form,在 Class Form 上,鼠标移过靠近 Person 类的图标,单击 plus 符号。对于 Person 类,嵌套的 Class Form 出现在 MalePerson 类的 Class Form 内部。

这时,Class 层次和 MalePerson 类的 Class Form 如图附 16 所示。

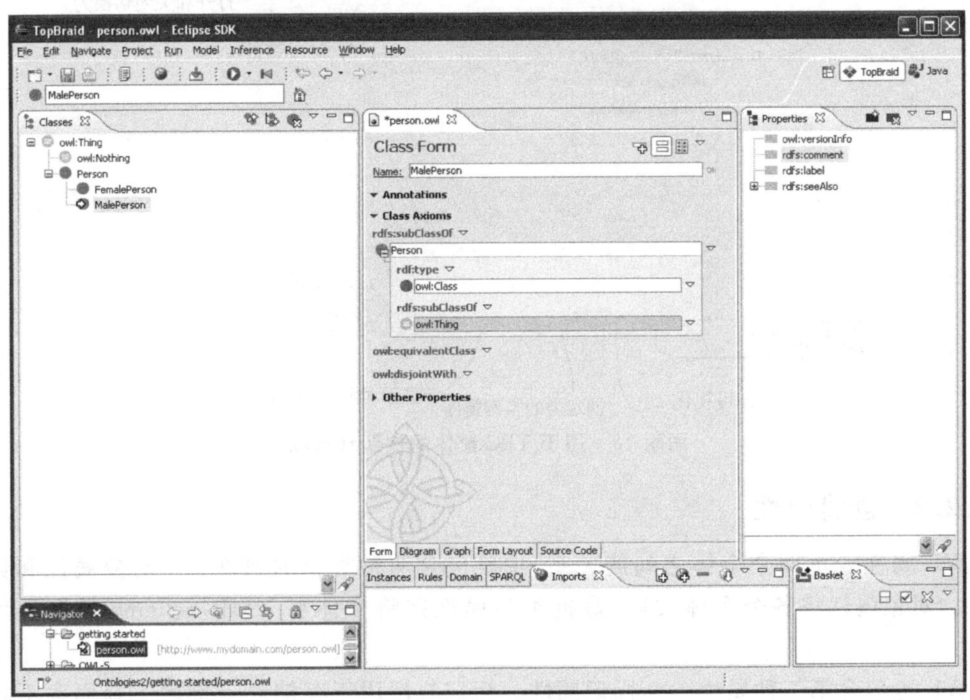

图附 16　person 本体的初始类层次结构

(9)注意,在本体名称之前,在 Class Form— * person. owl 之上有一个 * 符号,这意味着本体已经被修改,但是尚未保存,选择 File→Save 保存。

在 TBC 类中,类的名称前有一个金黄色的圆形图标,被选择的类则在金黄色圆形图标之上出现一个箭标,请注意观察图附 16 中 MalePerson 类上的箭标。

Classes 视窗包含多个按钮,具体说明如图附 17 所示。

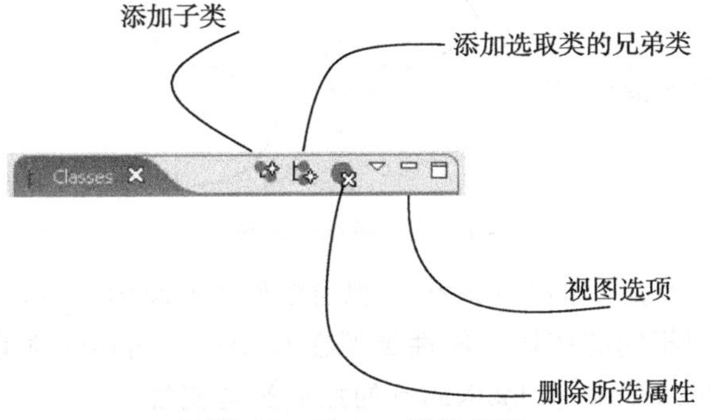

图附 17　Classes 视窗按钮

Form 也有多个按钮和选项，具体说明如图附 18 所示。

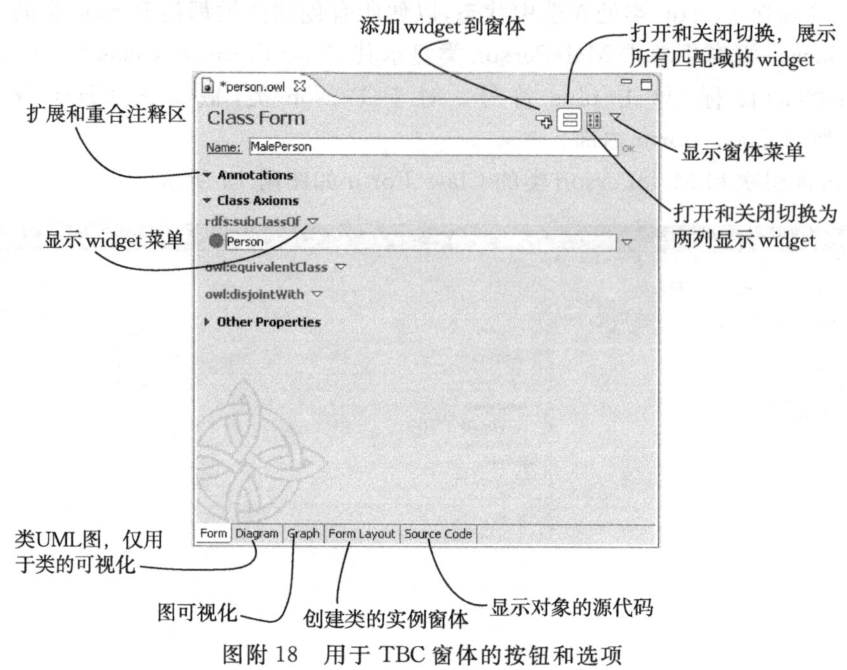

图附 18 用于 TBC 窗体的按钮和选项

1.2.2 创建属性

OWL 属性表示两个个体之间的关系，主要包含两种类型的属性——对象属性和数据类型属性。对象属性将各个个体关联，数据类型属性则将个体与 XML Schema 数据类型值相关联。

OWL 也包含第三种属性——标记属性。标记属性用于存储对于推理工具而言不相关的信息，例如添加信息(元数据)到类、个体和对象/数据类型。在练习 5 中我们已经使用了标记属性 rdfs:comment，为 Person 类添加了标记属性。

在 TBC 中，属性有一个矩形图标，显示在属性名称之前，对象属性用蓝色图标标识，数据类型属性使用绿色图标标识，标记属性则采用黄色图标标识。窗体中当前显示的属性，在矩形图标之上添加了箭头符号。Properties 视窗有多个按钮，如图附 19 所示。

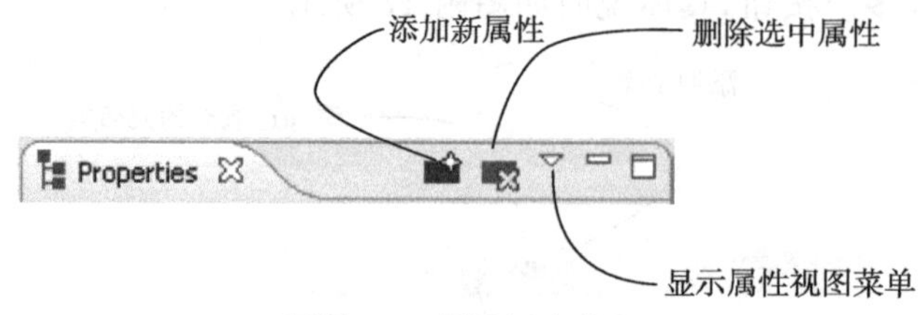

图附 19 属性视窗按钮

属性可以在如图附 20 所示的 Properties 视窗中使用 Create property 按钮创建，无论创建何种类型的属性，都使用相同的按钮。属性类型在 Create property 对话框中选择。

练习 8：创建名为 firstName 和 lastName 的数据类型属性

(1)单击 Add new property 按钮，出现 Create property 对话框，如图附 20 所示。

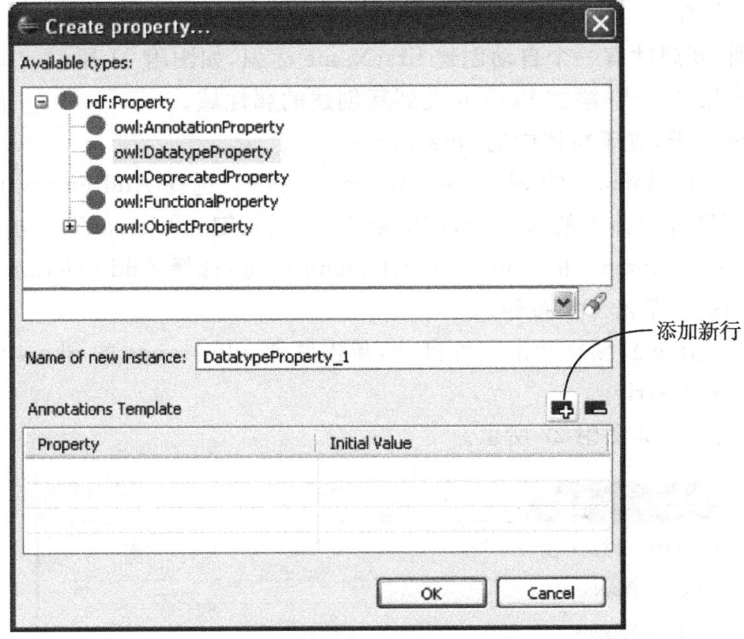

图附 20　创建新属性

(2)选择 owl:DatatypeProperty,重命名新属性名称为 firstName。

(3)单击标注模板部分的添加新行按钮。

(4)这时 Select annotation 视窗将会弹出,选取 rdfs:label,然后单击 OK 按钮。

(5)在 Initial Value 字段中键入名称,此时的窗口如图附 21 所示。

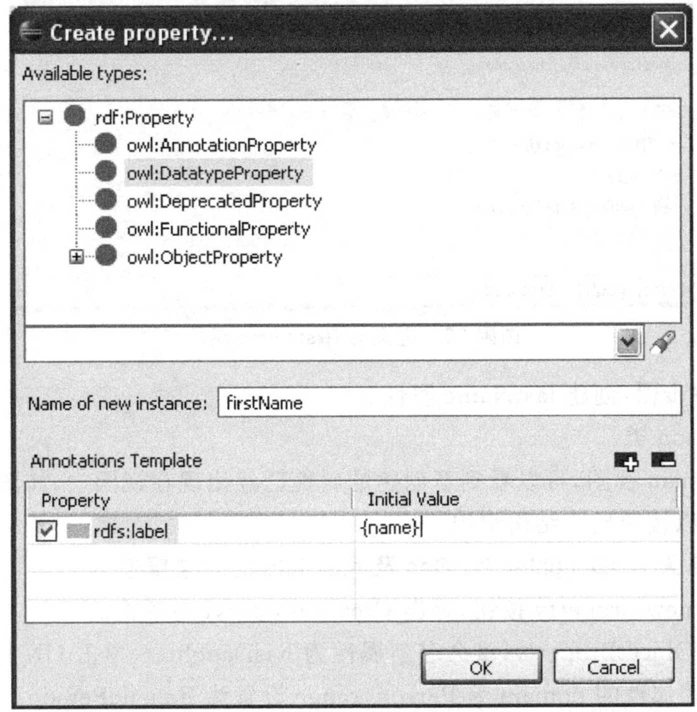

图附 21　创建带有自动生成的 rdfs:label 的 firstName 属性

(6)单击 OK 按钮。

(7)可以看到,新属性有一个自动创建 firstName 标识,如图附 21 所示。

(8)按照下面几种方式,添加 Person 类到新创建的属性域。

a. 拖拉 Person 类,置于窗体中的 rdfs:domain 上。

b. 单击紧邻 rdfs:domain 的 Show widget menu 按钮,选择 Add empty row 选项(Show widget menu 按钮紧邻窗体上的 widget,如图附 18 所示),键入"Person",单击 OK 按钮。

c. 单击紧邻 rdfs:domain 的 Show widget menu 按钮,选择 Add existing 选项,从对话框的类树中选择 Person,单击 OK 按钮。

(9)添加 xsd:string 到新创建的属性区间,单击紧邻 rdfs:range 的 Show widget menu 按钮,并选择 Set to xsd:string。

(10)此时界面显示如图附 22 所示。

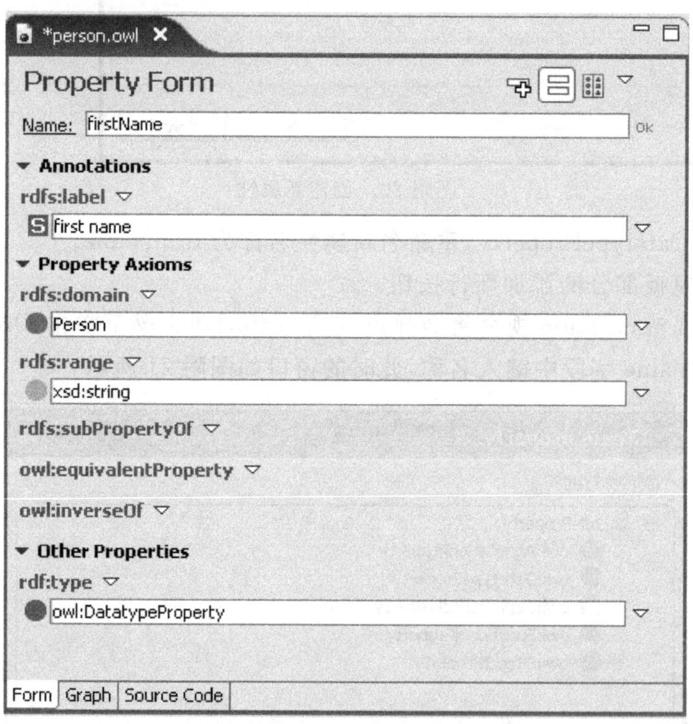

图附 22 定义的 firstName 属性

(11)重复上述步骤,创建 lastName 属性。

(12)选择 Person 类。

(13)单击 Domain 视图,可以看到新创建的属性已经出现在视图中,如图附 23 所示。Properties 可以按照层次结构组织。

练习 9:创建名为 hasDaughter、hasSon 及 hasChild 的对象属性

(1)单击 Add new property 按钮,弹出 Create properyt 对话框。

(2)选择 owl:ObjectProperty,重命名新属性为 hasDaughter,单击 OK 按钮。

(3)设置新创建属性的 domain 为 Person,range 设置为 FemalePerson。

(4)添加另一对象属性,名为 hasSon。

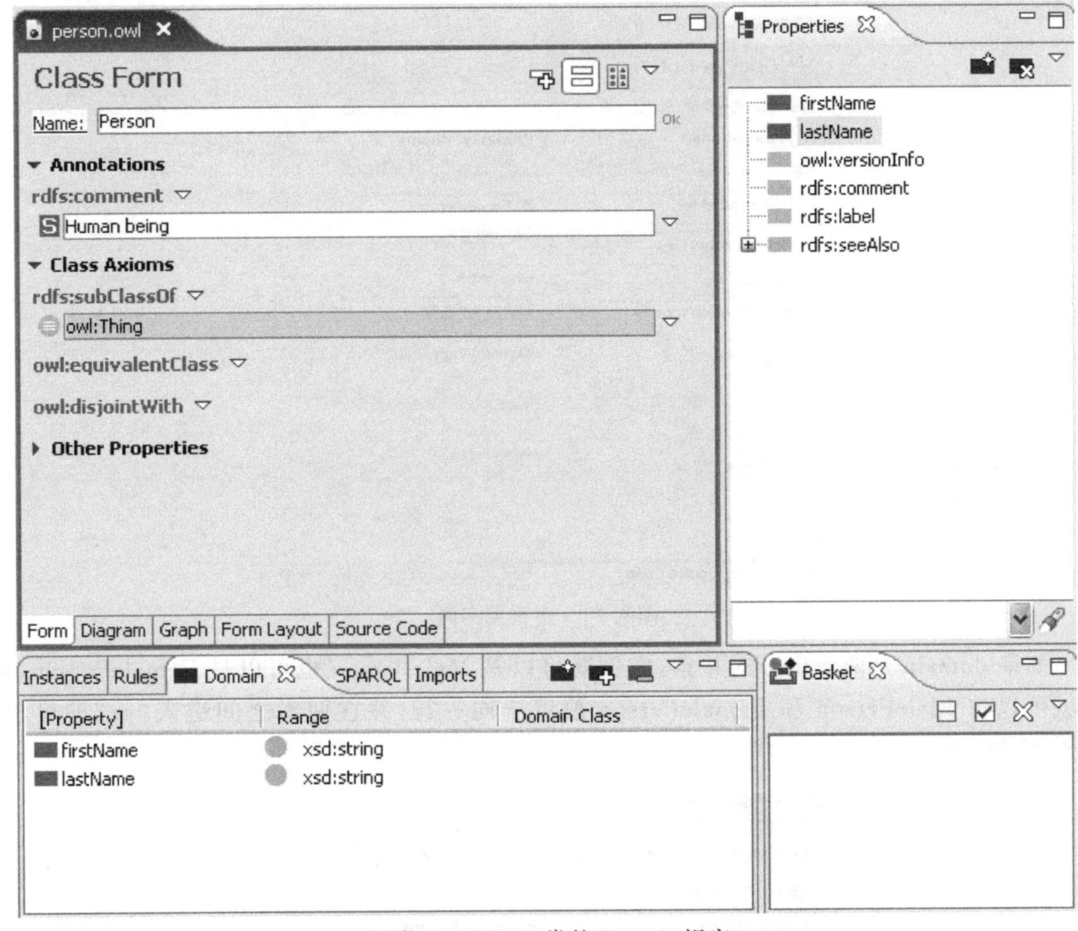

图附 23 Person 类的 Domain 视窗

(5)设置新创建属性的 domain 为 Person,range 设置为 MalePerson。

(6)添加第三个对象属性,名为 hasChild。

(7)使对象 hasChild 具有对象 hasDaughter 和对象 hasSon 的父属性,可通过以下方式实现:

a. 选择 hasDaughter,拖动并置于 hasChild 的 rdfs:subPropertyOf widget 上。

b. 在属性视窗中选择 hasSon 选项,拖动并置于 hasChild 下。

> 贴士 4:在 RDFS 中,声明 domain 和 range 具有特定的含义。例如,前述对各个对象的定义意味着,作为 RDF 三元组主体的各个个体,具有 hasDaughter 陈述的属性,根据这些属性可以推论,每个个体都应该是 Person 的成员。同样推论,作为这种三元组对象的任何个体,具有 hasDaughter 陈述的属性的,都应该是 FemalePerson 类的成员。
>
> 关于 RDFS 的更多信息可以参考附录 1.5 节中的 RDFS 说明。

可能出现这种情况,对于一个属性,指定了多重类作为其 domain 和 range。例如,我们可能拖放多重类在 rdfs:domain widget 上,这就会产生多重属性,这种情况解释为属性交叉。例如,如果一个属性的 domain 有两个类 MalePerson 和 FemalePerson,那么在该属性的 domain 中的任何实例都将被推论为两个类,如图附 24 所示。

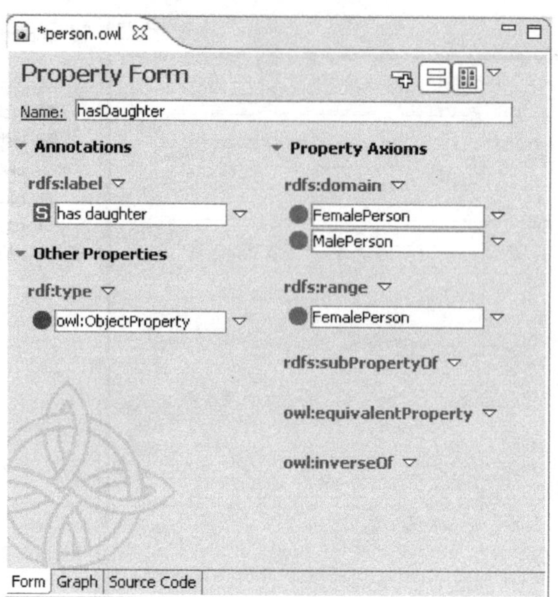

图附 24 多重类实例

如果 domain 是两个集合的并集，实例既可以是 MalePerson 也可以是 FemalePerson，那么就可以将 MalePerson 和 FemalePerson 放置于同一行，并在两者之间键入“or”即可，如图附 25 所示。

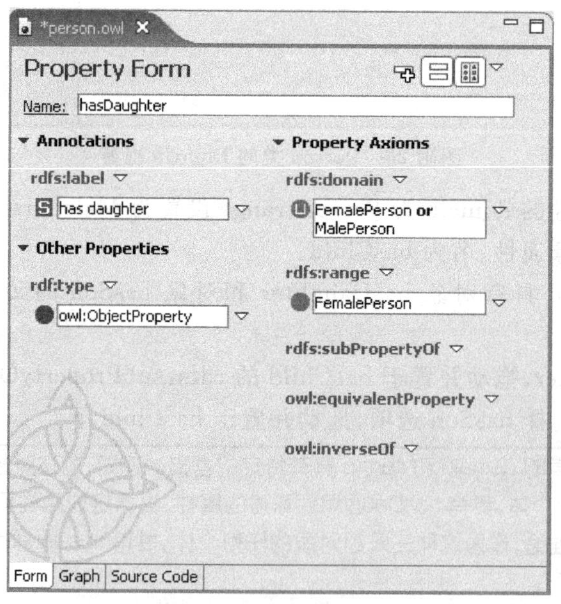

图附 25 两个实例的并集

尝试这两种定义方式，单击 Source Code 标签，可以看到两者之间的不同，为了删除多余的 domain，单击 Show widget menu 按钮，选择 Delete value 删除，然后单击 OK 按钮即可。另外，也可以从代码文档中直接删除。

需要注意的是，当我们对创建的本体有全部约束并能够确保多重 domain 和 range 合并、融合使用相同属性并指定了 domain 和 range 的本体时，将导致 domain 和 range 的交叉。这不是我们期望的结果，为此，建议使用 domain 和 range 时要做出明智的选择。

1.2.3 创建实例

现在，我们准备给本体添加几个实例。

练习 10：为 Person 类创建实例：SusannaShakespeare，JudithShakespeare，HamnetShakespeare，WilliamShakespeare

(1)选择 FemalePerson 类。

(2)单击 Instances 视图，如图附 26 所示，单击 Add new instance 按钮，当 Create FemalePerson 对话框弹出后，将缺省名称修改为 SusannaShakespeare。

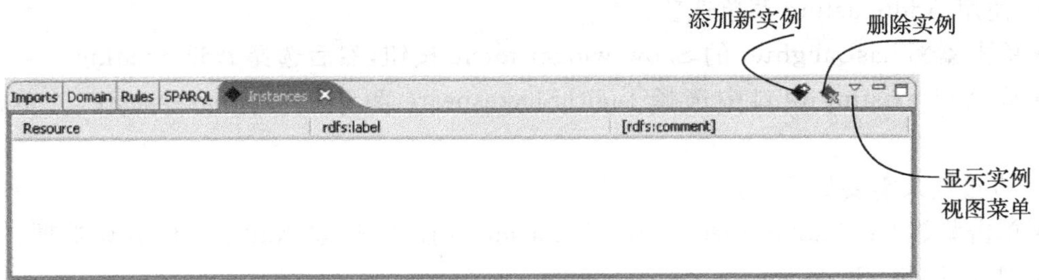

图附 26 实例视窗

(3)重复上述步骤，添加实例 JudithShakespeare。

(4)选择 MalePerson 类，添加实例 HamnetShakespeare 及 WilliamShakespeare。具体过程如图附 27 所示。

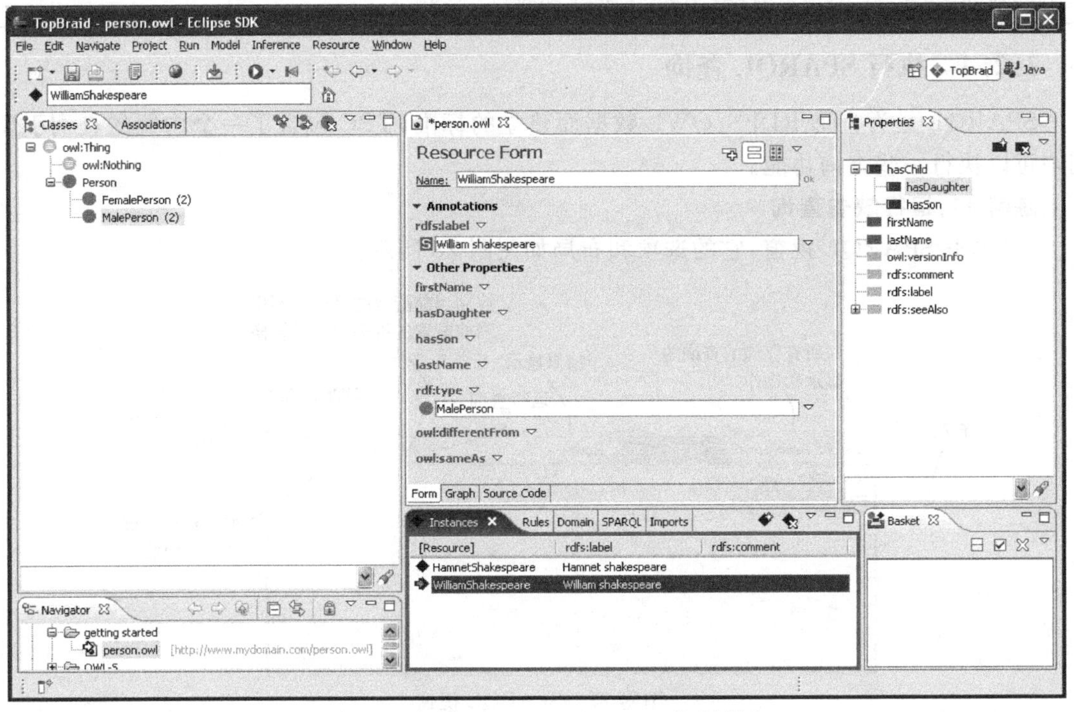

图附 27 实例 WilliamShakespeare 资源视窗

(5)拖动 HamnetShakespeare 放在 WilliamShakespeare 视窗中的 hasSon widget 上。

(6)声明 Judith 和 Susanna 是 Walliam 的女儿，这在 TBC 中可以通过多种方式完成。

a. 使用 Basket：

• 选择 FemalePerson 类。

• 单击 Instances 视图。

• 拖动 JudithShakespeare 和 SusannaShakespeare 放于 Basket 视窗中。

• 如果没有看到 Basket 视窗，可以通过选择 Window→Show view，选取 Basket。

• 选择 MalePerson 类，单击 Instances 视窗，选取 WilliamShakespeare。

• 从 Basket 视窗中拖动 JudithShakespeare 和 SusannaShakespeare 放置于 William Shakespeare 窗口中的 hasDougnter widget。

b. 使用 Add existing 菜单选项：

• 单击紧邻 hasDaughter 的 Show widget menu 按钮，然后选择 Add existing。

• 从 Add existing 窗口中选择 JudithShakespeare 和 SusannaShakespeare，并单击 OK 按钮。

c. 直接键入需要的信息：

• 单击紧邻 hasDaughter 的 Show widget menu 按钮，选取 Add empty row 选项。

• 键入"JudithShakespeare"。

• 重复上述步骤，键入"Susanna"，可以尝试利用快捷键自动完成，键入"Sus"，然后按 Ctrl 键同时按下 Space 键。

> 贴士 5：实例创建后，我们可以很方便地改变任何资源类型。例如，已经创建了 SusannaShakespeare 作为 Person 类的实例，可以设定 SusannaShakespeare 为 FemalePerson 的实例，只要简单地直接选择 SusannaShakespeare 并拖放到 rdf：type widget 即可。

1.2.4　执行 SPARQL 查询

SPARQL 是为查询 RDFS/OWL 数据而建立的标准，TBC 包含了一个内置的查询引擎，用户可以执行一些查询功能。

练习 11：运行缺省查询

(1)单击 SPARQL 视窗，它的选项和布局如图附 28 所示。

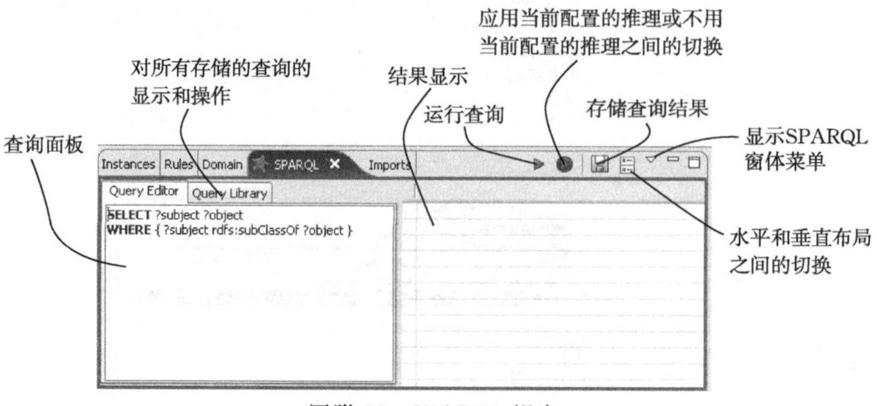

图附 28　SPARQL 视窗

(2)在查询面板中有一个示例查询。可以查询所有“x rdfs:subClass of y”模式的三元组,并显示 x 和 y 类。换言之,查询可以获得另一个类的子类的所有资源,查询结果包含对象子类的资源和类。

(3)运行查询,可以看到运行结果包含我们已经创建的类以及内置的 OWL 和 RDFS 类。

下面写一个查询语句,检索出所有有女儿的人,查询语句表达式如下:

```
SELECT?subject ?object
WHERE{?subject hasDaughter ?object }
```

对于查询,需要注意,SPARQL 语法中要求所有名称必须有明确的、有效的命名空间,即使我们讨论来自缺省命名空间(如 hasDaughter)的资源名称,也需要定义其前缀。最简单的例子,我们需要键入“:hasDaughter”,也就是在类 hasDaughter 的前面增加一个引导字符“:”。另外,我们既可以完全键入有效的 URI 地址“http://www.mydomain.com/person.owl#hasDaughter”,也可以为命名空间创建一个前缀,添加到属性名称前,例如“person:hasDaughter”。

贴士 6:如果执行一个由多重命名空间和模式构成的工程,引入一个新的前缀是特别有用的,可以避免很多错误和疏漏。

如何在 TBC 中添加前缀呢?下面的例子说明了我们如何为命名空间 http://www.mydomain.com/person.owl#创建一个前缀。

练习 12:创建一个命名空间前缀

(1)在窗口中单击 Show form menu 按钮,如图附 18 所示,选择 Navigate to ontology 选项。

(2)此时,可以看到 Ontology Overview 窗体,单击 Add 按钮。

(3)在前缀栏中键入“person”,在命名空间 URI 栏中输入“http://www.mydomain.com/person.owl#”。

(4)按下 Enter 按钮。

练习 13:查询所有女性的父母

(1)单击 SPARQL 视窗,输入查询语句。

(2)单击 Run query 命令,屏幕上出现类似如图附 29 所示的窗口。

(3)将 person:hasDaughter 改变为 person:hasChild。

(4)运行查询,此时应该没有得到查询结果。

为什么没有得到查询结果呢?hasDaughter 和 hasSon 是 hasChild 的子属性,因而,根据 RDFS 推理规则(具体解释可参见附录 1.5 节),此次查询应该已经返回 WilliamShakespeare 与所有他的孩子。

这里简单解释一下,上述操作只在声明的三元组上进行了查询,但是没有对三元组进行推理,现在运行推理规则,可以看到查询结果是如何改变的。

练习 14:运行推理功能,查询所有父类属性

(1)选择 Inference→Run Inferences 菜单项。

(2)推理三元组将出现在 Inference 窗体中,屏幕上应该出现类似图附 30 所示的窗体。

(3)在 SPARQL 视窗中,单击切换按钮(应用当前配置推理或不用当前配置推理之间的切换),如图附 28 所示,这样推理功能将可用于下面的查询。然后运行练习 13 中的查询,可以查询到 WilliamShakespeare 与他的所有三个孩子。

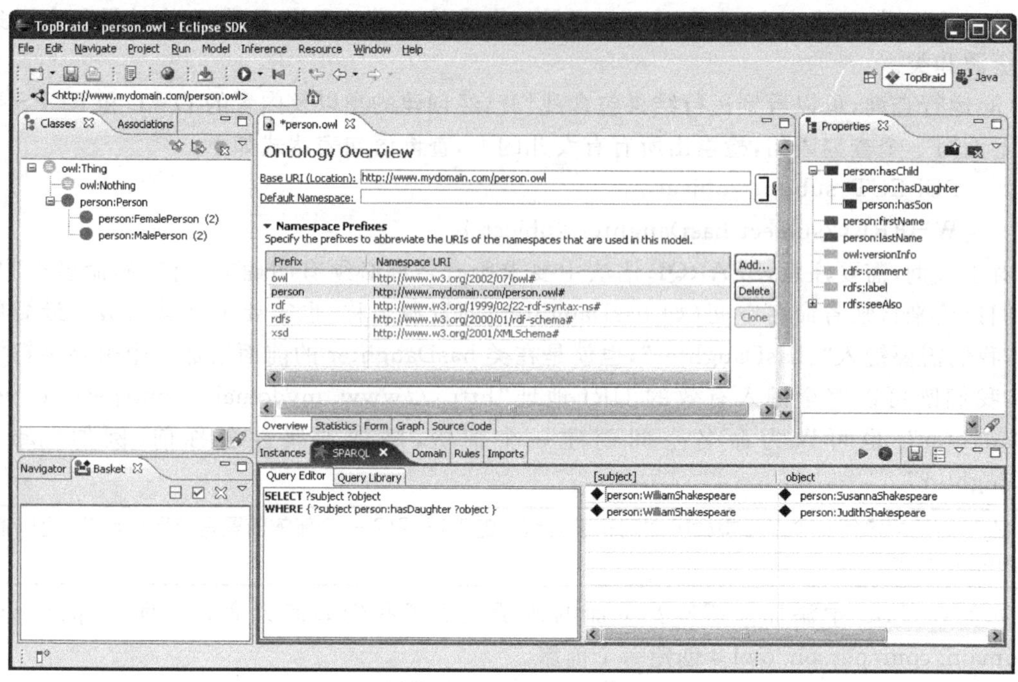

图附 29　SPARQL 视窗

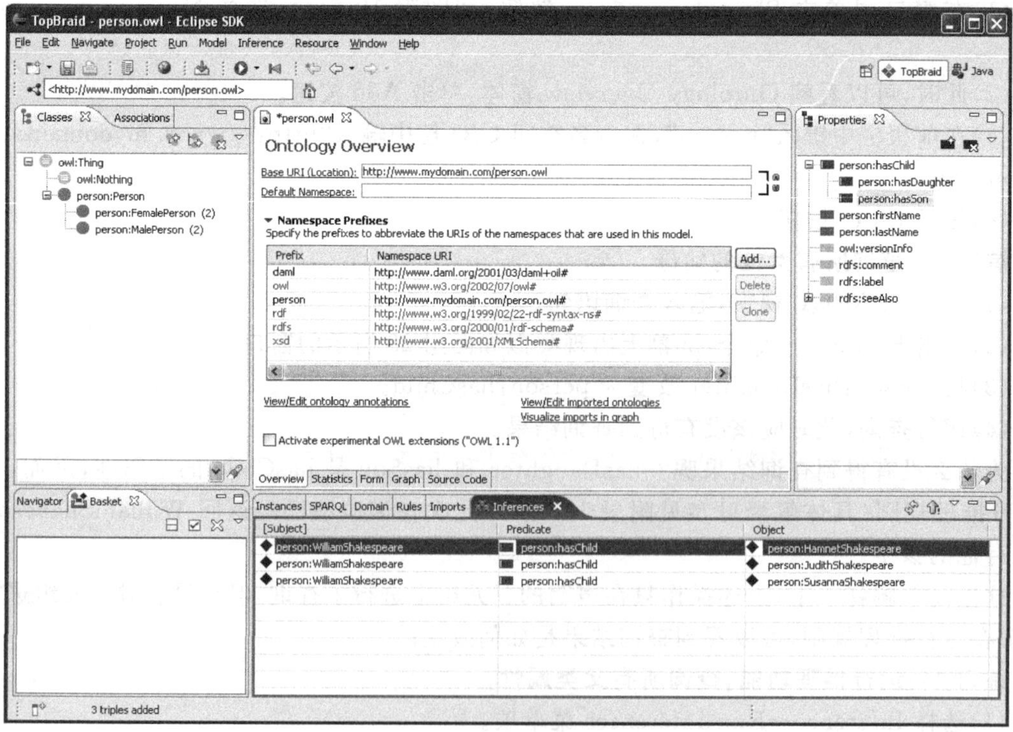

图附 30　对 hasChild 属性进行推理

(4)单击 WlliamShakespeare，可以看到，其窗体中已经推理出属性，属性内容以淡蓝一灰色背景显示。

贴士7:TBC维护断言和推理图,如果关闭了本体并再次打开它,可以看到所有推理声明消失。但是,对各个推理声明进行维护是可能的,可以通过将推理声明转换为断言达成此目的。完整的推理图可以用以下方式保存:

(1)通过单击紧邻推理声明的 Show widget 菜单按钮,选择 Assert inferred statement 选项。

(2)找到菜单选项 Inference→Save inference graph…,也可以存储完整的推理图。

(5)保存查询以备以后使用:

a. 打开 Imports 视窗,在视窗中单击带有"+"符号的 Import from URL…按钮(Imports 视窗随后将详细说明),在 Import from URL…对话框中,输入 URL 地址,单击 OK 按钮,URL 地址为 http://www.topbraidcomposer.org/owl/2006/09/sparql.owl。

b. 添加外部输入后,将会在 Properties 视窗中看到 sparql:query 属性。

c. 选择 person:hasChild 属性。

d. 通过拖放或右键单击 sparql:query,添加 sparql:query 到窗体。

e. 在 comment 字段中输入查询,单击 OK 按钮或者按 Enter 键。

f. 有两种方式运行查询:

• 单击紧邻 comment 字段的 Show widget menu 按钮,选择 Execute as SPARQL query 选项。

• 选择 SPARQL 视窗中的 Query Library 选项,可以看到存储在本体中的各种查询。确保复选框被勾选以及切换按钮(应用当前配置推理或不用当前配置推理之间的切换)被选择,应用 Run query 按钮运行查询,将出现 Query Library 标签与查询结果,如图附 31 所示。

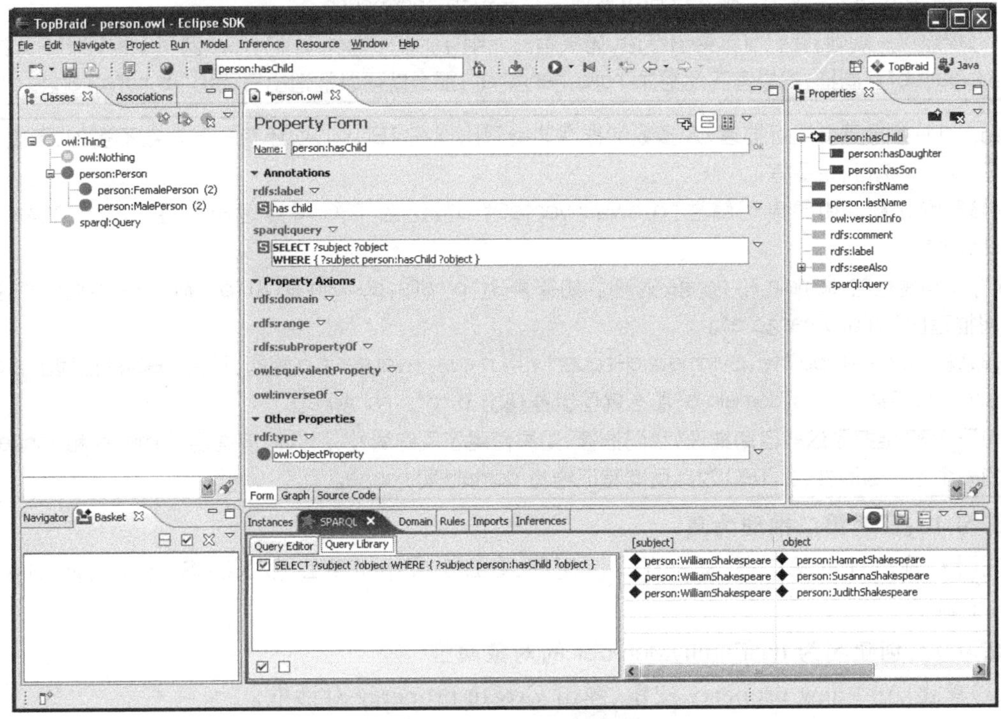

图附 31 SPARQL 查询库

贴士8:TBC将识别 sparql:query 字段中的 SPARQL 语法,并提供菜单选项,以便执行。

1.2.5 扩展本体

该部分将添加两个或更多对象属性，观察必要的推理。

练习 15：创建名为 hasSpouse 的对象属性

（1）单击 Add new property 按钮，出现 Create poperty 对话框。

（2）扩展 owl：ObjectProperty 树，选择 owl：Symmetricporperty。

（3）为 person：hasSpouse 重命名新属性。

（4）设置新创建属性的 rdfs：domain 字段。

（5）观察 hasSpouse 的 owl：inverseOf properpty 和 rdfs：range，这两者是自动推理得到的。

先于该练习，仅 RDFS 词表被用于 person 本体（关于 RDFS 和 OWL 的更多信息可参见附录 1.5 节），这是第一次应用 OWL 结构。

贴士 9：即使我们已经定义了 Classes 作为 OWL 类，定义了 Properties 作为 OWL 属性，但是还没有建立任何必需的 OWL 表达模型。至此，我们完成的所有练习没有应用任何 OWL 句法，例如，我们已经创建了 rdfs：Resource 的子类（这是用 RDFS 声明的类），而没有创建 owl：Ting 的子类。

TBC 可以通过"隐藏"所有 OWL 句式，只配置 RDFS 编辑器。通过选择 Window→Preferences…选项，在 TopBraid Composer→Classes View 和 Properties View 菜单下进行恰当的选择来完成。

贴士 10：设置对称属性需要下列推理：

（1）如果属性 *p* 是对称的，且有三元组"*a p b*"，则可以推理得到三元组"*b p a*"。在我们的示例中，如果有三元组"a hasSpouse b"，那么就可以推理出三元组"b hasSpouse a"。

（2）按照这一规则，我们可以得出结论，如果有三元组"p rdfs：domain a"，那么就可以推理出三元组" p rdfs：domain b"。同样，如果有三元组"p rdfs：range a"，那么就可以推理出三元组" p rdfs：range b"。

贴士 11：如果直接运行推理，大多数的推理功能只出现在 TBC 中，可还有一些为数不多的、不重要的推理 TBC 可以执行，主要有：

（1）反向对称。如果声明属性"p owl：inverseOf q"，那么 TBC 将推理出属性"q owl：inverseOf property p"。

（2）反向属性的 domain 和 range 对称。如果声明"p rdfs：domain a"和"p owl：inverseOf q"，那么 TBC 将推理出"q rdfs：range a"。

（3）既然 p rdf：type owl：SymmetricProperty 与 p owl：inverseOf p 相同，那么 TBC 将推理出 p owl：inverseOf p，如果 p rdfs：domain a，那么就可以推理出 p rdfs：range a。

由于 TBC 维持了这些自动推理，我们推荐，如果使用了反向属性，那么应该说明 domains 和 ranges 仅适合向一个方向的属性，让 TBC 为其反向特征维持 domain 和 range。

练习 16：证明第二推理为真

证明对称属性的第二推理为真。使用附录 1.5 节中 OWL 和 RDFS 或者任何 OWL 和 RDFS 资源。

练习 17：创建名为 hasFamilyMember 的对象属性

（1）单击 Add new property 按钮，弹出 Create property 对话框。

（2）选择 owl：ObjectProperty，重命名新属性为 person：hasFamilyMember。

（3）令 hasChild 和 hasSpouse 为 hasFamilyMember 的子属性。

贴士 12:当子属性各自定义有 domain 和 range 时,通常不需要甚至不可取为其父属性定义 domain 和 range。另一种本体设计模式(通常很少用,但是某些情况下适用)是为父属性定义 domain 和 range,但是忽略子属性的 domain 和 range 定义。

1.3　多重本体的导入和使用

该节将前面创建的 geotarvel. owl 和 person. owl 模型连接起来,描述人们感兴趣的不同休闲活动。

下载库实例文件夹中的 geotarvel. owl 本体已经对不同的活动进行了描述。我们不是要复制 person. owl 中的信息,而是要说明如何引入和重复使用这些信息。最终目标是创建一个应用,基于家庭成员的偏好,向人们推荐休闲目的地。

OWL 本体能够导入一个或者更多个其他 OWL 本体。当一个本体导入另一个本体时,不仅类、属性和实例可以通过导入本体而被引用,包含在被导入的本体中的原子和事实实际上也包括在导入本体中。OWL 允许本体循环导入,例如,geotravel 本体能够导入 person 本体,person 本体同样也可以导入 geotravel 本体。在我们的练习中确定导入 person 本体。

需要注意在另一个应用命名空间的本体中的类、属性和实例与完全输入一个本体的类、属性和实例之间的差别。

练习 18:导入 person 本体并进行改变

(1)在 Navigator 窗口中,打开 geotravel. owl 文件。

(2)单击 Imports 窗口并按下如图附 32 中所示的导入本地文件的按钮。

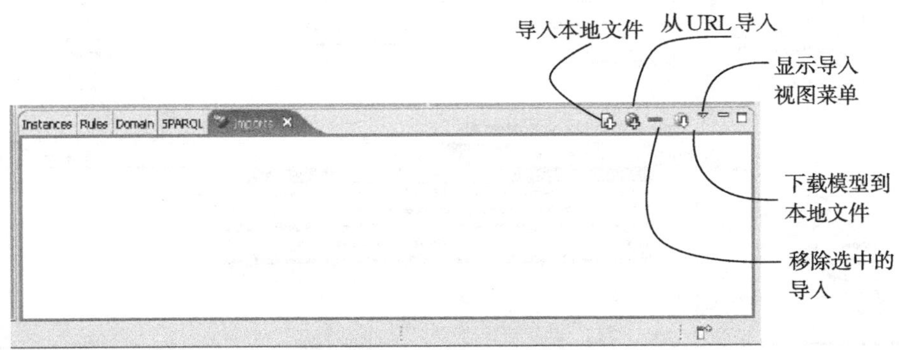

图附 32　导入视图按钮

(3)当"导入本地文件"对话框弹出时,扩展工作空间文件夹直至定位到 person 本体,选择它并单击 OK 按钮,此时对话框应该与如图附 33 所示的界面类似。另外,也可以拖拽 person. owl 文件从 Navigator 到 Imports 视图中。

(4)此时的屏幕应该和如图附 34 所示的界面类似。注意某些类和属性(例如 person)是以灰白图标和字体显示的,这都是来自于导入的模型资源。

(5)创建一个对象属性,命名为 hasFavoriteActivity,设置其 domain 到 Person、设置其 range 到 Activity,这样就建立起了两个模型之间的桥梁。

(6)使用 File→Save 操作保存所做的改变。

(7)选择 Person 类并改变它的名字为 person:HumanBeing,按下 Enter 键。

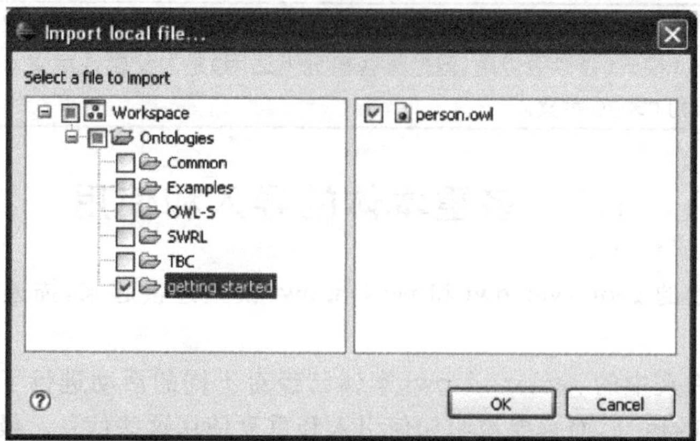

图附 33 导入本地 OWL/RDF 文件对话框

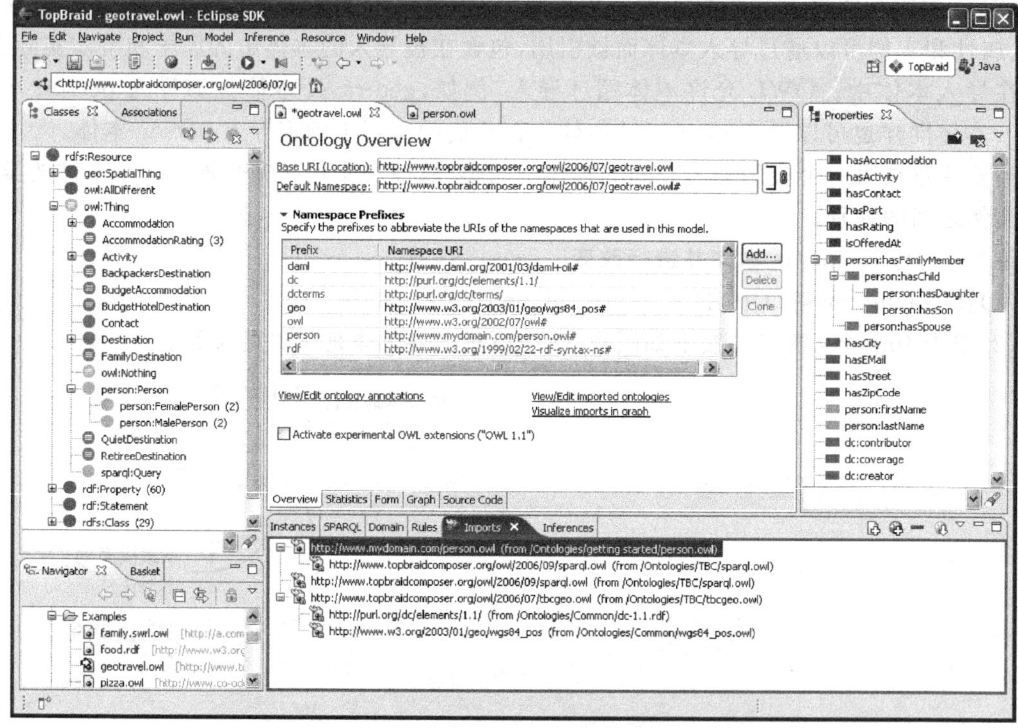

图附 34 导入 person 本体创建 geotravel 本体

(8)弹出如图附 35 所示的对话框,单击 OK 按钮。

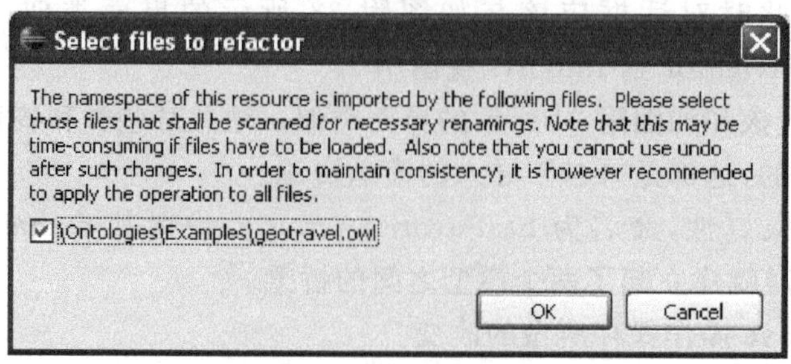

图附 35 重构名称变化

(9)通过 File→Close All 操作关闭已经打开的所有本体。

(10)此时,弹出保存上述改变的对话框,因为我们不打算保存最近的改变,所以单击 Deselect All,然后单击 OK 按钮。

贴士 13:当我们使用多重本体时,了解在哪里存储新句式或存储对于旧句式的改变是重要的。TBC 提供了下述规则:

(1)新句式被添加到当前选择的本体,属性 hasFavoriteActivity 被添加到 geotravle.owl。

(2)导入资源的窗体可视且可被编辑,对于已有句式的任何改变都被写到本体中,例如,我们打算修改 FemalePerson 是 Person 的一个子类这样一个事实(实质上,就是移除 person:Person、rdfs:subClassOf、person:FemalePerson 三元组),这一改变将写进 person.owl。

(3)如果我们打算使 hasSon 的 domain 不再是 Person,而是 Parent(定义的一个新类),那么对于新三元组的定位将取决于改变如何进行:

a.如果我们打算重写 Person 为 Parent 属性,那么这一改变将作为对前述已有三元组的更新而被存储在 person.owl 中。

b.如果我们打算删除关于 domain 的记录并添加新的记录,那么删除操作将在 person.owl 进行,新的三元组将被保存在 geotravel.owl 中。

(4)当我们改变 person:HumanBeing 类的 URI 到 person:HumanBeing 时,这一改变将在 person.owl 中的 Person 类定义中实施。TBC 会更新 person.owl 中该类的所有参照,TBC 也会扫描本体文件来查看是否有任何其他本体导入。

当用模型导入本体时,可能有意或无意地会对导入文件做一些改变,如果导入的文件来自于网络,当关闭模型时,这些改变将会丢失,而对于本地文件则可以被保存。

TBC 保留了所有发生改变的日志,这可以从 Change History 视窗访问,未保存的改变可以用 Edit→Undo 回退。

当使用属于其他组织的本地模型时,可以锁定它们,以防止无意的更改。该操作可以通过单击 Navigator 视窗中的文件并单击锁定按钮 🔒 来实现。

person 本体包含人们的若干基本信息,也包括一些有关 Shakespeare 家庭的特定信息。由于我们对人们及其旅行偏好之间的关系案例感兴趣,分离出有关 Shakespeare 家庭的信息使之单独成为一个文件就很有意义了。

练习 19:在本体之间迁移资源

(1)在 Navigator 视窗中,创建一个新的 RDF 文件,命名为 Shakespeare.rdf,然后构造 Shakespeare.rdf 基本的 URI。

(2)导入 person.owl,此时电脑屏幕将显示如图附 36 所示的界面。

(3)选择 File→Save All 菜单选项,注意文件名称前面的“星”符号消失。

(4)打开 person.owl。

(5)选择 MalePerson 类并单击 Instances 视窗。

(6)把 WilliamShakespeare 和 HamnetShakespeare 拖拽到 Basket。

(7)选择 FemalePerson 类。

(8)把 JudithShakespeare 和 SusannaShakespeare 拖拽到 Basket。

(9)选择 Basket 中的所有 4 种资源并拖放到 Navigator 中的 Shakespeare.rdf 文件上,如图附 37 所示。

(10)弹出 Confirm move resources 对话框,单击 Yes 按钮,如图附 38 所示。

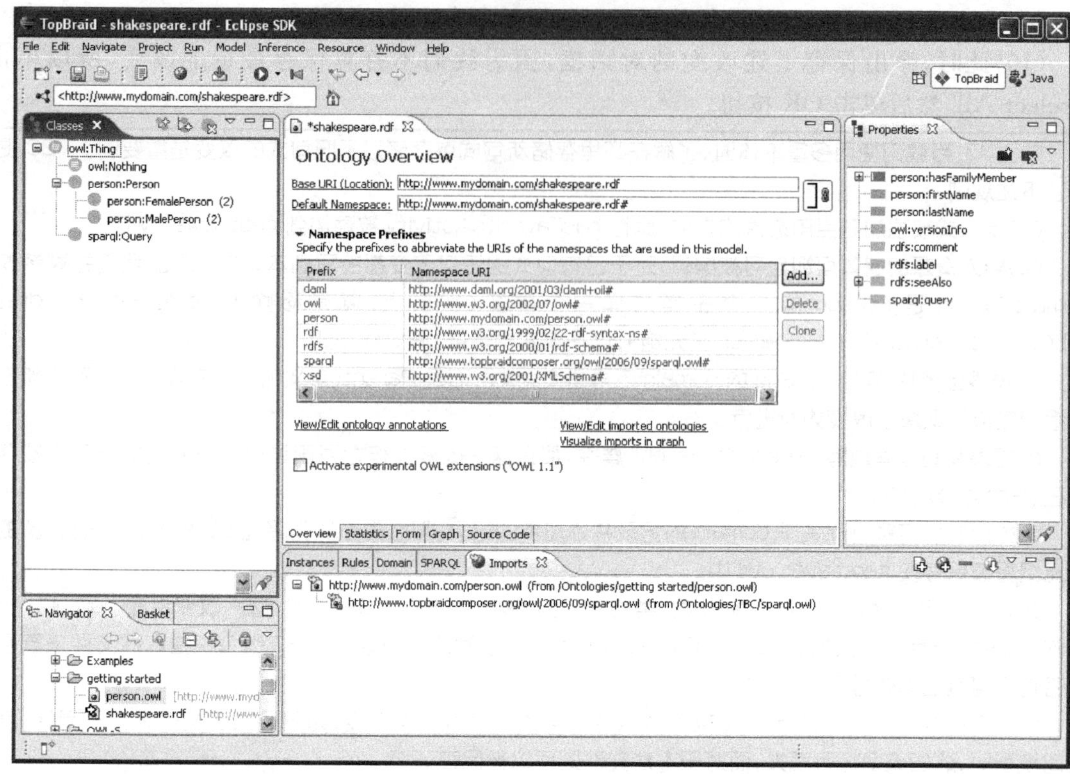

图附 36　新的 Shakespeare. rdf 文件

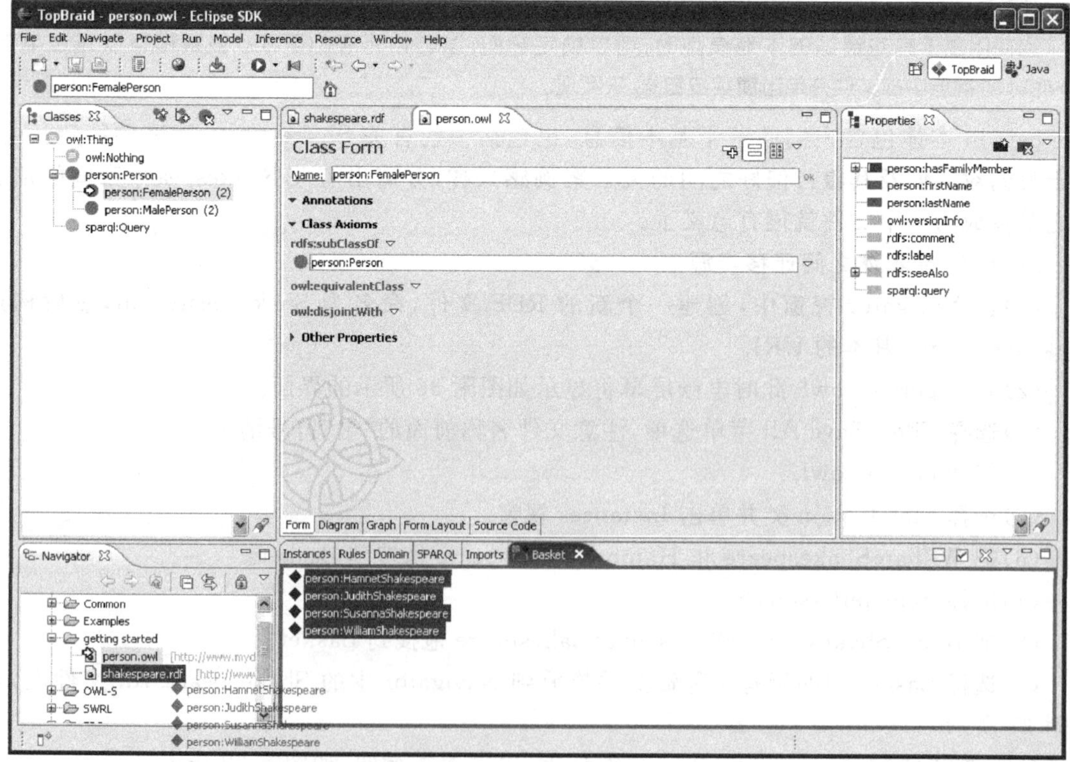

图附 37　把资源拖放到 Shakespeare. rdf 文件

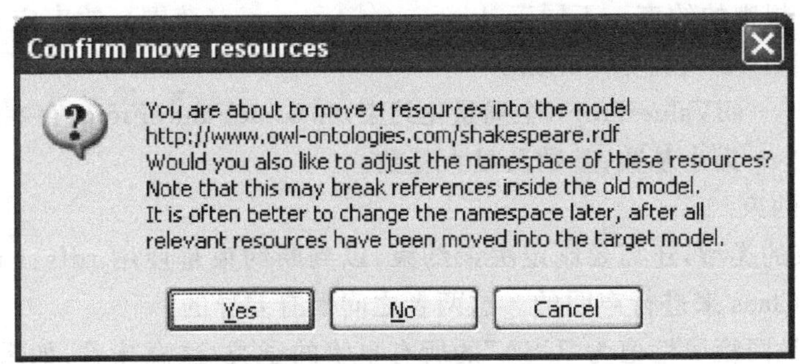

图附 38 确认迁移资源对话框

(11)此时可以看到,person.owl 文件中的类不再有与之相关的实例。

(12)转换到 Shakespeare.rdf 文件并定位 WilliamShakespeare 资源,可以看到 Shakespeare 和孩子们之间的关联关系依然保持。

> 贴士 14:注意:在练习 19 中,所有 4 个个体瞬间完成迁移,下面我们检查一下这个过程中发生了什么,以先迁移 person:WilliamShakespeare、然后迁移 person:SusannaShakespeare 为例。
>
> (1)命名空间调整,改变 person:WilliamShakespeare 的记录 ID 到 shakespeare:WilliamShakespeare。
>
> (2)对于 person:SusannaShakespeare,记录 ID 保持不变,所以 Shakespeare.rdf 文件现在就有了下面的三元组:shakespeare:WilliamShakespeare,person:hasDaughter,person:SusannaShakespeare。
>
> (3)如果我们现在迁移 Susanna 并同意调整命名空间,则她的记录 ID 将改变到 shakespeare:SusannaShakespeare,她与 William 之间的关联关系将丢失。
>
> 如果能够立即迁移所有资源,随着资源的 URIs 被修改,TBC 将维护链接资源之间的关系,这就意味着同意调整命名空间。
>
> 如果不能立即迁移所有链接的资源,对于所有迁移,除了第一次迁移外,不同意调整命名空间和修改资源 IDs,以便在迁移之后可以手工维护正确的命名空间。
>
> 正如在练习 18 中说明的那样,如果改变了一种资源的 URI,TBC 将进行检查,查看是否有导入该模型的文件受到重命名的影响,TBC 会通过对话方式将发生的改变传播到所有受影响的文件。
>
> 对于迁移操作的更细控制应用三元组视窗,通过选择 Window→Show View→Triples 来访问。

1.4 应用 OWL DL 定义类

关于属性的所有 RDFS 声明是全局的。如果类 Person 在 hasChild 属性域,不管 hasChild 属性在任何地方使用,声明都保持正确。换言之,声明定义了属性 hasChild,而不是类 Person。

看下面的例子:

首先已经明确 Person hasFavoriteActivity 行为。

接下来打算定义一个特定人群类——探险家类,探险家的某些爱好行为至少要表现出“冒险”的特征来。

如果复用同样的属性,并且探险家 hasFavoriteActivity 含有冒险特征,那么“x hasFavoriteActivity y”的任何表述都会推理出“x rdfs:type Adventurer”和“y rdfs:type Adventure”。这就意味着,具有冒险喜好行为的任何人都将会成为探险家,被冒险者喜欢的任何行为都将会成为冒险行为。

这也是 OWL 规则的约束。不同于 domain(域)和 range(范围),约束定义类,用来约束属于类的各个个体。OWL 支持如下约束:

(1)量化约束——allValuesFrom(全局量化约束)和 someValuesFrom(存在性的量化约束)。

(2)基数约束——最小基数、基数及最大基数。

(3)hasValue 约束。

除了选择约束的类型,还需要制定决策约束,以判断约束是使用 rdfs:subClassOf 还是使用 owl:equivalentClass 来进行声明的。这两者之间是有差异的:

(1)美国公民是国籍属性值为“USA”的所有事物的子类,这意味着,如果已知一个个体是美国公民,那么就可以推理出该个体的国籍是“USA”。

(2)美国公民等效于国际属性值为“USA”的所有事物,这意味着,如果已知一个个体是美国公民,那么就可以推理出他的国籍是“USA”,并且如果一个个体的国籍是“USA”,那么就可以推理出他是一个美国公民。

下面用实例说明创建约束。

练习 20:应用编辑约束对话框创建 someValuesFrom 约束

(1)在 person 本体中创建 Adventurer 类。

(2)打开 geotravel 本体并且选择 Adventurer 类。

(3)在 Class Form 菜单,靠近 owl:equivalentClass wiget,单击 Show widget 菜单按钮(图附 18),选择 Create Restriction,弹出 Edit Restriction 对话框。

(4)在 Edit Restriction 对话框内,从 On Property 树选择 hasFavoriteActivity 属性,从 Restriction Type 选项选择 someValuesForm。在 Filler 处输入“Adventure”,单击 OK 按钮。对话框如图附 39 所示。

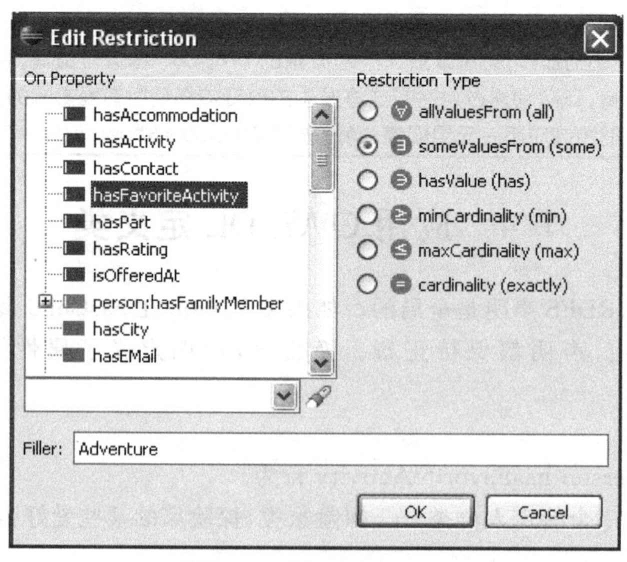

图附 39 编辑约束对话框

(5)可以通过在 owl:equivalentClass widget 中添加空行,输入上述约束并输入值,如图附 40 所示。

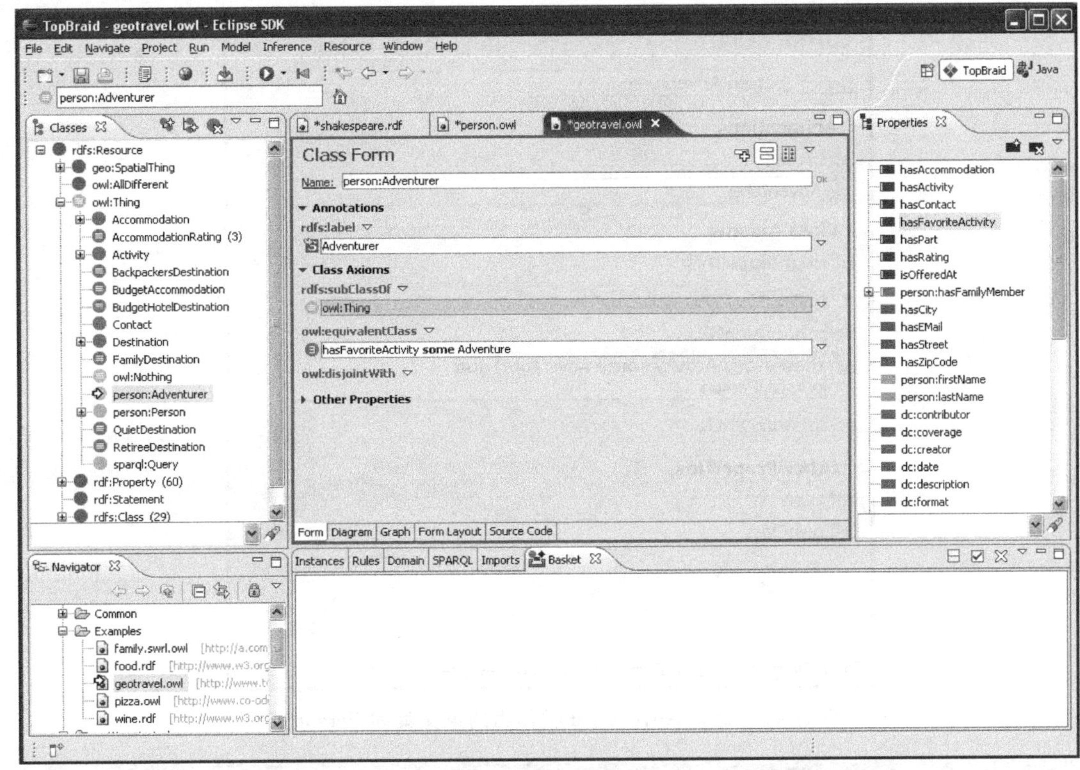

图附 40　为 Adventurer 类定义 someValuesFrom 约束

我们打算进一步量化 Adventurer 的定义，使之看起来更像具有冒险行为的一类人。

一种办法是使 Adventurer 成为 Person 的子类，可是这样会导致意想不到的推理结果——任何时候都可以断言“x hasFavoriteActivity y”和“y rdf:type Adventure”。这就会出现非预期的结果——即使已知“x is a dog”的情况下，也可能推理出“x rdf:type Person”，这岂不是贻笑大方？

恰恰相反，我们将 Adventurer 定义为喜欢某些冒险行为的所有人的等价类。请看下面的练习。

练习 21：应用布尔运算合并 someValueForm 约束

(1)放置光标于 owl:equivalentClass 对话框的 Adventure 右后，输入“and person:Person”。

(2)按下 Enter 键，此时的 Class Form 对话框如图附 41 所示。

(3)选择 Interface→Run Superclass Interface only。如图附 42 所示的那样，已经推理出 Adventurer 是 Person 的子类。

(4)注意 Interfaces 视窗中的推理三元组。

> 贴士 15：约束及任何表达式都是可以拖放的。尝试进行如下操作：按住图标，拖拽表达式到 rdfs:subClassOf。

下面介绍在 TBC 中创建约束及复杂表达式的关键术语。

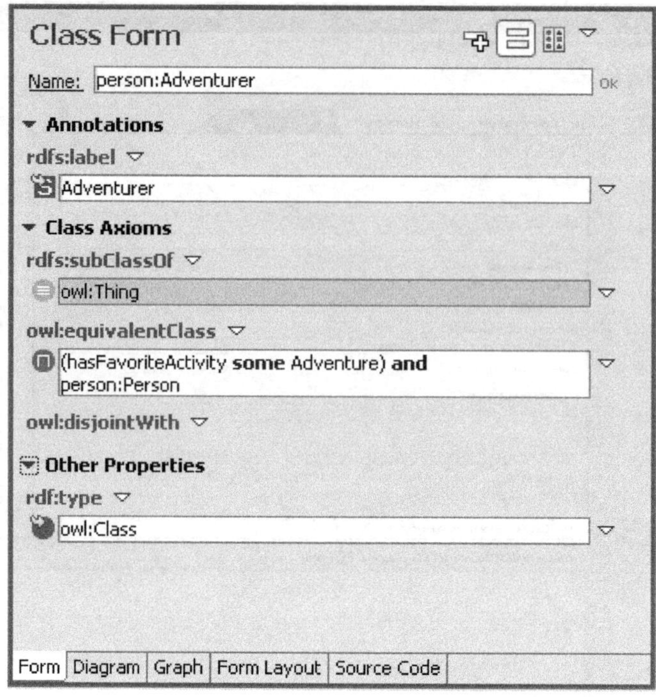

图附 41 定义 Adventurer 类作为约束交集和 Person 类

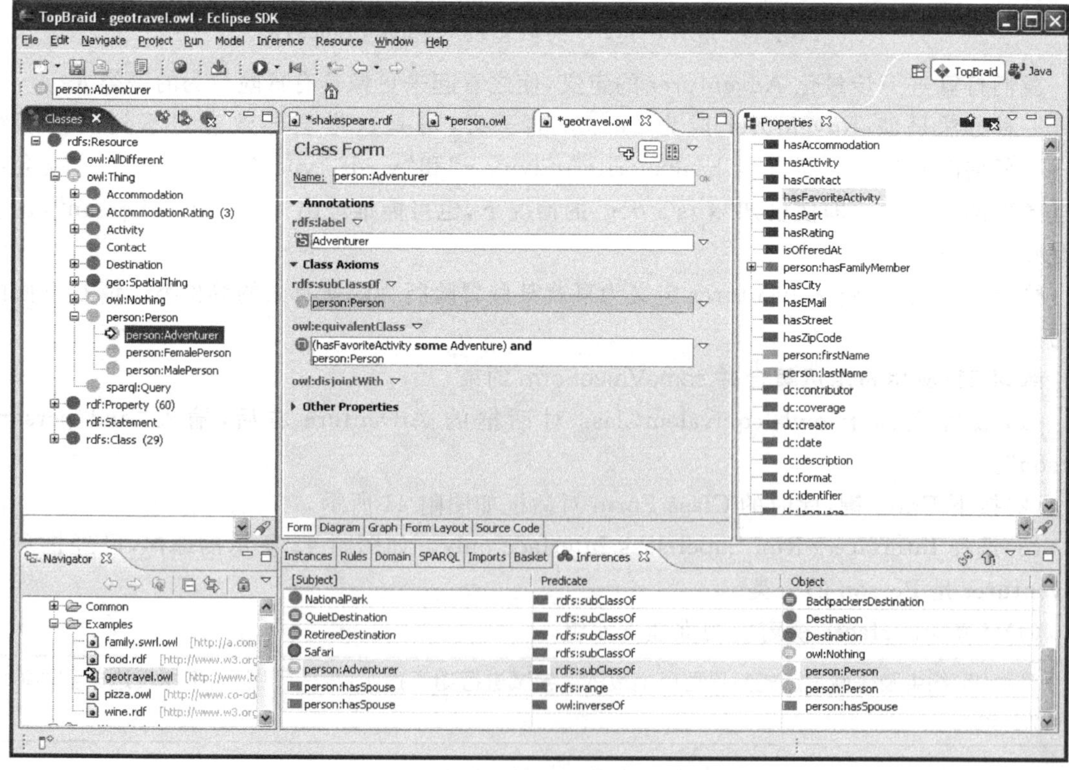

图附 42 为 Adventurer 类推理的类层次结构

1.4.1 约束关键词

TBC 中关于约束的关键词见表附 1。

表附 1 TBC 中关于约束的关键词

本体网络描述语言(OWL)	逻辑(DL)描述符	TBC 语法关键词	实例	说明
someValuesFrom	∃	some	hasChild some Man	当应用 owl:equivalent 类时,允许三元组的主体分类
allValueFrom	∀	all	hasSibling all Woman	当应用 owl:equivalent 类时,允许三元组的主体分类
hasValue	∋	has	hasCountryOfOrigin has England	当应用 owl:equivalent 类时,允许三元组的主体分类
minCardinality	≥	min	hasChild min 3	当应用 owl:equivalent 类时,允许三元组的主体分类
cardinality	=	exactly	hasChild exactly 3	在打开全局假设的情况下使用,不会产生任何分类推理
maxCardinality	≤	max	hasChild max 3	在打开全局假设的情况下使用,不会产生任何分类推理

注意,OWL 允许 hasValue 约束具有类似 filler 这样的文字型数据类型。TBC 中这种语法的示例如下:

(1)"value"为 xsd:string 字符型。

(2)"42"为 xsd:int 整型。

(3)"4.2"为 xsd:float 浮点型。

(4)"true"或者"false"为 xsd:boolean 布尔字符型。

1.4.2 布尔类构造器

布尔类构造器的语法描述见表附 2。

表附 2 布尔类构造器语法

本体网络描述语言(OWL)	逻辑(DL)描述符	TBC 语法关键词	示例
intersectionOf	⊓	and	医生与女性
unionOf	⊔	or	男性或女性
complementOf	¬	not	不是小孩

1.4.3 枚举类

枚举类使用 OWL:oneOf 运算符,可以通过 Create enumerated class members 对话框键

入。下面的练习将说明如何建立枚举类成员。

练习 22:创建枚举类成员

(1)打开 geotravel. owl。

(2)创建一个名为 ActivityRating 的类,并打开其 Class Form。

(3)单击 Show form menu 按钮,选择 Create enumerated class members 选项,也可以从顶层菜单中单击 Resource→Create enumerated class members。

(4)在对话框中,每行分别输入"Adventurous""Relaxing"和"Energetic"并且单击 OK 按钮,对话框如图附 43 所示。

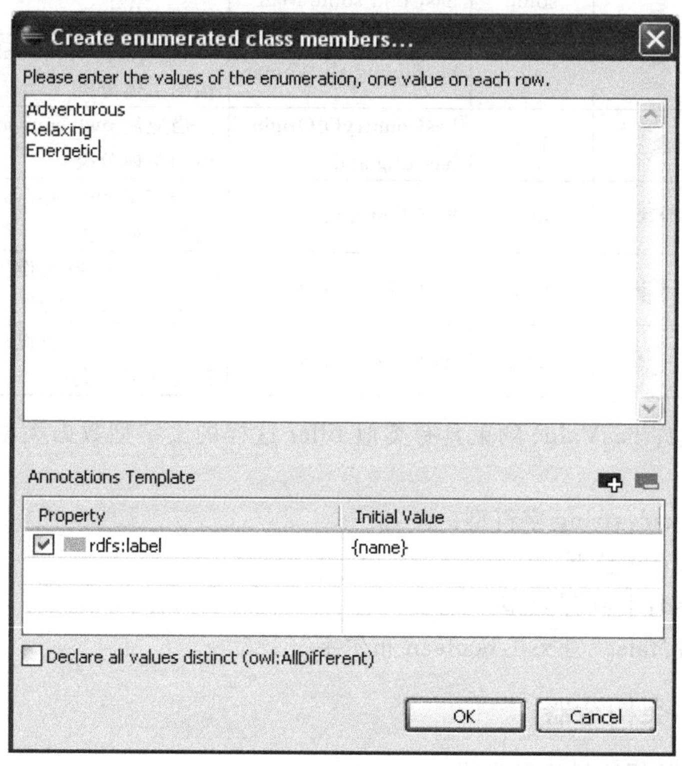

图附 43 创建枚举类成员

(5)这时,可以看到创建了{Adventurous Relaxing Energetic}三个值,每行一个,这三个值就是 OWL:equivalentClass 的值。这意味着{Adventurous Relaxing Energetic}值界定了类 ActivityRating 只能由这三个值组成。

(6)在 Class Form 中,将鼠标悬停在新创建的枚举类图标上方,单击出现的加号符,就会看到新创建的枚举类的嵌套 Class Form,如图附 44 所示。

1.4.4 复杂类表达式

复杂类表达式可以利用上述布尔构造器及约束构建,例如:

Person and haschild some (Person and (hasChild all Man) and (hasChild some Person))

该表达式描述了至少有一个孩子的人们的集合,而这一个孩子又有一些孩子,且这些孩子只有男孩,例如只有重孙的祖父母。注意,表达式中括号主要用于消除表达式的歧义。

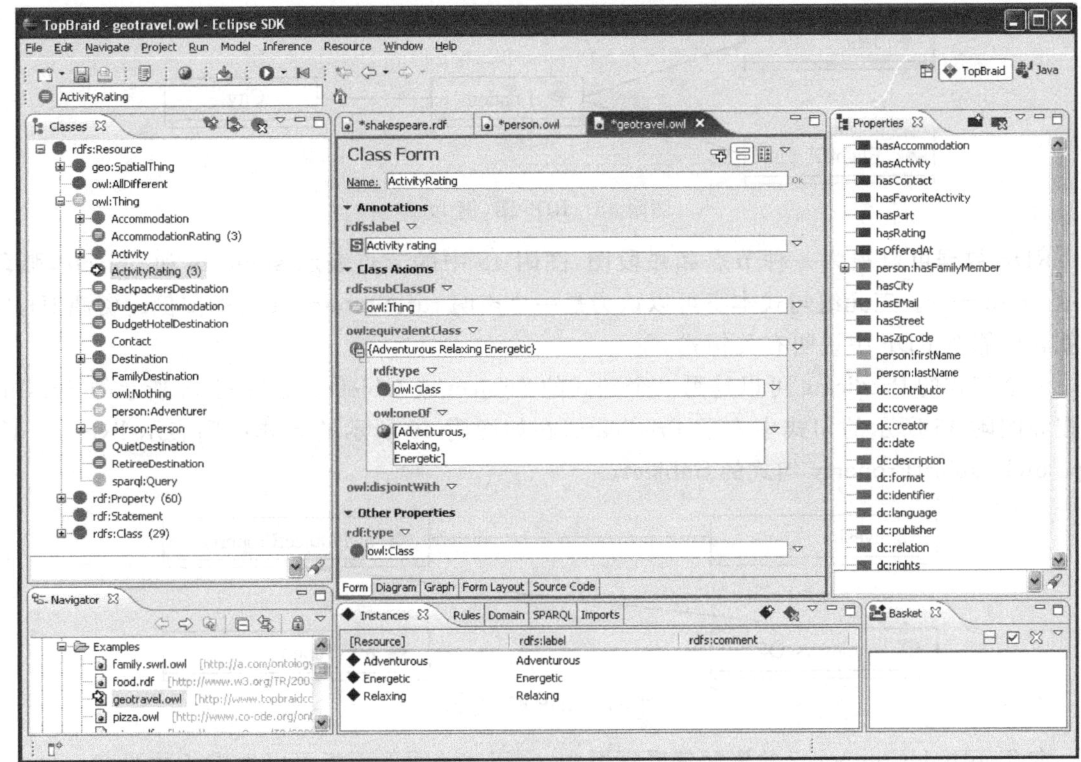

图附 44　创建枚举类的 ActivityRating

1.5　语义网络标准

1.5.1　资源描述框架

资源描述框架(RDF)是一种用于表达万维网上资源信息的语言,可以通过网络基础设施进行访问。每个资源描述框架都具有唯一的 ID,这个 ID 建立在标准网络标识符上,称之为统一资源标识符(URIs)。

RDF 有 XML 的语法特点,许多熟悉 XML 的人认为 RDF 遵循 XML 的语法,其实这是对 RDF 的错误理解。正确的理解是,RDF 是 XML 的数据模型,RDF 数据可以用 XML 来表达,而且理解数据模型比理解语法更重要。事实上,RDF 可以用大量其他的语法来表达,例如 Turtle(一种在 RDF 数据模型中表达数据的格式,具有与 RDF、SPARQL 相似的语法)。

RDF 句式结构通常称之为“三元组”,因为它由 Subject(rdf:Subject)、Predicate(rdf:Predicate)和 Object(rdf:Object)三个实体组成,每个实体就是一个 RDF 资源,包含相同 ID 的资源的句式可进行合并,例如下面三个三元组合并为完整的 RDF 句式结构:

(1)FlightDL210 hasDestination London。

(2)London rdf:type City。

(3)John LivesIn London。

该句式结构如图附 45 所示。

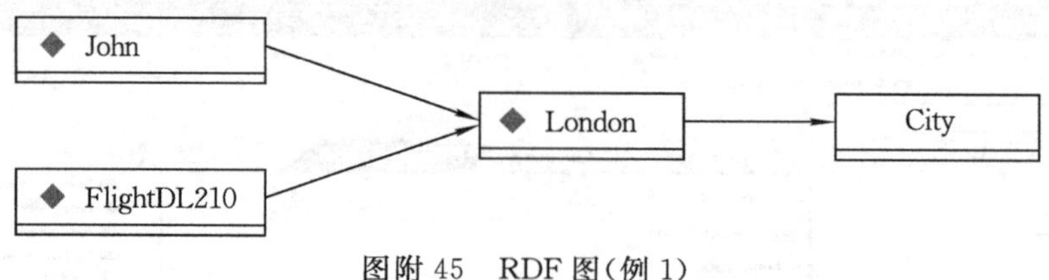

图附 45 RDF 图(例 1)

RDF 数据可以视为一种节点和弧段图,图附 45 中的节点表示 subjects 和 objects,弧段表示 Predicates。三元组句式本身可以认为是一个声明 rdf:Statement 类的实例的资源 ID,这样就有可能在 RDF 中说明有关句式。

一个句式的 Predicate 可以是另一个句式的 Subject 或 Object。如图附 46 所示的 livesIn,它在如图附 45 所示的句式中表示 Predicate,在如图附 46 所示的句式中则表示 livesIn rdf:type owl:ObjectProperty 句式的 Subject。

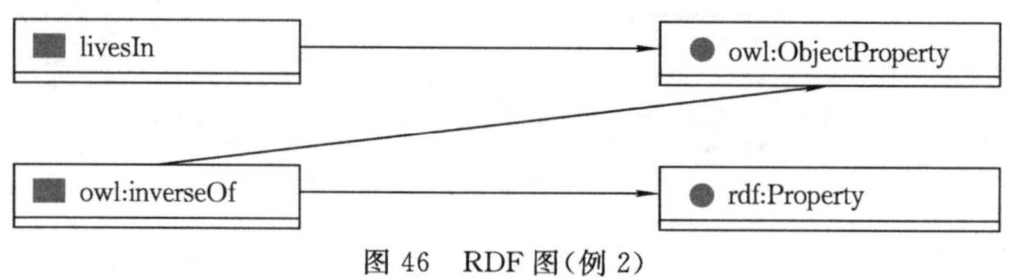

图 46 RDF 图(例 2)

在 TopBraidComposer 的资源编辑视图中,应用这些图形面板可以生成各种图表。

资源 IDs 的前缀(例如 rdf:或 owl:)代表命名空间,在 RDF 中应用 XML 命名空间有详细全面的语法规则集,有些语法规则是比较晦涩难懂的。TopBraidComposer 软件对这些规则进行了解释,作为用户,需要做的就是为每个本体提供一个命名空间。关于命名惯例的附加信息在帮助文件 Naming_Conventions 和_Namespaces 中有具体说明。

同时,RDF 中包含了 rdf:type 特性,RDF 数据模型则没有提供表达 RDF 数据的惯例 Schemas,也就是说,RDF 中没有类的概念或定义,Schemas 由建立在 RDF 顶层的语言——RDFS 和 OWL 提供。

所有内置的 RDF 语言概念在 TopBraidComposer 软件中提供给用户使用,可见于类视图和特征视图。应用类视图参数选择和特征视图参数选择配置 RDF 元素是可视化的。

1.5.2 RDFS

RDFS 是 RDF 的 Schema 语言,RDFS 是一个相当小的词汇单元,其中它定义了如下常用于本体开发的资源:rdfs:Class、rdfs:subClassOf、rdfs:subPropertyOf、rdfs:domain、rdfs:range、rdfs:Resource。

RDFS 也定义了 4 种注释特征以及为数不多的其他特征,如 rdfs:Container。

RDFS 词表中的所有句法都可以在 TopBraidComposer 中使用,这些句法既可以用类视图表达也可以用特征视图表达。

不同于 XML Schema,RDFS 不能被用于验证,它通常用于推断基于本体 Schema 和声明句法的附加信息,一个 RDFS 本体的语义是可以识别的。

在文本编辑器中创建 RDF 时,可能产生句法错误。应用本体开发工具,如

TopBraidComposer,可确保不会产生句法错误。

形式上,RDFS 和 OWL 已经定义了语义,按照由每个 RDFS 和 OWL 句式导出的推理进行定义,就意味着 RDF 中由声明的句式产生推理。RDFS 的定义如下:

```
    rdfs:subClassOf
  If a rdf:type rdfs:Class1 and rdfs:Class1 rdfs:subClassOf rdfs:Class2, then a rdf:type    rdfs:
Class2
  rdfs:subPropertyOf
  If a property1 b and property1 rdfs:subpropertyOf property2,then a property2 b
    rdfs:domain
  If Class1 rdfs:domain property1 and a property1 b, then a rdf:type Class1
    rdfs:range
  If Class2 rdfs:range property1 and a property1 b, then b rdf:type Class2
```

1.5.3　OWL

OWL 网络本体语言是一种 W3C 标准语言,用于定义和实例化网络本体,OWL 词表在 RDFS 词表的顶层定义如下:

(1)owl:Class 是 rdfs:Class 的子类。

(2)当 RDFS 特性是 rdf:Property 的实例时,OWL 引入 owl:ObjectProperty 和 owl:DatatypeProperty,这两者都是 rdf:Property 的子类。

(3)OWL 对象特性与本体内的两种资源链接,例如,特性 liveIn 可能将 John(Person 类的一个实例)与 London(City 类的一个实例)链接。

(4)OWL Datatype 特性将一个资源链接到一个 XML Schema Datatype 值或者一个 RDF 字符。例如,特性 hasTelephoneNumber 可能链接 John 到字符串 44-10-1233400。

另外,OWL 提供了一种说明属性的方法:

(1)函数特性(任何应用这个特性的实例有该特性的唯一一个显性值)。

(2)反向函数特性。

(3)可传递性(如果 partOf 是一个 owl:TransitiveProperty,且 a 是 b 的 partOf, b 是 c 的 partOf,则 a 是 c 的 partOf)。

(4)对称性(如果 siblingOf 是一个 owl:SymmetricProperty,且 a 是 b 的 siblingOf,则 b 是 a 的 siblingOf)。

因为这些属性应用于 OWL 的任何地方,所以通常将其称为全局变量。在用户的 OWL 本体中创建的所有类都是 owl:Thing 类的子类,反过来,owl:Thing 类就是 rdf:Resource 的子类。

所有 OWL 语言结构在 TopBraidComposer 软件中都可以使用。屏幕截图(图附 47)说明的是内置的 OWL 类,该内置 OWL 类在 TopBraidComposer 帮助主题中有描述。

除了全局变量,OWL 为创建特定类的局部变量提供了词表。

OWL 形式语义详述了如何获得由本体产生的句法的逻辑序列问题,例如"行为"从字面上看,不在本体中表达,但是却伴随着语义表达。TopBraidComposer 为产生 OWL 推论提供了支持,该功能既可用于内置 OWL DL 的推理机 Pellet 中,也可用于由 TopBraidComposer

配置的其他推理引擎。

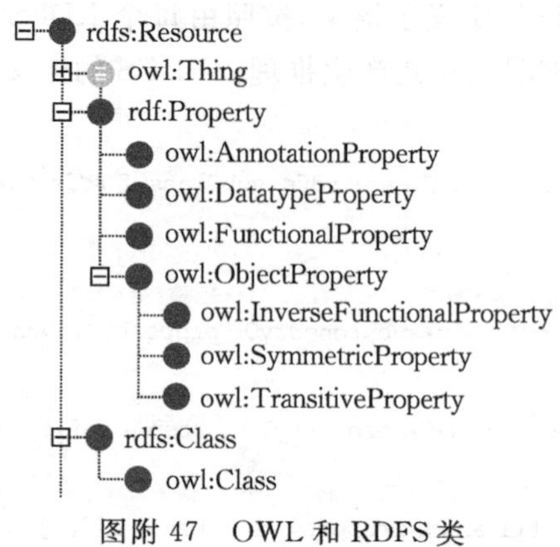

图附 47 OWL 和 RDFS 类

当前的 OWL 标准描述了三类 OWL(子集语言)：

(1)OWL Lite 是最小的子集。它制定了对 RDFS 语义的某些约束，所以，并非每个 RDFS 模型就是一个 OWL Lite 模型。

(2)OWL DL 是一个轻量级的较大子集。它包含了 OWL Lite，对 RDFS 语义具有与 OWL Lite 同样的约束。

(3)OWL Full 是一个“完全”的 OWL，它包含了 OWL DL，拥有全部的 RDFS 语义。

OWL Lite 和 OWL DL 之间的差异无关紧要。例如，OWL Lite 仅支持基数约束，等于 0 或 1，而 OWL DL 允许支持对基数约束的任何整数值。

OWL DL 和 OWL Full 之间的不同非常明显。二者的主要不同之处在于，在 OWL Full 中，给定的资源可以同时是一个类、一个实例和一个属性。例如：波音 747 可以是所有名为波音 747 飞机的一个类(子集)，同时，波音 747 还可以是波音 747 飞机类的一个实例。在讨论这个实例时，我们可以获得有关设计波音 747 的耗时、年份等信息。

OWL Full 语法与 RDF 和 RDFS 是完全的一致的。例如，一个句子的主题可以是另一个句子的谓词。另外，在 OWL DL 中，类、属性、实例之间有着严格的区分。

在 TopBraidComposer 中，使用推理→验证 OWLspecies 菜单选项来判断用户创建的模型属于 OWL 的哪个子集。

1.5.4 SPARQL

SPARQL 是一个 W3C 推荐标准，用于查询 RDF 图，它与关系数据库查询语言 SQL 相似，但是它关注的重点是三元匹配。有关 SPARQL 语言的详细说明可访问 SPARQL 在线：http://www.w3.org/TR/rdf-sparql-query。

1.5.5 SWRL

OWL Full 这个名称存在潜在的误导信息，有其表达的限制性。例如，对于组合关系没有清晰的运算符，这就意味着我们难以对一种组合关系和另一种组合关系之间的关联性进行解释(例如，OWL Full 无法理解“‘叔叔’可能是‘兄弟’辈分这种组合关系和‘叔叔’可能是‘父母’辈分这种组合关系”之间的关联性)，也难以使用计算值或运算比较进行解释(例如 OWL

Full 无法理解"'青少年'是一群年龄介于 13 到 19 岁的人"这样的句子)。

鉴于此,就需要持续扩展 OWL 的规则语言能力,使之具有更强大的表达能力。规则语言提供解释规则的格式,例如 if A then B 这种形式。这种解释规则的方法在实际应用中是可以变化的,例如,为了创建 B 为真,则要满足创建 A 为真的条件,这意味着如果计算机系统发现 A 为真的话,则系统强制 B 为真。

语义网规则语言(SWRL)是一个建议标准,用于 OWL 语境中规则表达的标准化。关于 SWRL 的更多信息,可通过访问 http://www. w3. org/Submission/2004/SUBM-SWRL-20040521 获得。

SWRL 是 OWL 网络本体语言的 OWL DL 和 OWL Lite 子语言的综合,OWL 网络本体语言包括规则标识语言(RML)的一/二进制对话 RuleML 子语言。SWRL 包含高层抽象语法,该高层抽象语法具有类似于 OWL 的子语言 OWL DL 和 OWL Lite 两者的语法规则。

为了在 TopBraid Composer 中创建和执行 SWRL 规则,需要确定用户本体输入 SWRL 命名空间。(http://www. daml. org/rules/proposal/swrlb/owl, http://www. daml. org/rules/proposal/swrl. owl)

SWRL 规则是 swrl:Imp 的实例,可以在 TopBraid Composer 中以两种方式创建:

(1)选择 swrl:lmp,编辑主文件和头文件,例如键入:

```
(?a hasChild ?c) for swrl:body
Parent(?a) for swrl:head
```

(2)定义 swrl:Imp 的一个属性作为其范围值,例如属性 hasRule,这时即可以编辑全部规则。选择 hasChild 属性,在对话框中拖曳下拉 hasRule 属性,得到结果代码如下:

```
parenthood: (?a hasChild ?c) -> Parent(?a)
```

TopBraid Composer 提供了支持 SWRL 原子的功能,见表附 3:

表附 3　支持 SWRL 原子的功能

原子	TopBraid Composer 语法	举例
Class	Class(? a)	Person(? a)
Property	(? a Property ? c)	(? a hasChild ? c)
sameAs	equal(? a, ? b)	
differentFrom	notEqual(? a, ? b)	

通过 SWRL 规则推理的结果显示在规则视图中。在规则视图中,SWRL 规则以 Jena 格式表示。